Monika Renz
Zeugnisse Sterbender
Todesnähe als Wandlung und letzte Reifung

Ausführliche Informationen zu jedem unserer lieferbaren und geplanten Bücher finden Sie im Internet unter www.junfermann.de. Dort können Sie auch unseren kostenlosen Mail-**Newsletter** abonnieren und sicherstellen, dass Sie alles Wissenswerte über das **JUNFERMANN**-Programm regelmäßig und aktuell erfahren.

Besuchen Sie auch unsere e-Publishing-Plattform www.active-books.de – sämtliche Titel jetzt kostenlos.

Monika Renz

Zeugnisse Sterbender

Todesnähe als Wandlung und letzte Reifung

Mit Ideenkarteien für Betreuer und Angehörige
sowie den 10 häufigsten Fragen zum Thema

Ergänzte und durchgesehene Neuauflage

Junfermann Verlag • Paderborn
2008

Copyright © Junfermannsche Verlagsbuchhandlung, Paderborn 2000
2. Auflage 2001
3. überarbeitete und ergänzte Auflage 2005
4. überarbeitete und durchgesehene Auflage 2008

Covergestaltung/Reihenentwurf: Christian Tschepp

Alle Rechte vorbehalten.
Das Werk einschließlich aller seiner Teile ist urheberrechtlich geschützt. Jede Verwendung außerhalb der engen Grenzen des Urheberrechtsgesetzes ist ohne Zustimmung des Verlages unzulässig und strafbar. Das gilt insbesondere für Vervielfältigungen, Übersetzungen, Mikroverfilmungen und die Einspeicherung und Verarbeitung in elektronischen Systemen.

Satz: etherial.de – Peter Marwitz, Kiel

Bibliografische Information der Deutschen Bibliothek
Die Deutsche Bibliothek verzeichnet diese Publikation in der Deutschen Nationalbibliografie; detaillierte bibliografische Daten sind im Internet über http://dnb.ddb.de abrufbar.

ISBN 978-3-873887-712-2

Inhalt

Vorwort von Prof. Dr. med. T. Cerny 9

Einleitung 11
Gedanken zur Neuauflage 11
Grenzgang Sterben: Herausfallen – Durchfallen – Hineinfallen? 13
Ein Forschungsprojekt im Grenzbereich – Möglichkeiten und Grenzen 17

Sterbebegleitung hat viele Namen 23
Sterbebegleitung als Psychotherapie 23
Spirituelle Begleitung Sterbender 25
Angehörigenbegleitung am Sterbebett 27
Musiktherapie mit Sterbenden 28
Kommunikation ja, aber wie? – Ideenkartei 29

I. STERBEN ALS WANDLUNGSPROZESS

1. Sterben – einfach so 35

2. Todesnähe als Übergang und als Wahrnehmungsverschiebung 38
2.1 Der Grenzbereich und seine Wahrnehmung 38
2.2 Terminale Sprache – terminale Kommunikation 40
    2.2.1 Der Grenzbereich und seine Sprache 40
    2.2.2 Verstehen lernen, was Sterbende uns sagen
         – Bilder, Symbole, Träume 43
    2.2.3 Wovon der Körper spricht 49
    2.2.4 Rituale erreichen das innere Kind 50
    2.2.5 Wie mit Sterbenden sprechen? – Ideenkartei 51
    2.2.6 Familie Matkovic: Das mußte sie noch hören 54
    2.2.7 Frau Stillhart: Ohne ein einziges Wort 55

2.3	Musik – bewußtseinsfernstes Medium	57
	2.3.1 Große Empfänglichkeit Sterbender für Musik	57
	2.3.2 Wie sich das Musikerleben im Übergang verändert	59
2.4	Sterben als Übergang	62
	2.4.1 Zwischen zwei Welten hin und her	62
	2.4.2 Herr Manser: „Es hat nicht geklappt mit dem Sterben-Können"	64
2.5	Todesangst: Urangst in Endzeitgestalt	69
	2.5.1 Angst und Urangst sind zweierlei	69
	2.5.2 Wie umgehen mit den Ängsten Sterbender?	71
	2.5.3 Herr Arbenz: Angst ist nicht das Letzte	72
	2.5.4 Ein Schichtenmodell als Verstehenshilfe	75

3. Zwischen Verzweiflung, Verweigerung und Einwilligung 81

3.1	Abschied: Loslassen und losgelassen werden	81
	3.1.1 Ehepaar Feller: Wo Abschied endgültig wird	82
	3.1.2 Reflexionen zum Umgang mit Betroffenen und Angehörigen rund um den Schock „Tod" – Ideenkartei	86
	3.1.3 Carla Umberto: „Er lebt in mir" – vom Verstorbenen zum Engel	88
	3.1.4 Die Frage nach der Einwilligung in den Tod im Rahmen des Forschungsprojektes	90
3.2	Sterben als Machtfrage	91
	3.2.1 Verweigerung	91
	3.2.2 Sich loslassen – sich besitzen? Haben oder Sein	93
	3.2.3 Beherrschen oder Räume der Freiheit	95
	3.2.4 Selbstbestimmung oder Einordnung	98
	3.2.5 Zur Euthanasie	99
	3.2.6 Jenseits von Macht – Frau Jürgensen	102
	3.2.7 Die Atmosphäre am Sterbebett lügt nicht	104
3.3	Sehen Sterbende Dinge, die wir nicht sehen?	106
	3.3.1 Sterben als apokalyptischer Kampf	106
	3.3.2 Nebeneinander von schön und schrecklich	108
	3.3.3 Sterben im Spannungsfeld von kollektivem Geist und Ungeist	108
	3.3.4 Apokalyptische Frage schlechthin: Wem gehört die Macht?	109
	3.3.5 Herr Aepply: „Jesus Christus kommt"	110
	3.3.6 Frau Peter: Endkampf, Scheidung der Geister und „Empfang"	113

3.4 Vom Chaos zur Integration 117
    3.4.1 Geistkraft – Integrationskraft 117
    3.4.2 Frau Bannwart: „Ich schaffe es nicht, Ordnung zu machen" 120
    3.4.3 Läuterung, Reinigung, Wandlung 123
    3.4.4 Frau Rechsteiner: ... wo es „heiß" wird 125
    3.4.5 Letztes Gericht oder Barmherzigkeit 128

4. Sterben als spirituelle Öffnung 133
4.1 Vom Engpaß zur Öffnung – Visionen 133
4.2. Frau Uhlmann: Preisen 137
4.3 Hunger nach Spiritualität 139
4.4 Ist Sterben Heimkehr ins Paradies oder endzeitliche Begegnung? 141

II. LETZTE REIFUNG UND NACHREIFUNG

1. Werde ganz 147
1.1. Wozu letzte Reifung? 147
1.2. „Wandle vor mir und sei ganz" 148
1.3 Der Stolz der Rechtschaffenen 150
1.4 Sterben ist letzte narzißtische Kränkung 151
1.5. Delegierter Schatten 153
1.6 Auch das innere Kind will dazugehören 156

2. Werde frei 161
2.1 Wie umgehen mit Schuld? Schuld oder Tragik? 162
2.2 Was tabuisiert bleibt, kann nicht erlöst werden 166

3. Werde der du bist – werde wesentlich 169
3.1. Der Seele Raum geben 169
3.2 Empfänglich werden 170
3.3. Angeschaut sein – personales Gegenüber sein 173

3.4. Sinn leben, Sinn erleiden, Sinn stiften 176
        3.4.1 Dem Unsinn einen Sinn abringen 176
        3.4.2 Frau Leiser: „Genau mich braucht es im Pflegeheim" 177
        3.4.3 „Ich danke Ihnen, Herr Schaub, Sie haben mir viel gegeben" 179

3.5. Bejahtes Sterben – Höchstform von Identität und Mensch-Sein 183

Auswertung und abschließende Gedanken 187
Zur Aussagekraft der folgenden Zahlen und Einsichten 187
Erfaßte Patientinnen und Patienten 189
Ergebnisse 191
Schlußfolgerungen und persönliche Gedanken 196

600 Sterbende – vergleichende Erfahrungen und Reflexionen 201
Die 10 häufigsten Fragen 205
Überforderte Angehörige: Situationen, die häufig auftreten – Ideenkartei 211

Literatur 216
Sachwortregister 222

Vorwort

Die meisten Menschen, sofern sie überhaupt daran denken, erhoffen sich ein friedvolles Sterben ohne Leiden, nach einem vollendeten Leben, am liebsten gar einen Sekundentod mitten aus dem Leben. Die Realität in einem Akutspital sieht aber anders aus: Die vom Tod gekennzeichneten Kranken können ihrem Sterben nicht ausweichen, es ist ein chronischer und häufig lang dauernder Prozeß. Sie machen äußere und innere Veränderungen durch und werden zunehmend einsam und stumm. Wir ahnen, daß wir die Todkranken bereits in dieser Phase verlieren und nicht mehr wirklich erreichen. Warum gelingt es uns immer wieder nicht, diese zunehmende Distanz zu überbrücken? In der Alltagshektik wird das Sterben nicht mehr gehört, wird die ihm eigene Sprache nicht mehr verstanden, und es fehlen uns häufig das Wissen und die Erfahrung, uns den Sterbenden nicht nur ausharrend, sondern verstehend offen zuzuwenden. In diesem Buch finden sich fundamental wichtige Beobachtungen, vielschichtig, intuitiv und analytisch scharf herausgearbeitet, die zu einem weiten Verständnis der häufig scheinbar verschlüsselten Sprache Sterbender führen.

Monika Renz ist als Psychotherapeutin und Musiktherapeutin in der Begegnung mit 80 sterbenden Menschen, ihren Familienangehörigen und Betreuern der Frage nachgegangen, wie diese Menschen ihren Sterbeprozeß wahrnehmen und ausdrücken und im Grenzbereich zum nahen Tod Wandlung und Reifung erleben oder sich dagegen stemmen. Das einzigartige St. Galler Forschungsprojekt „Wandlung, Reifung, Sterben" von Monika Renz hat sich systematisch mit dieser Frage befaßt. Es ist das große Verdienst von Monika Renz, daß es ihr gelungen ist, zum einen als Therapeutin diesen Patienten äußerst hilfreich zu begegnen und zum anderen in analytisch intuitiver Art das Erfahrene und Erlebte aufzuschlüsseln und überzeugend und packend darzustellen. So geht es in diesem Buch eben gerade nicht um den dokumentierten Nachvollzug des äußerlich sichtbaren Sterbens, sondern um das Verstehen des meist Unverstandenen, das Sichtbarmachen des Unsichtbaren, das Verknüpfen zur je eigenen Biographie. Die gelebten Bezüge zu Religiösität und Spiritualität werden verständlich und nachvollziehbar, der Akt der Gnade wird zur unerwarteten Hilfe.

Die vielfältigen Zeugnisse des Lebens angesichts des Todes dokumentieren eindrücklich, daß wir uns hier in der Welt der Symbolsprache bewegen und daß, wie Monika Renz sich ausdrückt, nicht die Logik, sondern die Analogik das Prinzip des Verstehens ist. Hier versagt häufig unsere verbale Kommunikation, und doch kann sich die Gefühlswelt hinter der Symbolsprache durch musiktherapeutische Unterstützung öffnen, wie es im vorliegenden Buch eindrücklich belegt ist. Gerade hier liegt auch die enorme praktische Relevanz eines solchen Vorgehens, indem nämlich durch einen solchen wirklich verstehenden Zugang zum Sterbenden auch das komplexe Beschwerdebild sich positiv wandelt und sich der Patient nicht nur begleitet, sondern tatsächlich getragen und verstanden weiß. Auch schon deshalb ist dieses Verstehen der Sprache der Sterbenden nicht akademische Neugier, sondern Therapie im ureigensten Sinn. Es bleibt zu hoffen, daß die Sprache der Sterbenden, wie sie Monika Renz hier entschlüsselt, auch im Alltag zunehmend verstanden wird und mithilft, das Tabu des Sterbens im Spital und in der Gesellschaft weiter zu brechen.

Prof. Dr. Thomas Cerny

Einleitung

Gedanken zur Neuauflage

Sterben ist kein Tabuthema mehr. Sterbeszenen werden verfilmt. Man diskutiert über bestmögliche palliative Maßnahmen, über Abschiedsrituale, über die Einschaltung interdisziplinärer Dienste; all dies um Linderung von Schmerzen und eine hohe Lebensqualität bis zum Schluß zu erreichen. Dies alles ist wichtig (!), vermag aber nicht, das Leiden an sich auszuschalten noch das Sterben zu einer leichten Sache zu machen. Für viele bleibt die periodisch aufflammende Herausforderung, in einem äußersten Akt menschlicher Reife ihre Zustände von Ohnmacht, Schmerz oder Verzweiflung einfach auszuhalten, bis Schmerzmittel wieder greifen, bis innerlich Wandlung und Öffnung geschieht. Das Tabu hat sich verlagert: Nicht mehr das Sterben, sondern **Ohnmacht, Leiden und Kreatürlichkeit sind tabuisiert.** Wo aber die menschliche Höchstleistung des Aushaltens in einer Gesellschaft ausgeblendet oder zum sinnlosen Leiden degradiert wird, wird den Kranken und Sterbenden Wichtiges von ihrer Würde gerade genommen. **Menschenwürde** wird hier als letztliche Unantastbarkeit des Individuums begriffen und darf nicht verwechselt werden mit einer Selbstbestimmung im Ich.

„Menschenwürdig sterben". Alle Menschen, ob *für* oder *gegen* aktive Sterbehilfe, wünschen dies. Doch welches Sterben ist menschenwürdig? Was gibt Menschen in ihrem Leiden und Sterben wirklich Würde? Immer wieder werde ich aufgefordert, zu dieser Frage Stellung zu beziehen. Und warum bin ich gegen aktive Sterbehilfe? Würde ich meinerseits in ähnlichen Situationen nicht auch nach dem Todesgift schreien ..., um danach vielleicht froh zu sein, daß man es mir nicht gegeben hat? Und welche Errungenschaften verdanken wir eben doch der Debatte zur Euthanasie? ? Ich denke an den vorsichtigen Umgang mit der Frage nach Lebensverlängerung. Die Neuauflage dieses Buches nimmt nochmals Stellung zu diesen Fragen (vgl. Kap. I.3.2.5), denn immer noch arbeite ich mit Kranken und Sterbenden. *Sie* sind mir Anliegen.

Was erleben Todkranke und Sterbende? Auch diese Frage wollte ich nochmals stellen und mich auch anfragen lassen. Stimmen die Aussagen der diesem Buch zugrunde liegenden Studie aus den Jahren 1998 bis Anfang 2000 mit neueren Erfahrungen überein? Ein aktualisierter Vergleich mit 600 inzwischen begleiteten Sterbenden liegt in dieser 4. Neuauflage vor (S.201). Das hier vorgelegte **Verständnis etwa von Grenzzuständen, von symbolischem Erleben, von Übergang** und dem darin charakteristischen Erleben von Klang und Rhythmus, Raum und Zeit, von Kampf zwischen Verzweiflung, Verweigerung und Einwilligung und von letzter Reifung bestätigt sich immer wieder. Frappant ähnlich und doch jedes Mal unerwartet und individuell. Gerade aufgrund dieses bleibend Individuellen kann dieses Buch zwar hineinnehmen in Innenwelten von Sterbenden, aber nie Maßstab sein zur Bewertung von richtig oder falsch. In dieser Neuauflage versuche ich, über Beispiele und Erläuterungen hinaus, zum sensiblen Umgang mit Kranken, Sterbenden und Angehörigen anzuleiten. Ich habe auf vielfachen Wunsch von Lesern und Leserinnen herauszuschälen versucht, welches meine Überlegungen und inneren Schritte in bestimmten Situationen sind (vgl. Sterbebegleitung hat viele Namen, vgl. Kap. I.2, I.3, II.1., II.2).

Nachhaltig beeindruckt, ja immer neu ergriffen bin ich von **der spirituellen Dimension im Sterbeprozeß**. (Vgl. auch Projekt und Buch: Grenzerfahrung Gott, 2003; Erlösung aus Prägung, 2008). Immer wieder tritt hier, an den Rändern menschlicher Existenz, zutage, was sonst oft verborgen bleibt: die innere Öffnung nach dem Engpaß, der Trost in der Verzweiflung, die unglaubliche Zufriedenheit in Sinnlichkeit und Sein im Augenblick. Insgesamt Erfahrungen, die nicht losgelöst von „Gott oder Ganzheit als einem ewig anderen" gedeutet werden können. Der Begriff Spiritualität bedarf einer Klärung, gerade weil er in Kreisen von Palliativmedizin und -pflege heute recht unhinterfragt verwendet wird. Spiritualität ist nicht einfach Ersatzwort für Religiosität und auch nicht bloß Erweiterung des menschlichen Selbst, dies gerade nicht. Spiritualität ist *Erfahrung*, die so tief berührt, daß sie ergriffen macht. Damit ist schon gesagt, daß es ein anderes, Unbedingtes ist, das ergreift. Bei der Durchsicht des Buches habe ich mich, wenn auch nicht explizit Thema noch Erweiterung, dem Begriff Spiritualität da und dort erneut gestellt.

Was in den letzten Jahren und im Vergleich zum Projekt an Bedeutung gewonnen hat, ist **die Begleitung von Angehörigen**. Angehörige von Krebskranken stehen meistens „daneben", neben ihrem erkrankten Partner, außerhalb seines Erlebens von Krankheit und Heil. In solchem Daneben-Sein sind Angehörige noch mehr angewiesen auf Hilfe und Rat, ja auf den Prozeß ihres erkrankten Partners. Die von der Krankheit Betroffenen sind gezwungen loszulassen, aber auch und anders ihre Nächsten. Während den Erkrankten ihre zunehmende Schwäche irgendwann im

Loslassen hilft, stehen die Angehörigen immer noch daneben, davor. Vor der Frage „Ja oder Nein". Können sie dennoch mit hinein genommen werden in das Geschehen am Sterbebett? Und wie? Dieses Buch behandelt in der Neuauflage den Umgang mit Angehörigen expliziter (vgl. Angehörigenbegleitung am Sterbebett und I.2.2.5 und I.3.1.2). Auch *die häufigsten 10 Fragen*, welche mir nach Vorträgen etwa von Angehörigen gestellt wurden, finden am Schluß Wort und Antwort. Ebenso *10 Situationen, in denen Angehörige überfordert sind*.

Sterben bleibt im Dunkel. Gratwanderung und schließlich Übergang an einer letzten Grenze! Trotz allem, was wir wissen und lernen können, bleibt bei jedem Tod Wesentliches verborgen, unabgeschlossen, vielleicht abgebrochen. Es gehört zum Doppelcharakter dieses Buches, daß es einerseits ernst machen will mit den *Grenzen menschlichen Wissens* und darum über seelische Prozesse im Tod, über ein Austreten aus dem Körper oder dergleichen nichts aussagen kann. Zugleich weist es aber – einmal glaubend bewegt, dann wieder zweifelnd und fragend – auf dasjenige hin, was unser Wissen und unsere Existenz übersteigt. Sterbende sterben schweigend. Vielleicht gibt der eine oder andere – unerwartet – in einer äußersten Anstrengung ein Zeugnis ab. Wie wir solche für uns subtile Zeichen unserer Sterbenden deuten, ob wir ihren Zeugnissen glauben wollen oder nicht, bleibt Anfrage an uns.

Kantonsspital St. Gallen, Mai 2008

Grenzgang Sterben: Herausfallen – Durchfallen – Hineinfallen?

Sterben ist mehr als körperliches Ableben. Selbst, ja gerade im Sterben finden Menschen zu letzter Reifung. Und doch stirbt jeder anders, einmalig seinen Tod. Es gibt Menschen, die noch in den Tagen ihres Sterbens nicht wahrhaben können, daß ihr Leben zu Ende geht. Das Thema Tod bleibt dann ein Tabu, über das nicht gesprochen werden darf. Im Sterben anderer werden diese Tage zur Ahnung von Fülle und Erfahrung von höchster Intensität. Letzte Fragen werden gestellt, Schritte der Versöhnung mit sich und dem Schicksal gelingen. Eine neue Sensibilität für Atmosphäre und Musik, für Stimmigkeit und Unstimmigkeit stellt sich ein. Trotzdem ist der Zugang zu Sterbenden nicht einfach. Ihre Weise zu erleben und sich auszudrücken ist bisweilen symbolisch. Dann erscheint uns ihre Sprache wie verschlüsselt und doch so aussagekräftig. Durch all das Rätselhafte hindurch geben uns Sterbende Zeugnis von einem existenziellen Durchgang und einem hintergründigen wunderbaren Sein.

Ein Beispiel: Ein junger Mann liegt seit Tagen im Sterben. Es ist, als würde ihn etwas hindern. Eines Morgens äußert er Angst, ständig zu fallen. Unruhe und Panik erfassen ihn. Er ruft um Hilfe: „Ich falle!" „Sie fallen nicht", meint die Pflegende,

"Sie liegen sicher in Ihrem Bett, die Gitter an beiden Seiten sind hochgezogen". Doch ihre Worte scheinen am Sterbenden vorbeizugehen. Hat er sie überhaupt gehört? Noch einmal versucht sich der Mann deutlich zu machen und ruft: "Ich falle!" Mit verzweifeltem Gesichtsausdruck hält er sich am Bett fest. Hilflosigkeit macht sich bei Pflegenden und Angehörigen breit. Ich sage nun zu ihm, was er rational sicher nicht verstehen kann: "Sie fallen innerlich: Ihr Erleben von Schwerkraft, von Orientierung und Sein schlechthin verändert sich so fundamental, daß Ihnen ist, als würden Sie aus allem Vertrauten herausfallen." Diese Worte erreichen ihn offenbar: Der Mann öffnet seine Augen und schaut mich an. Dann erfaßt ihn erneute Panik: "Ich falle!" Ich bestätige: "Ja, Sie fallen. Der Durchgang ist schlimm. Aber dort, wo Sie hinfallen, ist es schön. Dort können Sie nicht mehr herausfallen." Augenblicklich beruhigt sich der Leib des Mannes. Noch einmal schaut er mich mit großen Augen an und murmelt: "Ja, sehr schön." Dann versinkt er in einen somnolenten Zustand, seine Not hat sich für Tage in Frieden verwandelt.

Was ist hier geschehen? Wie ist eine solche Erfahrung zu interpretieren? Dieser Mann erlebt nicht mehr in unseren Denkkategorien, nicht mehr in unserer gegenständlich unterscheidenden Wahrnehmung. Er ist nicht imstande, uns seine Not verständlich mitzuteilen. Er lebt in einem Zustand ähnlich unserem Traumbewußtsein – hier genannt: im Grenzbereich oder Übergang. Meine eigenen Ahnungen um den Grenzbereich und seine Gesetzmäßigkeiten, eigene zurückliegende Grenzerfahrungen waren es wohl, die eine Kommunikation mit diesem Mann erleichterten. Aus seiner Reaktion kann rückgeschlossen werden, daß meine Deutung des inneren Fallens irgendwie zutraf und daß er sich von mir verstanden fühlte.

Todesnähe ist Übergang. Im Übergang wird anderes wichtig. Menschen und Dinge werden anders erlebt. Dieses Buch versteht sich als *Annäherung an Innenwelt und Sprache Sterbender*, im Wissen und Respekt darüber, daß sich jedes Sterben schlussendlich individuell vollzieht und wir in unseren Ahnungen immer "daneben" stehen: neben der Persönlichkeit des Sterbenden und außerhalb des unverständlich großartigen Geschehens rund um den Tod. Uns steht immer nur Begleitung, aber nie ein Urteil zu. Wir können beobachten, mitfühlen, da sein und deuten, doch ohne wirklich zu wissen.

Todesnähe bedeutet ein radikales Loslassen. Genauer gesagt müssen das Ich und die Gebundenheit an dieses Ich losgelassen werden. Alles, was ‚Ich' war, was ‚Ich' dachte, vermochte, verkörperte, alles was mir wichtig war, aller Bezug zum Irdischen geht verloren. Dieses radikale Loslassen ist auch ein Zulassen; äußerste Ohnmacht *und* aktives Einwilligen. Was bleibt?! Im Angesicht des Todes drängen sich letzte Fragen auf: „Was hat es mit meinem Leben auf sich? Was war wichtig, was überdauert? Falle ich im Tod ins Nichts oder in eine Fülle?" Ist Sterben ein Fallen? Ist es ein Aufsteigen, Ableben oder Heimkehren?

Todesnähe ist Nähe zu dem, was Menschen als das Heilige, das Numinose, als Gott erfahren. Sterbende zu begleiten, ist nicht möglich, ohne selbst an die Frage nach der Endlichkeit herangeführt zu werden. Die Frage sowohl nach dem, was den Menschen existenziell ausmacht als auch nach dem, was ihn übersteigt! Jede echte Anteilnahme am Sterben eines Menschen führt zur Revision von Welt- Menschen- und Gottesbild. Der unkritische, tradierte Glaube kommt plötzlich ins Wanken. Wo bis anhin Unbewußtheit vorherrschte, werden jetzt Fragen gestellt. Wo früher nur materielle Werte zählten, wird nun über Sein und Nicht-Sein nachgedacht. Und an die Stelle von Schamlosigkeit tritt im Umfeld eines Sterbenden eine nie geahnte Ehrfurcht. Sterben ist gerade nicht alltäglich und nicht harmlos! Sterben ist nie begreifbar. Wo dieser Prozeß mit dem, was Menschen Gott nennen, in Verbindung gebracht wird, wirken Bilder vom harmlosen lieben Gott plötzlich hohl. Den einen wird er zum Unbegreiflichen, Ehrfurchtgebietenden. Andere ziehen eine Existenz Gottes in Zweifel: *„Es kann doch keinen Gott geben, der mich so leiden läßt."* Die **Frage nach Gott im Leid**, – in der Theologie Theodizeefrage genannt und dort exemplarisch gestellt als Frage ‚Wo war Gott in Auschwitz?' – läßt sich nicht theoretisch beantworten, gerade nicht. (Vgl. hierzu die Lehr-Erzählung Jiob und Brantschen 2005). *„Man würde irre daran,"* sagt auch der schwerkranke Herr Neuner kopfschüttelnd. *„Ich kann Gott nicht auf die Schliche kommen. Ich verstehe ihn nicht! – Trotzdem ... ich habe ihn erfahren."*

Andere erfahren einen großartigen Zustand, eine letzte Ordnung. Als gäbe es das große Eine, welches alles Leid umgreift und Zweifel überdauert. Oft ist es, als wäre mit einem im Sterben liegenden Menschen Gott selbst irgendwie anwesend. Viele Sterbende sind vom Numinosen ergriffen, darunter auch solche, die ein Leben lang ohne Gott gelebt haben. Sie berichten etwa von einem überwältigenden Licht oder deuten auf einen umfassenden Überblick, eine bewegende Vision hin. Andere strahlen, nachdem sie Todesangst und Todeskampf durchgestanden haben, wortlos unsäglichen Frieden aus. Ihr Gesicht wirkt verklärt. Und ihre Angehörigen sind, obgleich tief traurig, ob dieser Ausstrahlung mit sich und dem Geschehen versöhnt. Sterben ist wesentlich ein spirituelles Geschehen. Todesnähe ist Nähe zum Heiligen, Numinosen. Etwas vom Unsagbaren ist fast greifbar, Gotteserfahrung wird zur Realität vieler Sterbender. Gott selbst bleibt dennoch jeglicher Aussage entzogen, ewig unanschaubar. Ergriffenheit macht wortlos.

Todesnähe ist Zentrierung und Läuterung auf das eigene Wesentliche hin. Den Zeugnissen vieler Sterbenden folgend, muß es hinter dem Geheimnis des

Todes etwas geben, wovon sie zutiefst angezogen sind und wovor sie sich zugleich äußerst fürchten. Etwas, worauf sie zusteuern und woraufhin Prozesse der Reifung beschleunigt werden. Bisweilen drängt etwas in ihnen in letzter Konzentration zu einem seelischen Vermächtnis für ihre Nächsten, zu einem Stück Vollendung, Ganzwerdung. Warum genau jetzt? Ist Tod Ende? Anfang? Ein Sein in Gott? Ein sich Erkennen in dem, was war und nicht war, ein Einblick in gut und ungut? Bedeutet Tod Gericht? Stunde der Wahrheit, der seelischen Nacktheit (sprich Unausweichlichkeit)? Stunde auch der Barmherzigkeit, vorstellbar etwa als Erfahrung eines umfassenden Verstanden- und Geliebtseins? Todesnähe ist Ort von Prozeß, Entscheidung und Wandlung. Der Tod selbst bleibt uns Lebenden Geheimnis!

In Todesnähe sind Gefühle ambivalent, dicht und intensiv. Sterben ist wie alle spirituelle Erfahrung ein emotional stark besetztes Erleben. Dem Sterben-Können geht nicht selten die Erfahrung von Kampf, Verlorenheit, Angst voraus. Sein versus Nicht-Sein! Urangst neben Urvertrauen! Bedingtheit, die übergeht in Unbedingtheit. Todeskampf und Hadern in Einwilligung und Friede. Schmerzen und Ohnmacht in Verklärung. Das alles läßt sich so leicht sagen und fühlt sich doch so schwierig an. Die Frage lautet nicht: ‚Wie intensiv wird erlebt', sondern vielleicht: ‚Wie bewußt wird diese Intensität empfunden?' Todkranke Menschen können, ja müssen sich auf ihren Tod einstellen. An ihrer Bereitschaft und Bewußtheit entscheidet sich, ob das Sterben durchlebt wird oder einfach stattfindet. An der gefühlsmäßigen Dichte scheint dies nichts zu ändern, wie sich aus Körpersymptomen – etwa Schweißausbrüchen – schließen läßt. Auch die Literatur über Nahtodeserfahrungen weist nachdrücklich auf die Intensität im Erleben hin (vgl. Greyson und Harris, 1990, 244 und Knoblauch, 1999, 121). Intensität scheint charakteristisch zu sein für die Todesnähe schlechthin.

Auch das unscheinbare Sterben ist ganz, voll und richtig. An diesem Endpunkt stellt sich die Frage nach richtig oder falsch nicht mehr, jedenfalls nicht mehr für uns Menschen. Im Sterben gibt es kein „Haben" mehr. Es gibt nicht den guten noch den schlechten Tod, weil alles Sterben Übergang in ein so total anderes ist, daß diesseitige Denkkategorien dahinfallen. Die Frage: „Sterbe ich einen guten Tod?" wird nur aus unserer Sicht gestellt und heißt eher: Kann ich hinfinden zum Ja? In den Worten einer Patientin: *„Ja, daß ich war. Ja, wie es war. Ja, daß ich ende."* Hier gibt es letztlich kein Durchfallen, obwohl es bisweilen so erlebt wird. Die Angst des Hindurch hat zwar viele Gesichter. Man fällt heraus aus allem Vertrauten, hinein in eine Seinswirklichkeit, in der es kein Herausfallen mehr gibt. Durchfallen heißt nur: anderswie Hineinfallen.

Dieses Buch ist entstanden aus meiner Arbeit mit Schwerkranken und Sterbenden an der Onkologie des Kantonsspitals St. Gallen. Den Anstoß bildete ein Forschungsprojekt zum Thema ‚Wandlung – Reifung – Sterben‘. Lebendig wurde es durch die Kranken und Sterbenden selbst, die mich immer wieder zu staunen lehrten. Wir sagen, daß sie leiden. Das stimmt. Können wir aber auch ihr Lebendig-Sein, ihre zarte Offenheit wahrnehmen? Wir sagen, daß diese Menschen unansehnlich sind. Auch das mag aus einem ästhetischen Blickwinkel stimmen. Können wir aber auch ihre leuchtende Ausstrahlung, die Milde ihrer Augen, ihr leises Lächeln erkennen? Immer wieder werde ich gefragt, wie es denn möglich sei, daß ich so gerne – und immer noch – mit Sterbenden arbeite. Meine Antwort: Weil ich hier so viel letztes Reifen, soviel Wesentliches, soviel Intensität im Augenblick erlebe. Im Angesicht des Todes kommen Menschen, wenn es sein darf, selbst mit ihrem Verweigern ans Ende und finden verstummend zum Ja.

Ein Forschungsprojekt im Grenzbereich – Möglichkeiten und Grenzen

Seit jeher beschäftigen mich Grenzbereiche und Grenzzustände menschlichen Daseins, namentlich die Frage, wie sich solche anfühlen und wie sie sich mit unseren Realitäten verbinden lassen. Ich erahnte in diesen Zuständen nicht nur Schreckliches und Pathologisches, sondern auch Heilsames, Wahres, Heiliges. Mein Interesse an Grenzzuständen hat mich einst zum langen Weg meiner psychologischen Dissertation bewogen. Diese trug ursprünglich den Titel „Aller Anfang ist Übergang".

Ein zweiter Zugang öffnete sich mir über Erfahrungen mit reifen Menschen und ihre Art und Weise, das Leben intensiv zu leben. Seit langem schon faszinierten mich Menschen, die sich ihrem Leben wirklich stellten. Als Jugendliche fiel mir auf, daß dieselben Menschen, die nicht auswichen vor den Tiefen und dem Tiefgründigen des Lebens, sich auch begeistern konnten für dessen Höhen und Höhenflüge. Und all dies, ohne sich mit Tief oder Hoch zu identifizieren, noch sich darin zu verlieren. Diese Menschen gingen durch das Leben, wie dieses eben war. Sie strebten nach dem Höchsten und blieben doch auf der Erde, weil sie ihr Können und ihren Erfolg nicht nur auf sich bezogen, sondern blieben, was sie waren: vom Leben Beschenkte, Geforderte und Enttäuschte. Diese Menschen brachten mich auf den Geschmack dessen, was gelebtes Leben, was Lebendigkeit sein könnte. Etwa: statt in Betriebsamkeit und Ablenkung zu flüchten mit Bewußtsein und Sinnlichkeit wahrzunehmen, was ist und was nicht ist. Oder bewußt tätig zu sein, aber auch bewußt zu warten. Auch durch eigenes Leiden hindurch erwachte in mir immer drängender der Wunsch, nicht nur zu funktionieren, sondern zu leben. Ich verstehe wohl nur wenig von dem, was Lebendigkeit wirklich ausmacht. Doch eines begriff ich: Man kann das Leben offenbar leben oder abstellen. Man kann Reifung zulassen oder sich ihr verweigern. Man kann sich einer Hürde, etwa einer Lebenskrise, stellen oder ihr in Bequemlichkeit, Kindlichkeit, Ängstlichkeit ausweichen. So verständlich auch immer die Gründe für verdrängtes Leben sind (!) – mich zog es zum Lebendigen!

Mit meiner Sensibilität für Grenzzustände und diesem Verständnis von Leben als Reifung begann ich mit Sterbenden zu arbeiten. Und – so paradox es klingt – fand ausgerechnet hier so viel Leben im Sinne von Entwicklung vor. Im Angesicht des Todes wagten Menschen Reifung. Sie standen ihre Persönlichkeit und beeindruckten durch ihre Ausstrahlung. Ihre gelebte Gegenwart war spürbar. Es gibt ein Lebendig-Sein genau im Sterben, Leben lernen – Sterben lernen.

Unter diesem Stichwort formulierte ich schon 1998 **drei in meinem Projekt zu überprüfende Leitsätze**:
1. Nicht nur aller Anfang ist Übergang mit seinen Gesetzmäßigkeiten von Wahrnehmungsverschiebung (Renz 1996), auch am Ende des Lebens durchläuft der Mensch so etwas wie Übergang und Wandlung.
2. Wesentliches passiert und will bisweilen geschehen in diesen letzten Phasen menschlicher Reifung und Bewußtwerdung.
3. Der Musik als Medium von Übergang und Grenzzuständen (Renz 1996) scheint auch in der therapeutisch-spirituellen Sterbebegleitung besondere Bedeutung zuzukommen.

So begann ich, mich gezielt dem Thema Todesnähe zuzuwenden. Dies nicht primär im Sinne einer quantitativen Forschung, was mir – da es um Menschen, ihre Gefühle und persönlichen Erfahrungen geht – weder möglich, noch angebracht schien. Doch ich konnte beobachten, immer gezieltere Fragen stellen, Literatur suchen und für mich protokollieren, was im Zusammensein mit den Patienten und Patientinnen geschah, was uns bewegte, was ihnen half. Ein Konzept mit projektbezogenen Fragen (vgl. Wegberg et al.) entstand. Es folgen Auszüge:

Themenkomplex 1: Der nahende Tod
- *Unausweichlichkeit des Todes:* Gab es Anzeichen von Widerstand, Aufbäumen und wie manifestierten sie sich? Wurden Einwilligung und Ergebung möglich?
- *Todesängste:* Welches waren ihre Inhalte (Tod, Ohnmacht davor, etc.) und ihre Manifestationen?
- *Sterben als Übergang, Wahrnehmungsverschiebung und Erfahrung von Wandlung:* Gab es Phasen? Fand eine Wahrnehmungsverschiebung statt? War

eine Kommunikation nach wie vor möglich und wie? Stellte sich im Verlauf des Prozesses so etwas wie „Wandlung" ein? (vgl. Renz 1996)
- *Todeskampf:* Gab es Anzeichen dafür, daß, über das Physische hinaus, innere / geistige Auseinandersetzungen stattfanden? Worin wurde das nachvollziehbar?

Themenkomplex 2: Das Leben abschließen
- *Lebensrückblick und -aufarbeitung als notwendige Sterbevorbereitung.* Welches waren Themen von Nachreifungsprozessen? Worin zeigte sich deren Notwendigkeit? Wie wurde die Not sichtbar? (verbal? nonverbal?). Gab es eine Bereinigung anstehender Konflikte oder ein Zu-Ende-Führen von Aufgaben?
- Waren *Schritte hin zu letzter Reifung, Selbstwerdung und Sinnfindung* möglich/nötig? Schwerpunkte?
- Waren *Angehörige – etwa Sorgenkinder – wesentliches Thema* innerhalb der Therapie? Mußten familiäre Beziehungen oder Angelegenheiten (z.B. Testament) bereinigt werden, um sterben zu können?

Themenkomplex 3: Hoffnung, Vision, Sterben als spirituelle Öffnung
- *Hoffnung, Vision:* Wurde eine Ausrichtung auf etwas, das den Tod überdauert, manifest? („Endzeitträume", Inhalte letzter Sehnsüchte, etc.?) Gab es so etwas wie eine Vision?
- Konnten eine spirituelle Öffnung oder tiefgreifende Wandlung im Endstadium festgestellt werden? Worin wurde dies nachvollziehbar? Was kann darüber ausgesagt werden?
- Stellte sich so etwas ein wie Zuversicht, Friede, Gelassenheit? Wurde Neugierde formuliert?

Themenkomplex 4: Bedeutung und Wirkkomponenten der therapeutisch-spirituellen Begleitung
- *Worin bestand der Beitrag der therapeutisch-spirituellen Begleitung* im Durchleben der Todesnähe?
- Wo war eine Hilfe für Angehörige oder Pflegepersonal wichtig?
- *Medium Musik:* Welches war der Stellenwert der Musik? Veränderte sich das Musikempfinden mit zunehmender Todesnähe? Kann etwas ausgesagt werden über das Musikerleben im Koma?
- *Psychotherapeutische Aspekte:* Welches war der Stellenwert der therapeutischen Beziehung? Welches derjenige der Arbeit mit Träumen, Symbolen und deren Deutung im Sinne von Bewußtwerdungsarbeit? Wurde die Körpersprache wesentlich? Gab es eine Kommunikation im Symbolischen, eine sog. terminale Kommunikation?

- *Information und ‚Modell: Sterben als Übergang': * Wurde es wesentlich, daß Sterbende / Angehörige informiert waren hinsichtlich Übergang, Durchgang, Trauerphasen? Inwiefern?
- *Offenheit für Spiritualität:* Wurde ein religiöses / spirituelles Bedürfnis vom Sterbenden angemeldet? War es wesentlich, daß ich den Sterbenden darauf ansprach? Wie wurde diesem Bedürfnis Raum gegeben (Gebet, Ritual, Schweigen, Musik etc.)? Spielte die herkömmliche Religion eine Rolle?

Mancher Leser, manche Leserin mögen bezweifeln, ob man mit solchen Fragen überhaupt an Sterbende herantreten kann. Natürlich kann man das nicht. Ein Forschungsprojekt im Grenzbereich ist als Umfrage nicht denkbar! Schwerkranken Menschen und ihren Angehörigen Fragebögen zuzumuten ist geschmacklos. Überdies würde ein Großteil aller Patienten von Anbeginn an aus einer als Umfrage konzipierten Studie ausscheiden, weil sie nicht mehr fähig sind zu antworten oder zu schreiben. Dennoch sind Aussagen über Reaktionen und Bedürfnisse von Todkranken möglich, auch quantitative. Sie kristallisieren sich heraus durch systematische Beobachtung und genaue Protokollierung dessen, was im Zusammensein mit den Patienten und Patientinnen geschieht und nicht geschieht. Erfassungsmethode: teilnehmende Beobachtung. Selbstverständlich unterliegen solchermaßen entstandene Ergebnisse der subjektiven Einschätzung und bedürfen der ständigen Infragestellung: Was ist Beobachtung, und wo beginnt Interpretation? Welches sind Voraussetzungen, damit sich Begegnung ereignen kann (eigene Kräfte, Aufmerksamkeit, Unvoreingenommenheit, respektiv meine Einschätzung des Patienten)? Und woraus besteht die Begegnung selbst? Ich meine, diese Art von Studie im Bewußtsein um ihre begrenzte Aussagekraft ist patientengemäßer und situationsgerechter als etwa Forschung mittels Fragebögen. Man hat es mit Mindestaussagen zu tun, weil man nur Signale erfassen kann, die Patienten von sich aus und auf ihre Weise unmißverständlich geben. Die Dunkelziffer für ein Darüberhinaus ist groß. Beispielsweise haben vielleicht viel mehr Menschen Todesangst, als hier zum Ausdruck kommt, nur signalisieren sie es nicht.

Obige Themenkomplexe und Fragen waren nicht gedacht als Muster für den therapeutischen Verlauf – das wäre Manipulation gewesen! Sie dienten meiner persönlichen Sensibilisierung und bewirkten, daß mir die Augen für Gewöhnliches wie Außergewöhnliches geöffnet wurden. Des weiteren unterstützten sie ein nachträgliches Überdenken und Protokollieren. Ungeachtet solcher Vorbereitung blieb das Entscheidende der direkte Kontakt mit den Patienten und Patientinnen. Die eigentliche Arbeit, das bewußte Zusammensein mit den Sterbenden, war nicht voraussehbar. Jeder Prozeß war auf eigene Art eindrücklich. Jedes Sterben einmalig und erstmalig, erwartet als auch unverhofft. Jedes Schicksal machte mich auf seine

Weise betroffen – oder auch weniger. Ich konnte nur mich selbst in die Erfahrung mit diesen Menschen hineingeben, ihnen so unvoreingenommen und sensibilisiert wie jeweils möglich begegnen. So war mir wichtig, mit den Patienten nur darüber zu sprechen, worüber sie selbst sprechen wollten. Auch wollte ich mit ihnen nur auf eine Weise zusammen sein, wie sie dies mir ausgesprochen oder nonverbal signalisierten. Darum gab es Patienten, die ausschließlich um Entspannung mit Musik baten, andere die vorab das Gespräch suchten, wieder andere, die meine Begleitung nicht für sich, sondern für ihre Nächsten wünschten. **80 Sterbende, 80 solchermaßen individuelle Sterbeprozesse wurden für Projekt und Erstauflage des Buches erfaßt. Heute, acht Jahre später, liegen vergleichende Erfahrungen mit 600 Sterbenden vor (S. 201). Sie alle und viele Angehörige haben mein Denken über Tod und Sterben geprägt.**

Das Buch gibt die zwei Gesichter meines Projektes wieder: Es ***er-zählt***. Im Erzählen versucht es, dem je Einmaligen, Geheimnisvollen jeden Sterbens gerecht zu werden. Zählen und Zahlen werden möglich, wo ich hellhörig bin für immer wiederkehrende Aussagen, Gesten, Erfahrungen. Die Schlußfolgerungen bleiben gerade nicht beim einzelnen Sterbenden stehen: Jeder Sterbende weist auch über sich hinaus und wird selbst zur Anfrage an unsere Einstellung gegenüber Endlichkeit, Tod und einem Darüberhinaus. Er wird zum Anruf für einen sensibilisierten Umgang mit Sterbenden in ihren Grenzerfahrungen.

Dank
Bleibend dankbar bin ich Prof. Dr. med. Thomas Cerny, Chefarzt der Onkologie/Hämatologie am Kantonsspital St. Gallen für seine Unterstützung meiner Forschungsprojekte. Mit dem Mut eines Pioniers hat er mein Vordringen in Grenzbereiche der Forschung, in den prozeßorientierten Ansatz der evaluierenden Forschung und in meine auf vielfältige Weise therapeutische Arbeit einschließlich der spirituellen Dimension gefördert. Individualität und Würde des Einzelnen waren für ihn wichtiger als die Suche nach allgemein gültigen Aussagen. Er gab und gibt meinem Wirken Raum zur Entfaltung. Ich danke Direktor Hans Leuenberger für sein Vertrauen in meine Person und Arbeit. Ich danke meinem Kollegen Rolf Kirsch und den vielen Ärzten und Pflegenden vom Kantonsspital St. Gallen für die gute Zusammenarbeit. Ganz besonders danke ich Prof. Dr. Christa Meyenberger, Prof. Dr. Beat Thürlimann, Dr. Urs Hess, PD Dr. Silke Gillessen, Dr. Thomas Ruhstaller, Dr. Daniel Büche, Dr. Florian Strasser, Dr. Aurelius Omlin, Mona Mettler, Dr. Christian Lenggenhager und meiner Supervisorin und Analytikerin Dr. Gisela Leyting für ihre mehrfache Unterstützung. Ich danke der wissenschaftlichen Mitarbeiterin Dr. Miriam Schütt und Audrey Kaelin, lic. theol und Spitalseelsorgerin für ihren Einsatz im Dienste der Sache. Für die fachli-

chen Reflexionen im Theologischen und ihre Unterstützung danke ich Prof. Dr. Adrian Holderegger, Fribourg und Prof. Dr. Max Küchler, Fribourg, Dr. DR. Christof Arn, Ethiker, Zürich. Mein herzlicher Dank geht an den Junfermann Verlag und dessen Verlagsleiter Gottfried Probst für die effiziente Zusammenarbeit in Erstauflage und Neuauflage.

Besonders danke ich meinen Nächsten, speziell meinem Mann, meiner Familie, die mir persönlich und fachlich kritisch immer wieder eindrücklich zur Seite standen. Viele Gespräche mit meiner Schwester PD Dr. Ursula Renz, Philosophin, haben mein Denken über Begegnung, Dialogik, Reifung und Würde wesentlich vertieft, ja geprägt. Meinem Bruder Dr. oec. Patrick Renz, der als Leiter von Aid Governance in der Entwicklungszusammenarbeit tätig ist, danke ich für die von seinem Pioniergeist geprägten Impulse über enge Grenzen hinaus. Ich danke meiner Mutter Helen Renz, ihrerseits Fachfrau im Grenzgebiet Tiefenpsychologie-Theologie, die bald begeistert, bald kritisch mitdachte und unersetzbare Hilfe im Entstehungs- und Überarbeitungsprozeß des Buches war.

Mein großer Dank gilt den vielen Verstorbenen und ihren Angehörigen, die ihr Dasein und Zusammensein in diesen letzten Tagen und heiligen Stunden mit mir geteilt haben. Viele Beobachtungen und Erfahrungen sind hier aufgenommen worden, Namen und familiäre Angaben selbstverständlich verändert. Im Falle von ausführlichen Berichten haben darüber hinaus entweder Betroffene oder nach deren Tod ihre Angehörigen sich zur Publikation eines so wichtigen Teiles ihrer selbst bereit erklärt. Möge dieses Buch dazu beitragen, daß Todkranke und Sterbende in ihrer Not und Vision, in ihrer Welt, Sprache und Ohnmacht besser verstanden werden.

Monika Renz, Februar 2000 und Juli 2008

Sterbebegleitung hat viele Namen

Nach welcher Methode Kranke und Sterbende begleiten? Gibt es da überhaupt Antworten? Als ich vor Jahren in meiner Tätigkeit am Kantonsspital St. Gallen begann, war ich Musik- und Psychotherapeutin mit einem geschärften Auge für Grenzzustände (vgl. Renz, 1996). Wie sehr sich diese Kombination bei Schwerkranken und Sterbenden bewähren würde, konnte ich damals nur ahnen. Die Kranken und ihre Angehörigen lehrten mich recht genau, was sie Tag um Tag brauchen: heute Entspannung und damit rezeptive Musiktherapie, morgen Familienbegleitung oder ein Gespräch zur Krankheitsverarbeitung, dann wieder nichts oder einfach ein wortloses Mich-Einfühlen. Bald ist mein ganzes psychotherapeutisches Wissen gefragt, etwa dort, wo Patienten sich krankheitsbedingt in Ohnmachtssituationen befinden und darin an frühere Traumata erinnert werden. Andere sprechen in gleicher Situation gerade nicht auf Psychotherapie an, reagieren aber sehr wohl auf den durch mich oder den Seelsorger gespendeten Segen, d.h., auf ein geistliches Zeichen und Ritual des göttlichen Schutzes. Angehörige ihrerseits brauchen Gespräche, Trauerbegleitung und Übersetzungshilfe im Versuch zu verstehen, was Sterbende ihnen durch Gesten und Worte wie aus einer andern Welt vermitteln wollen. Psychoonkologie oder Psycho-Palliativ-Care? Im Versuch, den jeweiligen Nöten der Stunde zu entsprechen, kommt mir das Nebeneinander verschiedener Zugänge und damit mein *mehrdimensionales Arbeitsverständnis* entgegen. Ich betrachte einzelne Aspekte:

Sterbebegleitung als Psychotherapie

Psychotherapie ist heilende Beziehung. Sie schafft Raum für Prozesse der Nachreifung, Bewußtwerdung, Trauer, Versöhnung. Im gelingenden Fall wird die Therapie selbst zum Ort neuer Identitätsfindung. Psychotherapie schafft Betroffenheit und zugleich setzt sie solche voraus. Ihre Instrumente sind in erster Linie Empathie, Übertragung und Gegenübertragung, Verstärkung, Abgrenzung und bisweilen Konfrontation. Im Letzten ist sie wohl Liebe (vgl. Loos 1986)! Psychotherapie kann im Konkreten vieles beinhalten – doch eines darf sie nicht sein: eine direkte oder subtile Ausübung von Macht.

Sterbebegleitung und entsprechende therapeutische Hilfestellung sind gegenwartsbezogen und fragmentarisch. Es geht nicht darum, Biographien aufzuarbeiten und zu verstehen, sondern immer nur darum, das einzuordnen und dort Hilfestellung anzubieten, wo etwas aktuell leidet und innerlich schreit. Fast jeder Fall ist Notfall, weil Zeit häufig nicht mehr als solche erlebt wird. Jede Situation erfordert mich *ganz* und *jetzt*. Ob ich konkret dies oder jenes tue, rede oder schweige: Ausschlaggebend ist die radikal gewagte Begegnung, aus der ich unter Umständen selbst als eine andere hervorkomme. Daneben auch Qualitäten wie Transparenz, größtmögliche Authentizität, Selbstwahrnehmung. Das heißt, mir selbst immer neu bewußt sein, wer ich bin, was mich bewegt und zu Vorurteilen veranlassen könnte, welches meine Sehnsüchte, meine Allergien sind. Ich muß meine eigenen körperlichen Regungen spüren lernen. Stichwort: Selbstwahrnehmung. Und da Therapeutinnen auch (nur) Menschen sind und sein dürfen, ist ihre eigene Prozeßbereitschaft wichtig. Die Bereitschaft, sich ernsthaft infrage stellen zu lassen, etwa im Rahmen einer Supervision. Die Bereitschaft ferner, sich berühren zu lassen. Prozeßbereitschaft ist das wichtigste Mittel gegen Manipulation.

Es muß Schwerkranken und Sterbenden ausdrücklich auch erlaubt sein, meine Hilfe abzulehnen und mich allenfalls wegzuschicken. Die Erlaubnis, einzunicken, wegzutreten oder sich abzuwenden. Je weniger sich Menschen von sich aus äußern können, umso wichtiger ist die solchermaßen formulierte Erlaubnis. So erhalten sie Raum, sich zu spüren und die Chance, selbst bei minimalen Reaktionsmöglichkeiten zu signalisieren, was sie möchten. Eile am Sterbebett taugt nicht. Statt dessen Zeit, auf Reaktionen zu warten, Sensibilität, um Zeichen zu registrieren. So schnell sind die Regungen Sterbender übersehen, ihre Impulse verloren. Solches Raumgeben und die Freiheit des Patienten im Gegenüber zur Therapeutin[1] kann im Falle von Sterbenden nicht wichtig genug eingeschätzt werden. Ohnehin schon ans Bett gefesselt und ständig an ihre Ohnmacht und Unzulänglichkeit erinnert, brauchen sie im Seelisch-Geistigen den Freiraum, zu tun oder zu lassen.

---

1) Um den Fluß im Lesen und Schreiben nicht zu erschweren, verzichte ich darauf, an jeder Stelle sowohl auf das weibliche wie das männliche Geschlecht hinzuweisen. Die qualitative Gleichwertigkeit zwischen Weiblichem und Männlichem ist mir wichtiger, als ein Kampf um Gleichstellung. Als Frau ist mir „die Therapeutin" nahe und ich werde oft von Therapeutin sprechen und dabei den Therapeuten mit meinen. Als Partnerin und in Achtung des Männlichen – auch unserer im Zeichen des Männlichen gewachsenen Kultur und Sprache – werde ich in der Regel von Patient und von Arzt sprechen und die Patientin und die Ärztin mit meinen.

Worin ist Sterbebegleitung Psychotherapie? Eine Kompetenz in Tiefenpsychologie und Psychopathologie ist gefragt etwa, wo Schattenseiten der Seele genau jetzt ungeschminkt zutage treten. Wo ein narzißtischer Stolz Ohnmacht und Ergebung nicht zuläßt. Wo plötzlich exhibitionistische Neigungen, die Unfähigkeit sich berühren zu lassen, Wahnvorstellungen etc. die Pflege behindern. Fixierungen im Neurotischen stehen dem Sterbeprozeß vielfach im Wege. Und frühkindliche Traumata werden durch das Wegfallen von Ich-Kräften genau jetzt nochmals reaktiviert. Bei dem einen muß noch im Sterben das innere Kind aus dem lebenslangen seelischen Gefängnis befreit werden, überhaupt zum Leben erwachen, um dann mit-sterben zu können. Beim andern muß dieses Kind von einem Verfolgungstraum erlöst werden und dies in Kinder- oder Traumsprache. Beim dritten braucht es eine Umdeutung: Nicht depressiv ist er, sondern sensibel für das Atmosphärische, Spirituelle und entsprechend leidend an der Einseitigkeit dieser Welt. Der vierte braucht Resonanz, die ausgesprochene Würdigung etwa seines jahrelangen Aushaltens. Der fünfte einen bewußten Umgang mit Schuld, die nicht über den Tod hinaus verdrängt werden kann. Von komplexen Familiensituationen ganz zu schweigen. All dies und vieles mehr verlangt entsprechende Kenntnisse von Krankheitsbildern, Ängsten, von Verletzungen und Bewältigungsmustern. Es erfordert die körpernahe Einfühlung ebenso wie die geschulte Intuition.

Spirituelle Begleitung Sterbender
Bei Sterbenden nicht minder wichtig sind Prozesse im Bereich des Spirituellen. So etwa in der Auseinandersetzung mit der eigenen Endlichkeit und dem, was Menschen Gott nennen. Gerade dort, wo solche die Existenz betreffenden Auseinandersetzungen nicht rational geführt, sondern geistig-emotional zugelassen werden, finden Erfahrungen statt, die den Rahmen des normalen seelischen Prozesses übersteigen. Wo soll ich zum Beispiel folgende Aussage eines Sterbenden einordnen? *„Nach dieser Musik ist mir, als würde ich über den Wolken fliegen. Und doch bin ich noch da. Werde ich nach dem Tod fliegen?"* Oder die Vision: *„Jesus Christus kommt, soooo schööööön."* Und was mache ich mit dem in Todesnähe immer wieder zu beobachtenden Spürsinn, der eine sensible Patientin sagen ließ: *„Ich kann das nicht erklären, aber ich spüre, diese Krankenschwester ist in ungutem Geist. Ich spinne nicht, aber ich traue ihr nicht. Wissen Sie, plötzlich (= auf das Sterben hin) wird man so sensibel."*[2] Oder: *Wie verstehe ich Gebärden der erhobenen Arme bei einem Gesichtsausdruck der Verzückung?* Die Psychologin in mir bleibt auf der Strecke, der spirituelle Mensch und die Theologin dagegen horchen auf.

---

[2] Brefin (1997) macht „die Erfahrung, daß Menschen, die eine Zeitlang im Koma gewesen sind, genau spüren, wer Verständnis haben könnte und diesen Personen gezielt von ihrem Erleben erzählen ..." (121)

Was bedeutet Spiritualität? Spiritualität ist zu einem Modewort entartet. Sudbrack (mündliche Information) spricht gar von einem Containerbegriff, in den alles hineingeworfen wird. Ursprünglich im Christlichen beheimatet, als Ausdruck der mystischen Erfahrung und des unmittelbaren Dialoges mit Gott, wird Spiritualität heute vermehrt im egomanischen Sinne gebraucht und mißbraucht. Das heißt: Der Mensch sucht die Erfahrung im Eigenen, er geht von sich und seinem Ego aus, und dennoch ist längst nicht jede Erweiterung des Ichs auch als Erfahrung mit dem ganz anderen, Numinosen zu werten. Eine wahre Begegnung mit dem Heiligen bewirkt nicht Erweiterung, sondern gerade Bescheidung im Ich.

Der gegenwärtige Hunger nach Spiritualität scheint einer Sehnsucht zu entspringen nach dem, was uns alle einbindet und übersteigt, zutiefst bewegt und erschüttert. Spiritualität finden wir bisweilen, wo Gegenwart bewußt erlebt / gelebt wird, und zugleich bedeutet Spiritualität mehr. Spiritualität umschreibt ein energetisches Geschehen. Eine spirituelle Erfahrung ist geistgewirkt (spirit). Die Wurzeln des Begriffes verweisen auf das einstige lateinische Wort spiritualis (vgl. Renz 2003). Spiritualität ist zugleich Inspiration von außerhalb und damit Gabe einer Geistkraft, als auch Geschehen tief im Menschen drin. Beziehungsgeschehen zwischen Gott und mir als Einzelnem! Das Geheimnis ‚Gott' bleibt dabei ewig jenseits, weder beweisbar noch widerlegbar. Das solchermaßen Heilige ist nicht zu begreifen, der Mensch kann sich nur von ihm ergreifen lassen. Spiritualität betont auch eine andere Nuance solcher Gottesbeziehung als Religiosität: Letztere beschreibt eine vom Menschen her eingebrachte Haltung der Offenheit auf Gott hin, die Bereitschaft zu empfangen. Das Spirituelle liegt im Offenbarungsmoment. In der spirituellen Erfahrung wird etwas als von Gott kommend – überraschend, überwältigend – erfahren. Es treibt um, treibt an, führt in Krisen und wieder heraus. Gerade dann ist Religiosität nicht unbedingte Voraussetzung einer spirituellen Erfahrung, bisweilen aber Frucht davon. So wurde aus Saulus ein Paulus. So werden auch viele nicht religiöse Menschen und Sterbende ergriffen von dem, was sie unbedingt angeht (Paul Tillich).

Im Umgang mit den verschiedenen spirituellen Erfahrungen von Menschen habe ich im Laufe meiner Spitaltätigkeit zu einer eigentlichen Kategorisierung gefunden: Ich spreche anderswo von fünf Erfahrungsformen des Einen, Heiligen, Ganzen (vgl. Renz 2003). Hier herausheben möchte ich die Unterscheidung zwischen **Einheitserfahrung** (z.B. im Sinne einer Ahnung um den eigenen transpersonalen Ursprung) und **Gegenübererfahrung** (Ich-Du, bezogen auf, gerufen von). Beispiele: *Ein Sterbender sah im Traum, wie er sich auflöste in eine wunderbare Stimmung hinein. Er, der zuvor an keine Existenz nach dem Tode geglaubt hatte, erfuhr im Traum Einheit jenseits von Zeit und Individuum. Einheitserfahrung! – Anders ein sterbendes Kindergartenmädchen, das zielsicher äußerte: „Drüben werde ich die Krone erhalten, ich* *werde doch noch Prinzessin sein."* Der Gegenüberaspekt wird deutlich in der Würdigung, ohne Gegenüber keine Würdigung (vgl. dazu letztes Gericht, Kap I.3.4.5). Beide Erfahrungsweisen sind häufig. Erstaunlich viele Sterbende erleben innere Würdigung, ja „warten", bis diese eingetreten ist. – Ist alle innere Erfahrung spirituell? Nein. Bewußtseinserweiterung allein ist noch keine Spiritualität. Und Spiritualität ist nicht das allein Erstrebenswerte: Qualitäten wie „in Beziehung sein" oder „ein bewußtes Bei-Sich-Sein" sind ebenso heilsam.

Angehörigenbegleitung am Sterbebett

Angehörige sind auf ihre Weise und in gewissem Sinne noch stärker von einem bevorstehenden Tod betroffen als die Sterbenden selbst. Sie wissen, was auf sie zukommt: Einsamkeit, Schmerz, Wut, Trauer. Zugleich müssen sie dies oft verdrängen, sich selbst und ihrem noch lebenden Kranken zuliebe. Hin- und hergerissen zwischen dem Nachher und dem Jetzt kommen sie ins Spital zu Besuch und verweilen Stunden, Tage und Nächte bei ihren Liebsten. Oder der Sterbende kann heimkehren und ist dort den Angehörigen ganz zugemutet (vgl. Dettwiler 1999). In solchem Ausharren sind Angehörige ihren Lieben einerseits besonders nahe. Anderseits sind ihnen die Sterbenden in ihrem zunehmenden Wegtreten schon etwas entrückt, in ihrer Sprache fremd, in ihrem entstellten Aussehen schockierend, im Geruch bisweilen zuwider. Beide brauchen Hilfe: der Sterbende, damit er verstanden und in seiner Identität erkannt wird, die Angehörigen, damit sie verstehen und erkennen. Angehörige brauchen ferner Ermutigung, um sich eigene Bedürfnisse, Gefühle und Abgrenzung zuzugestehen (vgl. Überforderte Angehörige, S. 211).

Sterbebegleitung versucht hier Brücken zu bauen, und dies mit dem Ziel, daß die Liebe der Angehörigen – ohne unverkraftbare Überforderung – auch beim Sterbenden ankommt und umgekehrt. Wo solches gelingen darf, gehört dies zum schönsten meines Arbeitsalltages, weil kaum etwas einen Sterbenden tiefer beglückt und entspannt, als seine Liebsten zu erreichen. Und weil kaum etwas Angehörige mehr erfüllt als eben dies. Was aber, wenn Spannungen zu groß sind? Wenn die Realität des Sterbenden und die Empfindungen der Angehörigen zu sehr auseinander klaffen und diese nichts Schönes, Sinnvolles am langsamen Hinscheiden zu erkennen vermögen? Wo es mir nicht gelingen will, Brücken des Verstehens, des Staunens, der Liebe zu bauen, kann ich immer noch – zumindest innerlich – bewußt dazwischen stehen und mich mit dem wortlos Leidenden verbünden.

In zerstrittenen Familien ist die familientherapeutische Arbeit rund um einen Sterbenden von besonderer Dichte und Chance. Hier werden wirklich letzte Worte gesprochen. Insbesondere dort, wo Sterbende einfach nicht sterben können, bis

Prozesse in Richtung Versöhnung ins Rollen kommen, ist familientherapeutische Intervention not-wendend.

Der Einbezug von Kindern muß bei jedem Sterbenden, insbesondere bei entstellt aussehenden und somnolenten Patienten, bedacht sein: Wann? Wie? Wann nicht? Auch bei Kindern bin ich Übersetzerin, Brückenbauerin und – danebenstehend – unausgesprochen Hort von Sicherheit und Vertrauen im unheimlichen Grenzbereich. *„Das ist nicht mehr mein Papi! Wo ist mein Papi? Lebt er noch?"* Kindern hilft es etwa, ein Musikinstrument ins Sterbezimmer mitnehmen zu können, zu erfahren, daß ihr Papi hört, daß er Berührung und ihr Dasein wahrnimmt.

Musiktherapie mit Sterbenden

Musiktherapie bringt speziell das ***Sensorium für das Schwingungsmäßige***, für den Übergang in Richtung Tod ein. Musiktherapie ist eine erfahrungsorientierte, bald mehr tiefenpsychologisch, bald mehr gestalttherapeutisch ausgerichtete Behandlungsmethode. Sie basiert einerseits auf den verschiedenen Heilwirkungen der Musik und dem Versuch, diese zu systematisieren, und, nicht minder wesentlich, auf der therapeutischen Beziehung. Als Musiktherapeutin steht mir zusätzlich zum Gespräch ein Medium zur Verfügung, mit welchem Patienten konkret Erfahrungen machen können. Ein Medium ferner, das wie kaum ein anderes, bewußtseinsfernste Seelenschichten anrühren kann (vgl. Hess 1999). Musik ist erste und universale Muttersprache, Medium frühester Kommunikation. Bereits das Ungeborene ist in einem Klangraum und sensibel für Mutterstimme und mütterlichen Herzschlag. Und nach der Geburt, im Dialog zwischen Eltern und Kind, wirkt vorerst nicht das abstrakt gesprochene Wort, sondern wie es klingt und was wortlos in der Luft liegt.

Genau in dieser Eigenschaft wird Musik zur Chance für Sterbende und Menschen im Koma. Nicht mehr fähig, in unserem Sinne zu kommunizieren, gleichzeitig aber erhöht sensibel für alles Atmosphärische (= Musik!), sind solche Menschen angewiesen auf Resonanz und Beruhigung. Musik kann unerwartete Reaktionen auslösen. Selten verwende ich ein Musikstück eines bestimmten Komponisten (z.B. Bach oder Mozart), häufiger wähle ich archaische Musik wie den Klang von Monochord, Gong oder Klangschale. Manchmal besteht die Musik aus *einem* Ton. Oft aus spontanen Melodien, etwa gespielt auf Harfe oder Leier. Bisweilen singe ich altvertraute Lieder. Insgesamt wird Musik gezielt und zugleich intuitiv ausgewählt.

Bei einem Mann auf der medizinischen Intensivstation geht es um Leben oder Tod. Auf nichts mehr reagiert er, jede Motivation, ins Leben zurückzukehren, scheint zu fehlen. Eine für ihn ausgesuchte Ländlermusik bewirkt, daß es in seinem Gesicht zu zucken beginnt. Tage später beginnt er zu Ländlermusik zu lächeln. – Eine sterbende Frau äußert Angst vor dem Ersticken. Mittlerweile somnolent, verweisen Körpersymptome wie Schweißausbrüche auf plötzliche Angstattacken. Sie spricht nicht mehr. Dennoch scheint sie zu hören: Meine Worte und insbesondere Monochordmusik mit leisem Gesang beruhigen sie offensichtlich; sie atmet regelmäßig. Noch einmal wird sie wach, erzählt ihrem Mann, sie habe Musik gehört, es soll Engelsmusik gewesen sein. Später erneutes Abtauchen in einen somnolenten Zustand – Schweißausbrüche – Beruhigung über Musik – und die Frau kann sterben.

Ich bin begeistert ob der Möglichkeiten der Musiktherapie mit Sterbenden. Bis in die letzten Stunden reagieren Sterbende auf Musik. Sie können allerdings auch entsprechend überfordert werden, wenn ihnen eine Musik zugemutet wird, wo sie keine mehr ertragen. Die große Chance dieses Mediums verlangt den entsprechend verantwortungsvollen Umgang damit. Je ohnmächtiger der Patient, umso wichtiger die Sensibilität der Therapeutin! Dies gilt auch in der Frage, ob Musik aktiv oder rezeptiv eingesetzt werden soll. Mein Verständnis von Musiktherapie setzt Therapie über die Kunst der Musik. Was beim Patienten innerlich geschieht, ist wichtiger als die Frage nach der „schönen" Musik. Musik bleibt Medium und darf niemals Selbstzweck werden. Wo immer Patienten nicht von sich aus musizieren möchten – im Spital 80–90% – arbeite ich rezeptiv. Ich muß niemanden zum Musizieren verlocken, die meisten Patienten sprechen hörenderweise von selbst auf dieses Medium an.

Besonders häufig arbeite ich mit sog. **Klangreisen**: Auf eine angeleitete körperliche Entspannung und bisweilen auch auf eine bildhafte Anregung folgt eine durch die Therapeutin gespielte archaische Musik. Ihr Mitgehen mit dem Patienten, ihr Sensibilisiert-Sein für unmerkliche Reaktionen (angenehm – unangenehm) sowie Signale aus Übertragung und Gegenübertragung bestimmen, wie lange sie spielt, ob Instrumente gewechselt werden, ob ein Lied oder ein paar Worte einfließen (vgl. Renz, 1996, 32). Im Anschluß an eine Klangreise kann über das Erlebte gesprochen werden; Sterbende sind bisweilen zu müde. Dann lasse ich sie in ihrem entspannten Zustand verweilen. Irgendwann, so denke ich, findet das für sie Wichtigste bei irgendwem wohl Wort und Antwort. Musiktherapie mit Sterbenden schafft Klangraum und Atmosphäre, nimmt Stimmigkeit und Beziehung auf und unterstützt im Loslassen.

Kommunikation ja, aber wie? – Ideenkartei

Was sage ich, wenn vor mir ein Todkranker liegt, der meint, nochmals gesund zu werden? Was sage ich, wenn er zwar um seinen Zustand weiß, aber seine Frau diesen nicht wahrhaben will? Wenn Patienten und Angehörige unsäglich enttäuscht sind vom Schicksalsschlag Krebs oder vom explodierenden Krankheitsverlauf? Vielleicht auch enttäuscht sind von mir? Wenn sie verzweifelt sind, Drohungen aussprechen oder sich abwenden? Worte und adäquate Reaktion zu finden ist schwierig. Kommunikation will geübt sein. Wenn ich nachfolgend **10 Grundgedanken zur Kommunikation in schwierigen Situationen** auflistet, möchte ich damit zum reflektierenden Üben anregen. Ich will nicht den Anschein von Vollständigkeit oder Allgemeingültigkeit erwecken. Jede Situation bleibt neu und schwierig.

1. **Man kann nicht _nicht_ reagieren** (In Anlehnung an Watzlawick): Ob ich sachlich kühl bin oder eher emotional, ob ich etwas sage oder schweige, auf eine Frage und Situation eingehe oder nicht, auch wo ich mich innerlich aus dem Staub machen möchte, wird das bewußt oder unbewußt registriert. Umso wichtiger:
2. **Erlaubtes Mensch-Sein auch für mich:** Selbst wo ich um Worte ringe, nach Luft ausholen muß, ist es erlaubt, mich darin wahrzunehmen. Zu warten, bis ein Satz gefunden ist oder zu sagen, daß es mir schwer fällt. Zu meinem Selbstschutz vielleicht auch zu schweigen. Einmal erlebe ich mich und meinen Versuch zur Kommunikation als gelingend, dann wieder nicht. Ich darf ein zweites und ein drittes Mal ansetzen. Erlaubtes Mißlingen gilt auch mir.
3. **Bewußtwerdung befreit aus Unbewußtheit:** Wo immer Spannungen bewußt werden, führt das aus einem unbewußten Gefangen- und Fremdbestimmt-Sein heraus. Darum versuche ich mich in einem ersten Schritt zu fragen: „Was genau spüre ich selbst? Bin ich selbst mitgenommen oder ist dies mein Gegenüber? Habe ich selbst Angst oder nehme ich hier etwas von der verdrängten Grundstimmung des Patienten auf? Ist die Krankheitsdiagnose offengelegt oder seltsam verwischt? Was kommt mir vom Patienten entgegen, was von seinen Angehörigen?" – In einem zweiten Schritt überlege ich: Was davon spreche ich aus? Etwa, daß hier die Meinungen auseinander driften. Daß die vorgefundene Situation weit entfernt ist von dem, was man sich selbstverständlich erwünscht. Daß ich Enttäuschung oder Angst wahrnehme.
4. **Zerstrittene oder unvereinbare Positionen trennen:** In Extremsituationen schlage ich vor, zuerst mit dem Patienten und danach mit den Angehörigen je alleine zu sprechen. Wenn ich selbst die Angegriffene bin und nachhaltig das Gefühl habe, die Situation überfordere mich, so verschiebe ich vielleicht die Begegnung. Und ich überdenke, was mir helfen würde, sie zu bestehen: ein vorausgehendes Reflektieren mit einer Kollegin? Das Beiziehen einer weiteren Person? Das Delegieren des „Falles"?
5. **Was ist Sache, was ist Emotion?** Schwierige Nachrichten klar mitteilen, wenn nötig wiederholen: Mich fragen, welche Rolle ich habe. Als Therapeutin habe ich nicht wie der Arzt die Aufgabe, Diagnose und Prognose zu stellen, bin aber vielleicht herausgefordert, im Dienste der Ehrlichkeit nachzudoppeln, nachzufragen, auszuhalten. Dem Unerträglichen Raum zu geben und das Unerhörte zu

hören. Rückfragen: „Habe ich Sie richtig verstanden, Sie haben zwar gehört ... aber in Ihnen kann etwas wie nicht glauben?" – „Sie spüren den Tod kommen und wollen ihn doch nicht?" – „Sie würden gerne sterben und doch braucht Ihr Körper Zeit?" – Entsprechend meiner Rolle muß ich mich fragen: Was muß unbedingt ausgesprochen sein? Beispiel: Müssen Begriffe wie „unheilbar", „schmerzhaft" oder die Wendung „das dauert noch ein paar Wochen, aber nicht Monate" fallen oder gerade nicht? Es gibt beides: unnötige Ängste ebenso wie unrealistische Hoffnungen, das Zuviel wie das Zuwenig an Aufgeklärt-Sein. Es gibt das zu Emotionale sowie das Gefühllose. Stimmigkeit ist eine Frage des Abwägens, des Zeitpunktes, des Mutes, der eigenen Persönlichkeit und in all dem eine Frage der eigenen Bewußtheit. Zur Sache gehört auch die Information über das, was in den nächsten Tagen geschieht: Weiß der Patient, was ihn konkret erwartet? Spitalaufenthalt oder Heimkehr? Eingriffe, Untersuchungen oder abwarten? Und was wird ausgesprochen in Anwesenheit eines Komatösen?

6. *Normalisieren statt pathologisieren. Emotionen nachfragen und Raum geben.* Etwa: „Ich habe den Eindruck, das ist sehr hart für Sie, stimmt das?" – Oder: „Ist es jetzt in Ihnen wie leer oder traurig? Oder ist etwas auch wütend? Ist es wie bei einer Wäschetrommel, daß die Gefühle durcheinander gehen und man gar nichts mehr weiß? Dies und vieles mehr wäre normal." Wichtig: im Gefühlschaos drin keine Entscheide fällen! Ähnlich ist mein Umgang mit Bewältigungsstrategien von Patienten und Angehörigen. Ich spreche sie an und kann sie fast immer als normal taxieren. Beispiel: „Der eine wird ob solcher Not aggressiv, der andere ängstlich oder depressiv. Der eine schaut noch mehr fern als ohnehin schon, der andere schottet sich noch mehr ab, der dritte nascht oder raucht mehr, der vierte telephoniert mehr ... All das ist zwar nicht gesund, aber normal und pendelt sich später wieder ein. Wenn Sie Schock und Verzweiflung auch nur *irgendwie* bewältigen, ist das schon viel." – Gefühle zulassen heißt für Betreuer vor allem, selbst zu fühlen.

7. *Dasein und zuhören. Alleine zum Patienten gehen:* Damit schwierige Botschaften gehört und verdaubar werden, damit entsprechende Befindlichkeiten überhaupt Worte finden, braucht es Zeit und Raum. Visiten mit vielen Umstehenden sowie Ärzte im Zeitdruck sind ungünstige Voraussetzungen für die Übermittlung schwieriger Nachrichten. Das läßt Patienten verstummen. Sie erleben sich noch ohnmächtiger. Wenn ich mich nicht auf Situation und Patient einlassen kann, gehe ich mit Vorteil nicht hin. Oder ich mache transparent, daß ich anderweitig unter Druck bin und verschiebe das Schwierige auf einen günstigeren Moment.

8. *Den Ressourcen nachfragen, Unterstützung anbieten:* „Was tut Ihnen sonst im Alltag gut? Was tun Sie im Leben, wenn es Ihnen schlecht geht? Haben Sie Freunde?" – „Bedeutet Ihnen Gott, bedeutet Ihnen Seelsorge etwas oder gerade

nicht?" – „Wie kommen Sie jetzt nach Hause? Ist jemand mit Ihnen?" – Auf Unterstützungsangebote aufmerksam machen.

9. ***Sich in die Patientensituation hineinversetzen, eigene Leiderfahrungen zulassen:*** Es sind schlußendlich die eigenen Leiderfahrungen und die eigene Bewußtwerdung, welche zu Empathie und Mit-Aushalten befähigen. Wer gelitten hat, weiß, wie sich Leiden und Schmerzen anfühlen. Er weiß um Details wie verändertes Zeit- und Raumerleben, wie es ist, Tag um Tag zu warten auf die weitere Diagnose. Weiß um Wutausbrüche, Angstschübe, um innere Gefahren wie das Versinken in Apathie.

10. ***Das geheimnisvoll Schöne an Sterbeprozessen wahrnehmen und vielleicht davon erzählen:*** Patienten und Angehörige wollen nicht nur das Medizinische und Schmerzliche ihrer Situation hören. Wenn jemand fragt: „Wie können Sie eigentlich hier arbeiten?" steckt dahinter der Ruf: „Erzählen Sie mir vom Schönen dieser Tage und Wochen!" Gelebtes Sterben ist Chance, das ganze Leben nochmals neu zu sehen, zu umfangen. Ist Chance intensiver Sinneseindrücke und friedvoller Begegnungen, vielleicht Chance großer Gottnähe, und in allem Chance für Familien weit über den Tod hinaus. Warum solches nicht auch sagen? – Das Bewußtsein um Endlichkeit markiert zwar unübersehbar die Grenze menschlichen Lebens, wird darin aber genauso zum Ruf, doch zu leben und wesentlich sich selbst zu werden – bis in die letzten Tage hinein.

Begegnung von Mensch zu Mensch

Ob über Musik, Gespräch, Berührung: Begleitung von Kranken und Sterbenden ist Begegnung zwischen Ich und Du. Die Fachfrau in mir steht mir wohl helfend zur Seite. Für den Patienten gegenwärtig bin ich – auch wortlos – als Mensch. Als die, die ich geworden und heute bin. In der Begleitung von Schwerkranken und Sterbenden sind wir herausgefordert in unserem ganzen Mensch-Sein: in einer Bewußtheit, die eigene Schatten und Grenzen kennt; im eigenen Ringen um Reife; im eigenen Körperbewußtsein und Umgang mit Schmerz. Sterbende nehmen in ihrer Sensibilität genau wahr, wie es um uns steht. Sie spüren sofort, ob ich froh, gereizt oder traurig bin. Sie realisieren, ob jemand ‚nur kompetent' oder auch leidfähig ist. Und sie sind in ihrem Ringen um Einwilligung in den Tod auf Menschen angewiesen, die nicht nur von Stirb und Werde *reden*, sondern sich selbst auf Prozesse der Wandlung einlassen und Ja sagen zum Leben, wie es ist. Wo uns dies bisweilen überfordert, ist schon das Leiden am nicht gefundenen Ja hilfreich. Bereits im Suchen sind wir nicht mehr verhärtet!

I. Sterben als Wandlungsprozeß

Alles ist gut

Die Farben des Herbstes –
wärmer und schöner als je zuvor.
Die Ernte eingebracht,
die Hungerzeiten ebenso vorbei
wie die fetten Jahre.
Du lernst: Alles ist gut, wie es ist.
Es gibt nichts hinzuzufügen
und nichts wegzunehmen.
Und Du weißt, es ist nicht Schwäche
oder Gleichgültigkeit,
die dich so denken läßt.

Wenn das Notwendige getan
und das Überflüssige verworfen,
wenn das Zuviel verschenkt
und das Zuwenig verschmerzt ist,
wenn alle Irrtümer aufgebraucht sind,
kann das Fest des Lebens beginnen.

– *Wolfgang Poeplau*

1. Sterben – einfach so

Viele Menschen sterben einfach so. Wir wissen nicht näher, was sie noch bewegte, eines Tages gingen sie für immer. Ein sanfter Tod, wie viele ihn sich wünschen. Andere werden vom Tod überfallen, sie verunglücken, sterben an Gewalt und hinterlassen Schock, Verzweiflung, ein gähnendes Loch. Wieder andere Menschen – und um sie geht es in diesem Buch – schreiten aufgrund von Krankheit langsam dem Tod entgegen.

Einige nehmen dies als Chance nochmaliger Bewußtwerdung wahr. Sie können loslassen und erfahren Gelassenheit. Auch sie sterben schlußendlich ‚einfach so‘, wenn ihre Zeit abgelaufen ist. Häufig erfahren die Angehörigen solcher Sterbenden in diesen Wochen und Tagen eine nie geahnte Intensität, die trotz des schrecklichen Verlustes des geliebten Menschen überwältigend ist. Andere Schwerkranke tun sich äußerst schwer mit ihrem Schicksal. Im Extremfall verdrängen sie bis zum Schluß und werden schließlich von Koma und Tod eingeholt. Mehrheitlich aber finden diese Menschen ringend zu ihrem Ja des Loslassens. Unabhängig davon, wie bewußt sich kranke Menschen ihrem Tod stellen, scheinen Sterbende auch beeindruckende Wandlungsprozesse zu durchlaufen: Die Wahrnehmung verändert sich, so zum Beispiel das Zeit- und Raumgefühl. Was löst dies wohl aus? Zustände, die vielleicht von außen betrachtet durch fortschreitende Krankheit oder Medikamente erklärt werden, haben für Betroffene etwas zu tun mit veränderter Wahrnehmung.

Es gibt schließlich auch **Menschen, von denen wir den Eindruck erhalten, daß sie einfach nicht sterben können**. Der Tod steht schon lange vor der Tür und tritt doch nicht ein. Es ist, als würde etwas noch dazwischen stehen. Etwas Unerledigtes oder Wichtiges – ein Bewußtwerdungsschritt etwa – steht noch aus. Eine innere Aufgabe ist noch nicht zu Ende geführt. Als Angehörige und Begleitende haben wir unsere Ahnungen, Verzweiflungen, Hoffnungen, aber vor allem Distanz. Soviel Distanz jedenfalls, daß wir weder verstehen, noch etwas verändern können! Der dem Tod Geweihte steht nach wie vor ‚davor‘, im Zwischenland zwischen Leben und Tod gefangen.

In meinem Leben gab es zwei Initialerfahrungen zu diesem einfach nicht eintretenden Tod:

Sinnloses Vegetieren? *Als Kind besuchte ich mit meinem Vater jedes Jahr in der Vorweihnachtszeit meine schwer kranke Großtante. Sie litt an Parkinson. In meinen Kinderaugen war diese Frau steinalt, obwohl das nicht zutraf. Jedesmal lag sie in derselben gekrümmten Körperhaltung da, den Kopf zur Seite geneigt, die Gesichtszüge verzerrt. Ihr Leib zitterte. Sie konnte ihre Hand noch heben und uns grüßen. Sie konnte sich freuen, Fragen stellen und hatte ein ausgezeichnetes Gedächtnis. Gerade das fand ich so schrecklich: Wie nur brachte diese Frau die Zeit, ja die Jahre, um? Wie nur mußte es sich in diesem Leib anfühlen? Und warum war diese Frau überhaupt noch da? Auf unserer Heimfahrt hatte ich jedes Mal eine Wut auf Gott, ich fand ihn grauenhaft, brutal, unverständlich. Und doch ging auch etwas Faszinierendes, Andächtiges von dieser Frau und ihrem Gott aus. Ich finde erst heute Worte dafür: Es war eine intensive Präsenz. Gerade in ihren genauen Erinnerungen – sie wußte alles, was ich ihr im Vorjahr erzählt hatte – war sie sehr mit mir und war dies sicher auch in ihren einsamen Stunden. Irgendwann hörten dann diese Besuche auf. Die Großtante hatte sterben können. Warum jetzt? Warum nicht früher? Ich weiß es nicht. Doch ich hörte in den Jahren danach von mehreren Menschen, die in ihrer Nähe gearbeitet hatten, daß sie die betende Seele im Hause gewesen sei. An ihr hatten sich andere Kraft und Antwort geholt, die etwa lautete: „Wenn sie ihr Schicksal aushält, halte ich auch aus." Auch diese Menschen berichteten von der Erfahrung einer eigenartig faszinierenden Präsenz. Sinn?*

Den Sterbetermin verpaßt? *Die zweite Erfahrung betrifft eine in meiner Kindheit bedeutsame Frau, die sich durch ihre Vitalität auszeichnete. Diese Frau hing sehr am Leben, und doch konnte sie sich selten in den Fluß des Lebens hineingeben und ‚leben'; es war, als würde sie durch etwas zurückgehalten. Diese Frau wurde sehr alt und lebte schließlich ein Dasein ohne Ende im Altersheim. Wir hatten uns über lange Jahre dazwischen wenig zu sagen gehabt, und doch gab es anscheinend etwas, das mich in der Tiefe mit ihr verband: Mir träumte in Abständen eindringlich, daß sie den Sterbetermin verpaßt habe! Was war da los? Was hatte der nicht eintretende Tod dieser Frau mit mir zu tun? Die Träume bewegten mich. Gab es etwas in mir, das diese Frau unbewußt noch festhielt? Und wenn ja, was konnte das sein? Oder gab es etwas im Unbewußten dieser Frau, über das sie sich mir nahe, ja an mich gebunden fühlte? Ich beschloß, mich diesen Fragen und meinen Traumbotschaften zu stellen und so das meinige beizutragen, damit etwas in mir – etwas in uns – erlöst werden und sterben könne. Ich meldete mich darum für ein Therapiewochenende an. – Eine Stunde später starb diese Frau wie aus heiterem Himmel – anscheinend sehr friedlich.*

Zufall? Schicksal? Führung? Was solche Erfahrungen bedeuten, sei hier bewußt offen gelassen. Je näher dem Spirituellen eine Arbeit oder eine Beziehung zu sein scheinen, um so wichtiger ist die Unterscheidung zwischen Beobachtung, respektiv konkreter Erfahrung einerseits und Interpretation andererseits. Erfahrungen wie die obigen ‚sind'. Sie lösen Fragen und tiefe Betroffenheit aus. Doch häufig sind wir mit der offen gelassenen Frage dem hintergründigen Geheimnis näher als mit selbst geschmiedeten Antworten. Mit dieser Ehrfurcht möchte ich auch den Sterbenden im Spital begegnen, ich berichte von Erfahrungen, von einer Kommunikation auf der symbolischen Ebene, auch terminale Sprache genannt, vor allem aber von Wandlungs- und Reifungsprozessen auf den Tod hin. Wir wissen damit weder, was diese Prozesse über uns hinaus zu bedeuten haben, noch, was nach dem Tod sein wird. Unsere Beobachtungen sagen etwas aus über die Todesnähe, nicht aber über das Erlebnis Tod oder gar ein Jenseits.

2. Todesnähe als Übergang und als Wahrnehmungsverschiebung

2.1 Der Grenzbereich und seine Wahrnehmung

Der Grenzbereich werdenden und sterbenden Lebens hat seine eigenen Gesetzmäßigkeiten, seine eigene Wahrnehmung, seine eigenen Ängste, Sehnsüchte, Empfindungen, seine eigene Musik. Auch spirituelle Krisen, unausweichliche Krankheiten und tief greifende Erschütterungen erhalten im Erleben der Menschen den Stellenwert von ‚Grenzbereich'. Was bedeutet Grenzbereich, was sind Grenzerfahrungen? Was ist darin für Betroffene unausweichlich schrecklich? Und gibt es demgegenüber auch Erfahrungen, die als sehr schön und beglückend beschrieben werden? Es gibt sie, diese letztlich spirituellen Erfahrungen. Ich spreche bei solchen Erfahrungen an äußerster Grenze gerne von »etwas, das tiefer greift als alles Leid, weil jenseits der Unterscheidung angenehm – unangenehm«.

Menschen in Krise und Krankheit sind einerseits viel stärker sich selbst, der Gegenwart und jeder kleinsten Erschütterung ausgeliefert. Schmerzen, Ängste, Sehnsüchte und auch einfachste Eindrücke erhalten ein überwältigendes und bisweilen unerträgliches Ausmaß, weil ihnen ohnmächtig ausgesetzt. Das Gegenwärtige wird intensiv erlebt, z.B. unbequeme Lage, die befreite Atmung, der wunderbare Baum vor dem Fenster, die Glaubwürdigkeit eines Stimmtonfalles.

Andererseits befinden sich diese Menschen im sogenannten Grenzbereich zu einer ganz anderen Seinsweise. Das bedeutet, daß sie in ihrer Wahrnehmung nicht immer da, sondern bisweilen anders, an anderem Ort, wie entrückt zu sein scheinen. Es ist, als wären sie zwischendurch noch nicht oder nicht mehr da. Ein seltsamer Schutz hat sich zwischen sie und ihr Leiden gestellt. Die unerträglich endlose Zeit ist in ihrem subjektiven Erleben in Zeitlosigkeit übergegangen. Statt Schmerzen und leibliche Ohnmacht fühlen Patienten ein Angeschlossensein an etwas Kosmisches und eine Fülle. Statt Verlassenheit und Alleinsein ein All-Eins-Sein. Des Öfteren wurde mir im Anschluß an eine Klangreise gesagt: „Mit dieser Musik *bin* ich einfach, während ich sonst immer warte."

Herr Manser *hatte in seinen letzten Tagen vor dem Tod ein seltsames, immer wiederkehrendes Verhaltensmuster: Häufig schien er wie schlafend zu sein, unansprechbar, allerdings bei offenen Augen. Dann plötzlich zuckte er im ganzen Leib zusammen, verzog sein Gesicht, atmete mühselig und war wieder da. Darauf gefragt, ob er im Zurückkommen so erschrecke, weil er so Schmerzen habe, äußerte er: „Ganz genau! Dazwischen ist das alles wie weg. Da bin ich ganz leicht."*

Diese Veränderungen werden des öfteren durch die fortschreitende Krankheit und durch Wirkungen von Medikamenten erklärt. Vom inneren Erleben her – und darum geht es hier – haben sie etwas zu tun mit einer sog. **Wahrnehmungsverschiebung** (vgl. Renz 1996) oder in den Worten von Stanislav Grof mit **außergewöhnlichen Bewußtseinszuständen**: Die Präsenz im Ich nimmt ab, das Denken vom Ich her ist bisweilen wie ausgeschaltet, und das geht einher mit einer völlig andersartigen Weise von Wahrnehmung und Bewußtsein. Die Hirnforschung kann nachweisen, daß veränderte Bewußtseinszustände einhergehen können mit erhöhter Empfindlichkeit, möglicherweise als Folge der abgeschwächten Filterleistung des Gehirns.[3]

Profan ausgedrückt kann die Fähigkeit, über die Sinne wahrzunehmen, intensiver werden. Z.B. wird Musik bisweilen lauter, werden Klänge ‚stehend' – also ständig gegenwärtig – empfunden. Wie ist das erklärbar? Wahrnehmungen können nicht gleichermaßen wie im Normalzustand verarbeitet und eingeordnet werden. Das Gefühl für Abläufe geht bisweilen verloren und damit selbst das Zeitgefühl oder die Fähigkeit, zu erinnern, was vor 5 Minuten geschah. Momente dehnen sich zu Ewigkeiten aus, im Bekömmlichen wie im Bedrohlichen! Wo schließlich auch die Unterscheidung zwischen angenehm und unangenehm überwunden werden kann und sich jegliche Gebundenheit an ein Ich auflöst, entstehen Ahnungen des Ewigen und Kosmischen. Ein zeitüberdauerndes Bewußtsein!

Zusammengefaßt: Was den Grenzbereich charakterisiert, ist die Nähe zu einem grundsätzlich anderen Zustand, einer anderen, nicht durch das Ich bestimmten Weise des Erlebens. Der Grenzbereich ist vom Hin und Her zwischen Wach- und Schlafzustand, Irdischem und Unbegreiflichem, Begrenzung und Fülle, für kranke Menschen aber auch zwischen Leiden und Erlösung (vgl. Käppeli 1998) bestimmt. Er ist zugleich Ort großer Angst, Ehrfurcht und Ohnmacht als auch Ort großer Spiritualität und Wandlung. Was für die Wahrnehmungsweise des Ungeborenen und des Säuglings in Dämmerzuständen gilt, gilt auch für den Menschen in Todesnähe: Sie leben

---

3) Mündliche Information von Dr. med. F.X. Vollenweider, Oberarzt Forschung Psychiatrische Universitätsklinik Zürich, 1999.

im Zwischen, sie sind von Gesetzmäßigkeiten des Grenzbereichs bestimmt. Vom Erwachsenen im Normalfalle gescheut, wird der Grenzbereich sonst nur von Menschen in großen Krisen, in sogenannten Grenzerfahrungen, betreten. Darum brauchen wir Übersetzungshilfen, um Sterbende zu verstehen.

2.2 Terminale Sprache[4] – terminale Kommunikation

2.2.1 Der Grenzbereich und seine Sprache

Im Grenzbereich verlieren viele Menschen die Fähigkeit, in unseren Denkkategorien zu erleben und sich auszudrücken. So auch im Sterben. Einige sind einfach still. Wir wissen nicht, wo sie sind, und sind vielleicht traurig oder befremdet ob der seltsam großen Distanz. Andere geben zum Ausdruck, daß sie an sich und ihrer veränderten Wahrnehmung leiden. Sie fragen etwa: *„Ist mein Kopf auch nicht mehr in Ordnung?"* Nichts beruhigt sie so sehr wie die Zusage, daß genau dies in ihrer Situation normal sei. Und dem ist auch so: Eine veränderte Wahrnehmung gehört zum Übergang!

---

4) **Terminal** kommt vom lateinischen Begriff „terminus" und bedeutet „Grenze". Terminalphase wird die Zeit an der Grenze des Lebens, an der Grenze zum Tod genannt. Wie lange diese Zeit dauert, wie viele Stunden, wie viele Tage, im Extremfall sogar Wochen, ist offen und individuell. Jonen-Thielemann (1997) spricht bei Krebskranken im weit fortgeschrittenen Stadium von einer Rehabilitationsphase, gefolgt von der präterminalen Phase mit akuten Schmerzen und Krankheitssymptomen, der die Terminalphase und schließlich der Zustand „in extremis" (konkrete Sterbephase) folgen (vgl. 1997, 678). Terminale Patienten sind die meiste Zeit oder dauernd bettlägerig, die Aufmerksamkeit ist wie vom Irdischen abgezogen, zurückgezogen. Etwas im Patienten drin nimmt Abschied. Es gibt Patienten, die gar nicht mehr sprechen und sogar somnolent bis komatös sind. Genau dann wird im Alltag einer Onkologie- oder Palliativstation häufig von „terminal" gesprochen. Terminal wird im alltäglichen Gebrauch auch oft für die eigentlichen Sterbestunden verwendet, ein anderer Begriff hierfür lautet „final" (lateinisch Ziel, Ende).

Neben den meist somnolenten terminalen Patienten gibt es andere, und um diese geht es im vorliegenden Kapitel vermehrt, die genau jetzt – an der Schwelle vom Präterminalen und Terminalen – wirr, unlogisch oder eben analogisch zu reden beginnen. Oder sie geben nur noch Wortbrocken und ein Stöhnen von sich. „Terminale Kommunikation" ist eine Wortschöpfung des vorliegenden Buches mit der Intention, zu verdeutlichen, daß Patienten auch in abwesenden oder in scheinbar wirren Zuständen noch „da" sind und bisweilen kommunizieren. – Ganz gegen das Ende ihres Lebens erfahren wir über Körpersignale wie „veränderte, flachere oder stoßweise Atmung, lange Atempausen, ein weniger Durchblutetsein der Extremitäten, ein nochmaliges Aufblicken" etc., daß Patienten nun im Begriffe sind zu gehen. Insgesamt wird der Begriff terminal unscharf definiert und unterschiedlich gebraucht.

Für Außenstehende am schwierigsten sind jene **Menschen, die plötzlich wie verschlüsselt kommunizieren** (vgl. Hermann 1997, 95). Eben noch da, sich selbst und die Umgebung real wahrnehmend, sprechen sie jetzt, als kämen sie von einem andern Planeten. Oder sie geben mit Körperhaltung und Körperbewegung nachhaltig eine bestimmte Befindlichkeit oder Not zum Ausdruck. In den meisten Fällen ist ein solch verschlüsselter Ausdruck unverständlich. Die Fachwelt spricht von Delirium. Dennoch ist das Erleben nicht zufällig, sondern folgerichtig: **nicht logisch, sondern analogisch**. Es folgt einer symbolischen Konsequenz. Das bedeutet, daß bei entsprechender Vertrautheit mit Symbolen Einfühlung und Kommunikation gelingen können. Dies wiederum bewirkt nicht selten, daß sich die wortlose Not solcher Sterbenden auflöst. Ich möchte für diese verschlüsselte Ausdrucksweise **den Begriff terminale Sprache einführen. Terminale Sprache ist gelebte Symbolsprache.** Ähnlich wie im Traum sind solche Sterbende in ihrem Erleben ganz drin. Im Gegensatz zu Träumenden aber können sich Sterbende am nächsten Morgen nicht einfach distanzieren von dem, was ihnen widerfahren ist. Sie sind angewiesen auf Einfühlung und Hilfestellung. Wo diese fehlt, ist erstens anzunehmen, daß sich der Sterbeprozeß in die Länge zieht[5].

Das Thema terminale Kommunikation mündet überdies in die Frage nach einem menschenwürdigen Sterben. Wo keine Einfühlung gelingt, bleiben Sterbende in ihrer Traumsprache gefangen. Sie leben unverstanden, einsam, bisweilen nur noch dahin-vegetierend bis zum Schluß. Ihre Würde ist ihnen genommen. Die eigenen Angehörigen verlieren die Achtung vor ihnen, empfinden Ekel und bewerten ihre Aussagen als irre. Um solche Demütigung zu verhindern, braucht es **Empathie**. Damit ist eine Qualität an Einfühlung gemeint, die mehr ist als einfach „Ich verstehe Dich". Sie bedeutet unter Umständen, daß es in mir weint, bevor Betroffene weinen können, daß ich mich versteinert fühle, bevor mein Gegenüber seine Versteinerung wahrnimmt. Gerade weil ich als Therapeutin selbst in diesem (Ein-)Fühlen drin bin, werden Hintergründe einer Not erstaunlich transparent, zeichnen sich aber auch erlösende Impulse plötzlich ab. Empathie befreit aus dem Gefängnis des Unverstandenseins. Ich erlebe häufig, daß ein solchermaßen einfühlend begleiteter Sterbeprozeß nicht zum Elend, sondern zur intensiven Erfahrung für alle wird.

---

5) Dies wage ich aus der Beobachtung rückzuschließen, daß viele Sterbende abtauchen, einschlafen, somnolent werden, ja ins Koma fallen, nachdem eine Einfühlung auf symbolischer Ebene gelungen ist. Vielleicht steht am nächsten Tag ein neues Thema an. Andernfalls können sie häufig nach Stunden oder wenigen Tagen sterben.

Sterbende sind Grenzgänger. Sind sie Phantasten? Ja! Doch mehr als dies sind sie Propheten! Künder einer andern Welt, im Intuitiven, Symbolischen, Spirituellen beheimatet. Der Grenzbereich ist dem Traumgeschehen, der Symbolwelt nahe.

Frau Puenzieux *beklagt sich über das Spital. Noch versuche ich, ein vernünftiges Anliegen herauszuhören, als sie wie aus heiterem Himmel fortfährt: „Hier hat es so viel Dreck." Verwirrt frage ich zurück: „Dreck? Wo befinden Sie sich denn?" „Dreck, die Wände sind dreckig ... dunkel ... Tunnel." Aha, denke ich: Die Patientin hat von einem äußeren Erleben zum innern gewechselt. Innerlich war da offenbar ein Tunnel. In ihr drin gab es anscheinend Dreck, der geputzt werden mußte. Ich sage: „Ja, hier ist ein Durchgang wie ein Tunnel. Und hier hat es Dreck. Können Sie den Dreck hinter sich lassen?" „Gepäck", fährt sie fort. „Können Sie das Gepäck abstellen und zurücklassen?", frage ich weiter. „Abstellen, abstellen", fährt sie fort und wird still. Etwas später äußert sie: „Es ist heller." Spürbare Erleichterung! – Drei Tage später allerdings muß Frau Puenzieux doch noch putzen.*

Schon im Verlauf unseres Gesprächs wurde mir klar, daß mein Impuls, den Dreck hinter sich zu lassen, nur halbwegs stimmig war. Er entsprach wohl vor allem meinem Bedürfnis, den mühseligen Seelenputz zu umschiffen. Ihr unbewußter Prozeß lehrte mich, daß Dreck, so wie sie ihn wahrnahm, nicht einfach zurückgelassen werden kann, sondern, wenn nicht heute, so morgen geputzt werden muß. Dennoch konnte sie für den Moment dem Impuls, den Dreck hinter sich zu lassen, folgen, indem sie zum Bild des Gepäcks wechselte. Auf diesem Weg wurde es vorderhand heller. Doch insgesamt erteilte mir ihr Unbewußtes die Lehre, daß man höchstens Gepäck, nicht aber Dreck so leichtfertig hinter sich lassen darf.

Diese Frau erlebt offensichtlich bildhaft und projiziert innere Not nach außen. Obwohl unlogisch, ist ihre Sprache kein verwirrtes, zufälliges Chaos, sondern folgt in der Wahl der Symbole einer inneren Konsequenz. Weil aus eigenem Erleben und aus intensiver Auseinandersetzung mit Symbolen vertraut, kann ich mindestens versuchsweise mit Menschen in solchen Zuständen kommunizieren. Alle Impulse sind dabei Annäherungen. An den Reaktionen der Patienten erst kann ich verifizieren, ob eine Deutung ins Schwarze getroffen hat oder nicht. Zustimmung kann ich daraus entnehmen, daß jemand mich plötzlich erkennt und intensiv anschaut oder daß er regelmäßig zu atmen beginnt. Der Verdauungsapparat kann reagieren, Menschen schlafen friedlich ein, im Extremfall fallen sie ins Koma. Seltener erfahre ich Zustimmung über Gebärden oder über ein formuliertes Ja. Bisweilen erkenne ich weniger Zustimmung als Erregung, etwa in Augenzucken, in schnellerer Atmung und Schweißausbrüchen. *„Hier ist es heiß"*, äußerte eine Patientin. Welche Reaktion auch immer: Wenn sie Brisanz oder Stimmigkeit signalisiert, ist so etwas wie

Zuspitzung, Durchbruch und schließlich Erlösung spürbar. Terminale Kommunikation gleicht einer *Expedition ins Unbewußte*, einer Suchwanderung zwischen Wahrheit und Irrtum. Sie folgt dem Dreischritt von
- Empathie/Einfühlung
- Versuch einer Antwort in der dargebotenen Symbol- oder Körpersprache
- Verifikation durch Beobachtung von Reaktion und Nichtreaktion des Patienten.

Häufigkeit terminaler Kommunikation: Von den insgesamt 80 in meiner Studie erfaßten Patienten und Patientinnen kommunizierten 26 auf symbolische Weise. 24 waren in ihrem Erleben einfach drin und gefangen, während mindestens 2 darüber hinaus sich selbst noch als „solchermaßen komisch" wahrnahmen und daran litten. Von diesen insgesamt 26 redeten und erlebten 18 in Bildern, die übrigen 8 waren über Tage in einer Körperhaltung (beispielsweise einer einstigen Traumatisierung) wie versteinert und warteten sichtlich auf Erlösung! Kommunikation war bei diesen 8 fast nur über Körpersprache und Ritual möglich.

2.2.2 Verstehen lernen, was Sterbende uns sagen – Bilder, Symbole, Träume

Was ist ein Symbol in tiefenpsychologischer Betrachtung? Was hilft ein Wissen um und ein Vertrautsein mit Symbolen und Symbolabfolgen im Umgang mit Sterbenden? **Symbole sind Energieträger** und darin mehr als einfach ‚Bild'. Im Symbol wird etwas Hintergründig-Energetisches konkret und lebendig. Wie wir aus Träumen wissen, sind Symbole und Bilder eine bevorzugte Sprache des Unbewußten. In Todesnähe sind Menschen ihrem Unbewußten generell nahe. Aller Grenzbereich ist fast ausschließlich unbewußt. So leuchtet unmittelbar ein, daß mit dem (Wieder-)Eintauchen der Sterbenden in den Grenzbereich auch die entsprechenden Medien wirksam werden: Es sind dies das Symbol/Bild, Farben, Gerüche, das Sensorium für Energien und Stimmigkeiten und – wesentlich – die Musik (vgl. Kap. I.2.3).

Ein Verständnis für Symbole und innere Bilder kann nur bedingt erworben werden. Es wächst, indem man sich selbst in die Traumsprache einläßt. Selbst zu träumen, Träume ernst zu nehmen, selbst Deutungsversuche zu wagen – Irrtum inbegriffen – und an sich selbst die einem Symbol innewohnende Energie zu erfahren ist unumgänglich für ein lebendiges Symbolverständnis. Und doch hilft Literatur wie z.B. Märchen und ihre Deutungen, um mit Symbolen leben zu lernen. In meinem Buch *Zwischen Urangst und Urvertrauen* habe ich aufzuzeigen versucht, welche Bilder und Symbole in welchen Bewußtseinsstufen häufig auftreten. Ähnlich frage ich hier:

Gibt es **Orientierungshilfen, um Sterbende in ihrer terminalen Sprache zu verstehen**? Persönlich verfolge ich **zwei Fährten**. In der einen orientiere ich mich am konkret dargebotenen ‚Material' und seinem symbolischen Hintergrund, ähnlich wie dies in der Traumarbeit geschieht. Darüber hinaus – und dies ist mir zur zweiten Fährte geworden – bin ich hellhörig für Themenbereiche, um die insbesondere Sterbende kreisen. Vieles bleibt der Intuition überlassen.

Erste Fährte: Orientierung am dargebotenen Material:
Dieses ist in der Regel eine Mischung aus:
1. bewußtseinsnahen Erinnerungen und Tagesresten (das Haus, die damalige Freundin, das Spital),
2. verdrängtem Material bis hin zu frühesten unter Umständen auch nie bewußtseinsfähigen Eindrücken (Dreck, das Gepäck, das innere Hören eines verdächtigen Klopfens, zu wenig Brot),
3. sog. Archetypischem (Dunkel/Licht als Erleben im Hindurch, ein Berg von numinoser Wirkung, ein vertrautes Lied aber wie von Engeln gesungen).

Eine alte Frau träumte von ihrer längst verstorbenen Mutter (Erinnerung). Doch diese erschien ihr im Traum nicht so müde und bleich wie gewohnt, sondern mit blühend vollem Gesicht und in leuchtend weißem Gewand (Einfließen des Archetypischen). Aus der Schilderung dieser Frau war nicht zu überhören, daß ihre Mutter wie ein Engel leuchtete. Genau darin steht die Mutter nicht für die bloße Erinnerung, sondern wirkt als Symbol. Sie ist zum Boten von drüben geworden, zu einem Energieträger im Bereich des Spirituell-Geistigen, des Grenzbereichs. Vielleicht verkörpert sie auch die Ahnung, heimgeholt zu werden. – Bald nach diesem Traum starb die Frau.

Eine Mischung von Konkretem und Archetypischem verkörpern im Traum auch Tiere, die für mehr stehen als nur für sich selbst. *Eine Frau, die die Nähe zu ihrem sterbenden Mann mied, träumte von einem Hund. Dieser schaute sie mit eindringlich traurigen Augen an. Bewegt äußerte sie: „Ich muß etwas tun, aber was?" Ich verwies sie auf den Spürsinn und die Treue des Hundes und fragte: „Wie würde der Hund ihrem sterbenden Mann begegnen? Was lösen die Augen des Hundes in Ihnen aus?" Ich erzählte ihr vom Hundesymbol als Seelenführer in Todesnähe. Einige Tage später wollte sie sich der Nähe zu ihrem sterbenden Mann stellen.*

Wenn gar Gestalten, Lebewesen oder Landschaften gesehen werden, die es in der irdischen Wirklichkeit gar nicht gibt, wie etwa apokalyptische Szenen mit Drachen, Lichtgestalten, Dämonen oder Mondlandschaften, so wird noch deutlicher, daß es hier um eine archetypische Welt der großen Übergänge geht.

Um zu verstehen, was Symbole aussagen und bewirken wollen, hilft mir der Deutungsansatz nach C.G. Jung, weil er über das Biographische hinaus auch das Archetypische berücksichtigt. Eine Dimension, der wir im Sterbeprozeß vermehrt begegnen! In seinen Aussagen zum kollektiven Unbewußten und in seiner Archetypenlehre verwies Jung auf ein über Zeitepochen und einzelne Kulturen hinausragendes inneres Wissen um die großen Prozesse menschlichen Werdens, Reifens und Vergehens. Archetypen können begriffen werden als instinktnahe Grundstrukturen unserer Seele (Patterns of behaviour). Archetypische Bilder und das Wissen um Prozesse von Sterben, Wandlung und Neuwerden entstammen den Tiefenschichten des Unbewußten. Archetypen sind gleichsam die Quellen und Spender der Energie, Symbole sind ihre Träger. Indem sich der Mensch nicht nur rational, sondern auch emotional auf ein Symbol einläßt, wird er an die darin gebundene Energie angeschlossen. Das heißt: Über den Prozeß des sich Einlassens wird konkreter, wofür ein Symbol stehen könnte, ohne daß seine Energie jemals ausgeschöpft wäre. Alles Verstehen bleibt immer Annäherung. Symbole haben wir nie begriffen. In der Therapie müssen Menschen bisweilen spüren, wie sehr ich berührt bin von ihren Bildern, bevor sie selbst davon bewegt sind.

Zweite Fährte: Für Übergang und Sterben typische Themenbereiche sind:
1. Abschließen, Aufarbeiten, Reifung, Ganzwerdung
2. Durchgang und Wandlung
3. Urbilder des behüteten Ursprungs, eines heilen Seins, eines Seins jenseits von Zeit und Individuum
4. Visionen, Ahnungen von Endzeit als „Ziel", Sinn, Würdigung von Entwicklungen und Evolution

Bilder und Konkretisierungen zu:

1. Abschließen, Aufarbeiten, Reifung, Ganzwerdung:
Der bevorstehende Tod, selbst dort wo er verdrängt wird, wirkt intensivierend und beschleunigend auf unbewußte Prozesse. Bei einigen kommt genau jetzt das Unerledigte, Unsaubere aufs Tapet und will bereinigt werden (z.B. Dreck, Spinnen, Putzlappen). Zur Läuterung genügt meist die symbolische Reinigungshandlung. Wie in einem Traum wird geputzt, gewischt, gewaschen. Was sich genau hinter diesem alten Dreck verbirgt, darf Geheimnis bleiben. Wesentliches geschieht innerlich. Bei anderen Sterbenden will das abgespaltene innere Kind abgeholt und gewürdigt werden: das überforderte, hungernde, einsame, geprügelte oder geschändete Kind.

2. Durchgang und Wandlung:

Durchgang und Wandlung sind zentrale Themen im symbolischen Erleben Sterbender. Das Bewußtsein des Menschen betrachtet den Tod offenbar anders, endgültiger als das Unbewußte. In tiefem Unbewußten scheint der Mensch darum zu ‚wissen‘, daß Tod nicht einfach Endstation ist, sondern Durchgang, Wandlung, Geheimnis. Träume reden zwar von Ich-Tod, Körpertod, sich auflösendem Skelett, aber das ist gemäß Traum nicht das Ende.

Zu ‚existenziellem Durchgang‘ sind mir folgende symbolische Motive begegnet:
- die Abfolge vom Dunkel ans Licht, von der Enge ins Freie (Tunnel, Kanal, Röhre, Schlauch);
- Läuterungsszenarien: Feuer, höllische Hitze, höllische Schmerzen, Hölle, der Gehörnte neben Engeln;
- Veränderung im Gefühl von Leiblichkeit, Schwerkraft. Aussagen wie: „ich falle", „ich war ganz leicht";
- Bann und Befreiung. Begegnung mit Dämonen und Lichtgestalten. Hierher gehören auch Aussagen wie: „es ist gefährlich", oder „es leuchtet". Kampf mit Ungeheuern, Tieren, Menschen, Maschinen;
- Auflösung der Materie, z.B. „alle Gegenstände verlieren sich. Ich verliere die Orientierung. Angst! Jetzt sehe ich nur noch Farben, wunderbare Farben" (gemeint sind Farben ohne Formen);
- Durchgang als Reise, Abreise, ein Schiff fährt ab, eine Straße;
- Embryonalhaltung, sofern sie nach Erlösung schreit, Geburt;
- sich mit Armen oder Beinen durchstoßen, abstoßen, wegstoßen, freischaufeln.

Nebst dem in Bildern stattfindenden Durchgang begegnete ich mehrfach Menschen, die auf die abstrakte Frage: „Ist es jetzt wie in einem Durchgang?" nickten oder ausdrücklich bestätigten: „Ja, genau so ist es." *Einmal fragte ich eine Frau, die sonst auf nichts mehr reagierte, noch in ihrer letzten Stunde: „Wissen Sie noch, was ich Ihnen erklärte zum Durchgang?" „Ja." „Hilft Ihnen das?" „Ja."*

Die oben aufgelisteten symbolischen Motive zu Durchgang und Wandlung finden sich in auffallender Ähnlichkeit in Mythen und Überlieferungen verschiedenster Kulturen. Es ist das große Verdienst von Stanislav Grof, daß er sich systematisch mit dem Phänomen von Tod als Wandlung und mit den verschiedensten mythologischen Motiven zu Tod als Durchgang auseinandergesetzt hat.

3. Behüteter Ursprung, Zustände heilen Seins oder jenseits von Zeit und Individuum:

So schrecklich der Durchgang, so unsäglich schön die Auflösung! Sterbende erleben immer wieder Zustände jenseits aller Gegensätze, die nur noch bekömmlich sind, ja die einfach s i n d. Bei den einen rücken eher Befindlichkeiten des Ursprungs, bei den anderen Visionen von Endzeit (vgl. unten) in den Vordergrund. *Eine todkranke Frau erinnerte sich nach einer Klangreise an ihren Traum: „Ein Kind ist ganz umsorgt. Nichts kann ihm etwas anhaben." Bei einer anderen Frau mit eisern harten Gesichtszügen lösten sich die Verspannungen bei einem Wiegenlied.* Urgeborgenheit! Jeder Mensch trägt in sich Urerfahrungen von Geborgenheit und heilem Sein jenseits von Zeit und Individuum (ausführlicher vgl. Renz 1996). Sie entstammen einer Zeit, in der das noch gar nicht als solches vorhandene Ich etwas von einem sinnenjenseitigen Sein und Ursprung ‚wahrnimmt'. Urerfahrungen dieser Art sind älter als alles Empfinden von Not und von Ich. Das bedeutet, auf die Todesnähe bezogen, daß auch hier nicht nur Not und Schreckliches reaktiviert werden, sondern darunter, darüber und außerhalb auch Ahnungen um eine erste und letzte Glückseligkeit, um eine jenseitige Ordnung und ein friedliches Sein. Ein geliebtes Lied dreier Sterbender, das in Maria wohl die gute Große Mutter meint, lautet: *„Maria breit den Mantel aus. Mach Schirm und Schild für uns daraus. Laß uns darunter sicher stehn, bis alle Stürm vorübergehn..."*

Zu „behütetem Ursprung, heilem Sein oder Zuständen jenseits von Zeit und Individuum" bin ich folgenden Motiven begegnet:
– Höhlengefühle, Embryonalhaltungen, sofern als gutes Sein erlebt, „es ist weder dunkel noch hell";
– das heile oder das unversehrte, heilgebliebene Kind. Hinter manchem Regredieren von Sterbenden muß das Bedürfnis nach dem heilen Kind oder nach einer universalen Mutterliebe erkannt werden;
– Paradies, paradiesische Landschaft, Heimkehr: „Ich liege in einer Blumenwiese mit Glockengeläute", „Ich bin von gutem Grund getragen, weich gebettet", „... wie eine große Heimkehr", äußerte eine Russin. Meinte sie damit wohl Rußland oder ein übergeordnetes Daheim?
– behütet unter Regenbogen oder Himmelskuppe; beschirmt. In den Worten einer sterbenden Frau: „Warum sind Sie heute mit dem Schirm da?" (vgl. auch Beispiel Kap. I.3.2.6);
– der mit Stille gefüllte Raum, der heilige Raum.

Hier müssen auch die vielen beruhigenden Reaktionen auf ein zärtliches Streicheln, auf Wiegenlieder, Heimatlieder, Kirchenlieder genannt werden. Ein Heimfinden, das mehr ist als zum Vertrauten finden.

4. Visionen, Ahnungen von Endzeit, Ziel, Sinn, Würdigung:

Eigentliche Visionen Sterbender sind selten, in meiner Studie deren sieben. Dennoch sind spirituelle Erfahrungen in Todesnähe häufig: 43 der insgesamt 80 Erfaßten gaben verbal oder nonverbal Zeugnis von einer spirituellen Öffnung. Beispiele: „Licht", „Ich fliege", „Gott/Heiland kommt oder ist da". 17 äußerten ergriffen: „So schööön", „Heilig" oder „Wunderbar". Ob viele in Todesnähe etwas Schönes sehen, aber zu weit weg sind, um uns dies zu übermitteln? Bei mehreren habe ich ausdrückliche Bestätigung auf genau diese Vermutung erhalten. Auf Visionen rückschließen lassen ferner gewisse Gesten (z.B. ein Zeigen in die immer selbe Richtung) oder seltsam staunende Laute. Zahlreiche Sterbende leben uns in ihrem unvermittelt gefundenen Frieden und in ihrer plötzlich unsäglich schönen Ausstrahlung ihre Ankunft in einem anderen Zustand oder Sein schlicht vor.

Die Qualität eines endzeitlichen Zustandes (vgl. Symbol der endzeitlichen Stadt) ist zu unterscheiden von einer reaktivierten Ursprungsbefindlichkeit (vgl. Bild Paradies). Beide können Inhalte spiritueller Erfahrung sein. Im Endzeitlichen erfährt sich der Sterbende im Ganzen seiner Person, seines Weges und seiner Bewußtwerdung gewürdigt. Erstaunlich viele Sterbende reagieren eindrücklich (mit Gestik, Blick, Lauten, Tränen oder bestätigtem Ja) auf Worte wie: „Sie sind würdig", „Sie sind erkannt in dem, was Sie geleistet/ausgehalten etc. haben."

Zu ‚Endzeit und Vision' bin ich folgenden Reaktionen und Inhalten begegnet:
- Licht, Gold, Farben (himmelblau, violett, gelb), himmlische oder engelhafte Musik, Himmel, Engel; die „Straße führt ans Licht";
- Fülle als Erfüllung; ein seltsamer Schmerz beim Brustbein, der für Hunger nach Spiritualität steht (Loch), geht über in Erfahrung von Fülle;
- „Nun bin ich darüber", „Ich fliege";
- „Gott ist stärker", „Christus kommt (mich holen)", „Heiland, Du bist da", „Endgültig geworden vor Gott", „Wer nur dem Allerhöchsten traut ...";
- als Geste des Körpers: ein Tasten ins Leere, das aussieht wie ein Tasten ins Unendliche oder ein Fliegen im Universum;
- endzeitliche Begegnungen, z.B.: „Ich werde abgeholt durch meine verstorbene Mutter", oder: „Es ist noch nicht Zeit, daß Du kommst";
- endzeitliche Ordnung, Einordnung, Mandala;
- das Fest/Friede für alle, Integration, „Ich bin erwartet", alle haben Platz, Shalom. Auch die Hochzeit von ganz anderer Dimension als die irdische[6] und die Stadt als Traumbild (vgl. auch geheime Offenbarung des Johannes).

Endzeitvisionen befremden, erstaunen, begeistern. Können wir ihnen glauben?

---

6) vgl. Todesträume von C.G. Jung in Jaffé 1980, 19.

2.2.3 Wovon der Körper spricht

Die Sprache des Körpers folgt bisweilen ähnlichen Gesetzmäßigkeiten wie die Sprache der Bilder und Träume. **Der Körper oder ein Körperteil wird dabei zum Symbol, eine Bewegung zur Symbolhandlung.** Therapieziel im Sinne der Jung'schen Schule ist es, „vom Symptom zu einem Symbol und dann zur sprachlichen Formulierung und zur Deutung des Symbols zu kommen. ... Das Symptom (Anmerkung M.R.: etwa ein spezifischer Schmerz, eine motorische Bewegung oder eingenommene Haltung) muß zunächst wahrgenommen werden, auch emotional wahrgenommen werden." (Kast l990, 170). Von Körpersprache im Sinne einer terminalen Kommunikation spreche ich da, wo etwas über den Körper Ausdruck sucht. Ich denke z.B. an ein stundenlanges zusammengerolltes Daliegen (Embryonalhaltung), an eigenartige, ebenfalls über Stunden andauernde Verrenkungen von Kopf und Extremitäten, an seltsame Bewegungen wie Beinstoßen, Reiben der Genitalien, an Grimassen, an Zähnebeißen und Würgereflexe etc. Bei den meisten ist es, als käme in solchen Gebärden etwas uralt Unerlöstes zum Ausdruck. Bisweilen erinnert die Körpersprache ferner an Sterben als Geburtsnot.

Frau Tschannen wälzt sich in Embryonalhaltung hin und her. Einer ihrer beiden Söhne will sie festhalten und beruhigen. Vergeblich. Zwei Tage später treffe ich Frau Tschannen immer noch in Embryonalhaltung an, diesmal in Anwesenheit ihrer Tochter. Sie beruhigt sich im Laufe einer Entspannungsübung mit entsprechender Musik. Während sie nun schläft, spricht mich die Tochter darauf an, daß ihrer Mutter auf dem Weg zum Tode irgend etwas im Weg zu stehen scheine. Mich mache ihre Embryonalhaltung hellhörig, erwidere ich, und es falle mir auf, daß sie reagiere, wenn ich sie darauf anspreche. Ich hätte Ähnliches auch schon erlebt, vielleicht erinnere der Tod an Geburt. Der Tochter – ihrerseits angehende Körpertherapeutin – leuchtet das ein. Sie möchte mit mir zusammen bei der Mutter sitzen und einfach nachspüren. Nach einer Weile äußert sie: „Ich spüre Angst, Schweiß im Gesicht. Ja, vielleicht Geburtsangst." Diese Aussage ermutigt mich, Frau Tschannen auf das Thema Angst anzusprechen: „Liebe Frau Tschannen, auch wenn Sie jetzt vielleicht große Angst haben, möchte ich Ihnen sagen, daß Angst nicht das Letzte ist. Irgendwann ist diese vorbei, ist auch der Durchgang vorbei. Und wir wünschen Ihnen Frieden." Und etwas später: „Sie haben uns eindrücklich gezeigt, daß etwas für Sie als Embryo wichtig war." Dann lasse ich die beiden allein. Später schaue ich nochmals ins Zimmer hinein. Frau Tschannen liegt ruhig, mit ausgebreiteten Armen und gestreckten Beinen da, ihre Tochter in der Nähe.

Frau Berger liegt bereits im Leberkoma und ist unfähig zu sprechen. Wie ich heute an ihr Bett trete, ist sie immer wieder im Begriff, mit ihrem linken Bein zu stoßen.

Musik verstärkt diese Bewegung. Warum? Obwohl mir klar ist, daß ich keine Antwort erwarten kann, frage ich: „Frau Berger, wehren Sie sich gegen den Tod?" (Sie hat noch vor wenigen Tagen jedes Gespräch über den Tod abgelehnt) – Keine Reaktion. Nun sage ich: „Ich glaube, Sie stoßen sich durch etwas hindurch. Wenn dem so ist, dann stoßen Sie weiter, stoßen Sie weiter." Das Symptom verstärkt sich, Frau Berger stößt gegen die Bettkante. Ich biete Widerstand und sage immer wieder: „Stoßen Sie weiter, weiter. Bald haben Sie sich durchgestoßen." Eine Weile noch – und das Symptom schwächt sich ab. Frau Berger beruhigt sich. Es folgen noch wenige Tage der Ruhe, bis die Patientin stirbt.

2.2.4 Rituale erreichen das innere Kind

Einem fünfjährigen Kind können Rituale von großer Bedeutung sein. Es glaubt an ihre Wirkung und erlebt sich darum geschützt oder besonders stark. Im Märchen vom Mädchen ohne Hände (Grimmsche Sammlung, Nr. 31) wäscht sich die Märchenheldin ihre Hände mit ihren Tränen und zeichnet einen Kreidekreis um sich herum, so daß ihr der Teufel nichts anhaben kann. Am Sterbebett gibt es manchmal ähnliche Situationen, wo ich hinter einem hinfällig daliegenden Erwachsenen plötzlich die Not seines inneren Kindes erkenne. Worte erreichen dieses in der Regel nicht, wohl aber Kinderlieder oder, wie nachfolgendes Beispiel zeigt, Rituale.

Frau Leu *wird mit zunehmender Todesnähe für Schwestern, Ärzte und mich wie zu einer anderen Frau. Sie strahlt Zwiespältigkeit hinsichtlich ihrer Bedürfnisse nach Nähe und Distanz aus. Bald läßt sie niemanden an sich herankommen, dann wieder ist sie hungrig nach Zärtlichkeit. Seltsamerweise verhält sie sich anders, wenn ich hinter dem mitgebrachten Musikinstrument – einem Monochord – stehe, als wenn ich davor stehe. Was verbirgt sich hinter diesem eigenartigen Verhalten? Nun fällt mir auf: Immer wieder fixiert Frau Leu den Reißverschluß meiner Hose. Ach so, ich bin die einzige nicht weiß gekleidete Person in ihrem Spitalumfeld. Ob sich wohl hinter der angepaßt fröhlichen Frau, die sie eben noch war, ein früh sexuell traumatisiertes Kind befindet? Ich muß das nicht wissen, und dennoch möchte ich dem inneren Kind in Not helfen. Ich sage mit Festigkeit: „Frau Leu, ich bin eine Frau und mein Reißverschluß ist zu. Ich möchte jetzt zusammen mit Ihnen Ihren Schutzraum verstärken. Dahinter sind Sie geschützt." Ohne Frau Leus Reaktion abzuwarten, zeichne ich mit meiner Hand eine Schutzlinie um ihr Bett. „Oh ja!", Frau Leu strahlt mich an. – „Soll ich den Schutzraum noch deutlicher markieren?" Sie nickt. Im Sinne eines Rituals umschreite ich ihr Bett und trage eine Kerze in meiner Hand. Dazu wiederhole ich immer wieder die Worte: „Frau Leu, Sie sind geschützt. Niemand kommt Ihnen näher, als Sie selbst es wollen." Sie* *dankt und schläft bei der nachfolgenden Monochordmusik friedlich ein. Noch eine Woche später sagt sie von sich aus „Schutzraum" und zeigt darauf mit einer Geste.*

An der Visite höre ich erneut, daß alle irritiert sind ob der Zwiespältigkeit von Frau Leu und niemand damit umgehen kann. Meine Information betreffend meine Vermutung genügt nicht. Ich schlage in der Folge eine gemeinsame Kriseninterventionssitzung vor mit dem Thema: Umgang mit Frau Leu. Wir inszenieren verschiedene Situationen mit Frau Leu. Die Anwesenden fühlen die Not ihres inneren Kindes und versuchen, ihre eigene – durch die Einfühlung veränderte – Reaktion darauf zu formulieren. Die eine Schwester sagt: „Ich muß Frau Leu nicht mehr fragen, ob sie Nähe oder Distanz möchte, sondern tun, was ich als das für sie Beste erachte. Ich habe begriffen, daß sie sich dazu nicht äußern kann." Eine andere Pflegende findet für sich zum Satz: „Frau Leu, ich taste Ihren inneren Schutzraum nicht an, ich wasche Sie jetzt, weil Ihr Körper das braucht." Probleme mit der Pflege gibt es in der Folge nicht mehr.

Bisweilen braucht es für uns vernünftige Menschen Mut, zum „Zauber" eines Rituals zu greifen. Ist das nur Zauber? Oder ist es symbolischer Nachvollzug eines inneren Geschehens? Des Öfteren sind Sterbende in ihren symbolisch geäußerten Bedürfnissen erstaunlich eindeutig: *Eine Frau beklagte sich über Sand in den Augen. Während eine einfühlsame Person ihr wohl eine Stunde lang die Augen sanft wusch, fiel es in ihrem Erleben wie Schuppen von ihren Augen. In verschlüsselter Sprache bekannte sie sich zu den Irrtümern ihres Lebens.* Viele Sterbende sind dankbar, wenn ich in Anlehnung an ein religiöses Ritual ein Kreuzzeichen setze, nach ihrem Lieblingsgebet der Kindheit frage oder ein altvertrautes liturgisches Lied singe. Habe ich den Mut?

2.2.5 Wie mit Sterbenden sprechen? – Ideenkartei

Immer wieder begegne ich Angehörigen, die nicht umzugehen wissen mit ihren Sterbenden. *„Er ist ja gar nicht mehr da, bewegt sich nicht mehr, hat die Augen immer zu, reagiert nicht mehr." „Er schaut mich sowieso nicht mehr an, sondern nur durch mich hindurch."* So ähnlich begründen sie ihre Unbeholfenheit. Einige meinen, es genüge, daß sie da sitzen und Zeitung lesen. Auf die Idee, daß man auch mit einem Sterbenden kommunizieren könne, kommen sie nicht. Noch weniger ist für sie denkbar, daß ein Sterbender sich für die Essenz des Lebens interessiert, nicht aber für belanglose Alltäglichkeiten. Andere haben Angst und Ekel: die Angst vor dem eigenen Tod und vor der Nähe zu einem Todgeweihten. Oder sie haben das Gefühl, es nicht recht machen zu können und fühlen sich ob der Abwesenheit des Sterbenden abgewiesen. „*Er mag mich nicht mehr.*" „*Will sie mir etwas heimzahlen?*" Wieder andere verhalten sich unsensibel laut und besprechen untereinander bereits am Sterbebett die Beerdigung oder gar die Erbschaft. Als gäbe es den Sterbenden nicht mehr, nur weil er nicht mehr reagiert! Wie fühlt sich das wohl an in einem Menschen, der noch so viel hört? Dies ist die erste und wichtigste Information, die ich Angehörigen jeweils mitgebe: Sterbende hören noch, auch wo sie sich nicht mehr mitteilen können!

Mit Sterbenden umzugehen ist nicht einfach. Ein immer wiederkehrendes Stöhnen beispielsweise ist fast nicht zu ertragen. Gerüche können widerlich sein. Auch mir kann es passieren, daß ich mich überwinden muß, um durch Äußerlichkeiten hindurch den Menschen und sein Wesentliches zu erkennen und anzusprechen. Angehörige und Pflegende dürfen sich in ihren Nöten, Ermüdungserscheinungen und Abneigungen primär verstehen. Und doch möchte ich für menschenwürdige Kommunikation bis zum Tod werben. Um der Sterbenden und unserer selbst willen. Wo Kommunikation gelingt, sind alle Beschenkte.

Ratschläge für Angehörige: (vgl. auch Kap. I.3.1 und Brefin, 1997, 131f)
- *Sterbende hören* und sind noch da: Sich nicht nur im Zimmer aufhalten, sondern zwischendurch ganz auf den Sterbenden konzentrieren. Den Mut haben, mit ihm zu **reden, auch wenn keine Antwort kommt**.
- *Worüber und wie soll gesprochen werden? Antwort: Wesentliches*, was den Sterbenden noch beschäftigen/umtreiben/angehen könnte. Deutlich sprechen und doch nicht unsensibel laut. Den Sterbenden dabei anschauen. In meiner Arbeit spüre ich klar den Unterschied an Intensität, wenn ich über den Patienten gebeugt stehe, um seinen Blick zu erwidern oder sein Flüstern zu verstehen oder aber einfach daneben sitze. Es bewirkt auch Unterschiedliches, ob ich präsent bin in dem, was ich sage, oder in Gedanken bereits weg. Bei manchen Sterbenden habe ich den Eindruck, daß sie merken, wenn ich müde bin. Dann formuliere ich dies mit Vorteil und bleibe ein anderes Mal länger am Sterbebett.
- *Wann reden, wann schweigen:* Sterbende haben ein verzögertes Zeitempfinden. Stille ist ihnen angenehm, die mit einem andern Menschen geteilte Stille hat fast etwas Heiliges an sich. Im Sprechen empfehle ich, zwischen einzelnen Aussagen zu pausieren. Wesentliches allenfalls wiederholen, so daß der Sterbende die Chance erhält, bei der Botschaft anzukommen.
- Ähnlich empfehle ich, Berührungen zuvor anzukünden. In der Berührung allmählich intensiver werden, selbst darin ankommen, allmählich ausklingen lassen und nicht abrupt abbrechen (vgl. auch Mindell 1989).

- *Manche Sterbezeitpunkte sind kaum zufällig.* Die Entscheidung: „Gehe ich zum Krankenbett oder nicht, wie lange bleibe ich?" kann keinem Angehörigen abgenommen werden. Ich mache die beste Erfahrung, wenn mehrmals am Tag jemand (Angehörige, Pflegende, Seelsorger) wirklich beim Sterbenden und mit ihm ist, dazwischen aber Zeiträume des Alleinseins bleiben. Es gibt Sterbende, die warten, bis alle da sind oder bis eine bestimmte Person (etwa ein Sorgenkind) erscheint. Andere warten genau die drei Minuten ab, in denen die Partnerin draußen ist. Das bedeutet nicht Ablehnung. Ich deute dies so, daß solchermaßen Sterbende es nicht schaffen würden, den anwesenden Liebsten diesen Schmerz zuzumuten. **Angehörige dürfen sich auch in eigenen Bedürfnissen und in ihrer Erschöpfung ernst nehmen.**
- *Es gibt auch ein zu spät.* Zu spät, um zu kommen, zu spät für Prozesse, zu spät für Versöhnung noch auf dieser Seite des Lebens, zu spät, um selbst noch erreicht zu werden von einer wesentlichen Botschaft durch den Sterbenden. Vor dem Tod lohnt es sich, diesen Gedanken konfrontativ auszusprechen. Nach dem Tod erlebe ich es als wohltuend, an Prozesse ‚danach' glauben zu können.
- *Wie umgehen mit dem leidvollen Anblick?* Statt mich selbst in Erbarmen aufzulösen, würdigt es den Sterbenden mehr, wenn ich zwar fühle, ihm aber gleichzeitig sein Schicksal zumute.
- Ähnliches gilt für den *Umgang mit mir selbst:* Gefühle der Wut, Trauer, Einsamkeit, Angst und Überforderung etc. sind erlaubt. Was ich anderen empfehle, gilt auch für mich: Ich darf, ja soll lieb und gnädig zu mir sein. Und zugleich muß ich in der Herausforderung ankommen. Auch mir ist zugemutet.
- Es gibt *Tage, die einfach durchgestanden werden müssen.* Beispielsweise sind manche Sterbende zwischendurch umgetrieben von einer Unruhe, die man ihnen nicht nehmen kann.
- *Im Umgang mit Musik* muß subtil erspürt werden, was genau, wie leise und wie lange der Sterbende wohl hören mag (vgl. Kap. Sterbebegleitung hat viele Namen).
- *Ob Kleinkinder mitgenommen werden sollen oder gerade nicht?* Auch hierfür gibt es keine einheitliche Antwort. Professionelle Begleitung, die die Zeichen des Sterbenden kindgemäß deutet und das Mitnehmen etwa eines Musikinstrumentes oder des Teddybären helfen sehr, damit der Sterbende in seinem noch Lebendig-Sein spürbar wird.
- Die *wichtigste Botschaft* hinter all diesen Hinweisen lautet: Werde selbst wesentlich, laß Dich selbst betreffen, wage Prozesse und Versöhnung!

2.2.6 Frau Matkovic: Das mußte sie noch hören

Frau Matkovic liegt seit einer Woche komatös da und kann nicht sterben. Ihr Mann und der ältere Sohn meinen, sie liege immer gleich da, die Kommunikation sei abgebrochen. Die Pflegenden allerdings nehmen im Anschluß an jeden Besuch durch den Ehemann wahr, daß die sonst regungslos daliegende Frau unruhig sei. Zudem bemerken sie, daß der kleine Sohn nie mitgenommen wird.

Um mehr über mögliche Hintergründe des Nicht-Sterben-Könnens zu hören, treffe ich mich mit Herrn Matkovic und dem älteren Sohn. Auf die Frage, warum der jüngere nicht da sei, antwortet der Vater in seinem gebrochenen Deutsch: „Zu klein, weint sonst nur, kann nicht verdauen." „Ich verstehe", gebe ich zur Antwort: **„Vielleicht ist es aber für die Mutter wichtig, das Kind zu sehen."** *Achselzucken. Nach wie vor will der Vater den Kleinen nicht mitnehmen. Nun erkläre ich ihm, daß Sterbende bisweilen aus bestimmten seelischen Gründen nicht sterben können. Ob er bereit sei, darüber mit mir nachzudenken? „Ja", erwidert er.*

„Was war für Ihre Frau am Schluß ihres Lebens wichtig?" – „Die beiden Kinder. – Und – Bruder wurde ermordet." Er demonstriert mir, wie sie aufgeschrien habe und in Schreck geraten sei, als sie dies gehört habe. „Könnten Sie sich vorstellen, daß sie das immer noch beschäftigt?", fahre ich fort. „Ja" – Dann erkundige ich mich nach den letzten Worten, die Frau Matkovic gesprochen habe. Mit einer hilflosen Geste nach oben antwortet der Mann: „Verstorbene Mutter." „Glaubt Ihre Frau, daß die verstorbene Mutter jetzt so etwas wie ein Engel ist?" – „Ja und auch an ‚Drüben'" – „Könnte Ihre Frau Angst haben und die Hilfe ihrer Mutter brauchen?" – Achselzuckend antwortet er: „Weiß nicht. Vielleicht."

Schließlich wagen wir, gemeinsam ins Zimmer der Sterbenden zu gehen und sie selbst anzusprechen. Ich habe Herrn Matkovic versprochen, ihm beim Gespräch zu helfen. Er wird auf Serbisch übersetzen. Nichts rührt sich am Leib von Frau Matkovic, wie wir eintreten und an ihrem Bett stehen. Wie lebendig tot. „Sagen Sie jetzt Ihrer Frau: ‚Ich bin da und Ihren Namen'." Er folgt meiner Anweisung und ergreift dabei ihre Hand. Dabei ist er den Tränen nahe. Mir scheint, als wäre er am Sterbebett bis dahin mit ihr noch nie in Beziehung getreten. Etwas zuckt hinter den geschlossenen Augenlidern der Frau. Auch er nimmt es wahr. Der ältere Sohn folgt dem Beispiel des Vaters. Zum zweiten Mal reagiert die Sterbende. Jetzt wird alles, was uns vorhin wesentlich schien, angesprochen. Ich bitte den Vater, Folgendes zu sagen: ‚Hab keine Angst, Angst ist nicht das Letzte.' Er übersetzt. Ich empfinde herbe Verbindlichkeit in Gestik und Tonfall. Ich fahre fort: „Sagen Sie: ‚Deine Mutter, die drüben ist, kommt Dich abholen'." Aus dem stummen Mund kommt „Ahh".

Nach einer Weile instruiere ich weiter: „Auch den ermordeten Bruder hat die Mutter abgeholt." Diesmal reagiert Frau Matkovic mit dem ganzen Leib: Die Augen öffnen sich leicht, jedoch ohne uns anzuschauen. Eine Bewegung fährt durch ihren Körper. Ein kurzer ergreifend heftiger Aufschrei mündet in ein ausatmendes „Ahhhh". Erlösung?! Das Ahhhh wiederholt sich mehrfach beim Ausatmen.

Nun lenken wir das Gespräch auf den abwesenden kleinen Jungen und sagen ihr, daß er gesund sei. Mitten im Sprechen wird ihr Mann unterbrochen von einem durch Mark und Bein gehenden Schrei. Wiederum gefolgt von einem ausklingenden „Ahh"! Was mag wohl in dieser Mutter vorgegangen sein in der Zeit, da ihre Familie sie immer unvollständig besuchte und sie im Ungewissen ließ über den Kleinen? Der Mann, beeindruckt durch diesen gemeinsamen Besuch, bringt beim nächsten Mal den kleinen Sohn mit. Wenige Stunden danach stirbt Frau Matkovic.

2.2.7 Frau Stillhart: Ohne ein einziges Wort ...

Frau Stillhart lerne ich erst wenige Tage vor ihrem Tod kennen. Man hat mir gesagt, sie könne aus unbekannten Gründen nicht sterben. Ihre Muskulatur sei beinhart. Sie liege schon seit Tagen im Koma, nicht fähig zurückzukommen, noch zu sterben.

Erstkontakt: Ich trete zur komatös Daliegenden und begrüße sie. Ich stelle mich vor und künde Musik an, spiele ihr 15 Minuten Monochord. Wie ich die Musik ausklingen lasse, hebt Frau Stillhart sachte ihre Augen und blickt in meine Richtung. Ansonsten noch bewegungslos, ist sie in ihrem Blick da. Wir schauen uns einfach an, eine schützende Distanz dazwischen. Dann schließt sie ihre Augen wieder, ich verabschiede mich. Bereits eine Stunde später soll Frau Stillhart nach Aussagen der Pflegenden wach gewesen sein und Fragen beantwortet haben.

Drei Tage später besuche ich Frau Stillhart erneut. Jetzt ist sie wach und zugleich weit weg. Sie erkennt mich, gibt mir das nickend zu verstehen. Wieder schauen wir uns einfach an, ich mit der Frage im Hinterkopf, was es denn da noch zu erlösen gelte. Mir fällt ihr zugepreßter Kiefer auf, die Zähne sind aufeinander gebissen, die Mundmuskulatur hart. Ich sage, „Mensch! Frau Stillhart, wie sehr haben Sie in Ihrem Leben auf die Zähne beißen müssen. Sie waren offenbar eine sehr tapfere Frau." Nun streckt sie mir ihren Arme entgegen und hält meine Hand fest. Noch einmal frage ich: „Nicht wahr, Sie sind tapfer gewesen?" Es folgt ein langer Blickkontakt. Nun versinkt Frau Stillhart wieder etwas in sich, die Augen sind geschlossen. Ihre Arme beginnen in einer Weise in die Luft zu tasten, wie ich das von ande-

ren Sterbenden auch schon kenne. Als würden sie nach vorwärts tasten und ins Unendliche ausgreifen. Eine wunderschön fließende Bewegung. Hat sie eine Vision?

Unvermittelt ist sie wieder da, ihre Arme fallen zurück auf das Bett. Wieder schaut sie mich an. Trauer ergreift mich. Welche Trauer doch aus diesen Augen spricht, welche Tapferkeit aus diesem verhärteten Zubeißen! Laut sage ich: „Frau Stillhart, ich halte mit Ihnen aus. **Sie dürfen mir zeigen, wo Sie so tapfer sein mußten** und was Sie so traurig stimmt." Frau Stillhart scheint mich verstanden zu haben. Sie rollt sich ein wie ein Embryo. Mir kommt der Impuls, sie als Ganze zu streicheln und so mit Zärtlichkeit zu umhüllen. Ob sie das wohl erträgt? Vorsichtig beginne ich. Sie reagiert mit ruhig werdendem Atem. Ich streichle weiter und sage mehrfach: „Sie sind behütet wie von einer Großen Mutter." „Ahhhh." Nach einer Weile lasse ich nun mein Streicheln ausklingen. Frau Stillhart wendet sich mir zu. Ausgestreckt liegt sie da. Wieder auffällig für mich: ihre zugebissenen Zähne. Nochmals sage ich: „Sie dürfen mir zeigen, was Sie so bewegt, vielleicht auch, was Sie einst so verletzte." Ich spüre ein verletztes – vielleicht geschlagenes oder geschändetes – Kind. Eine einstige Kinderrealität, die die sterbende Frau nicht ohne Resonanz loslassen kann? Mit diesen Gedanken schaue ich sie einfach an, betroffen. Plötzlich beginnt mein Kiefer zu klappern, ich weiß nicht warum. Sie muß dies wahrgenommen haben, jedenfalls nickt sie unmerklich. Ihr Kiefer bleibt zugebissen, hart. Nun beginnt sie eine seltsame Bewegung: Frau Stillhart liegt auf der Seite, den Blick auf mich gerichtet, das Gebiß wie bei einem auf die Zähne beißenden Mädchen. Sie zeigt mit der Hand auf ihr Gesäß. Mir kommen Tränen. Ist mein Impuls richtig gewesen? Wurde Frau Stillhart geschlagen? Tut das ihrer Seele heute noch weh? Ich werde nie Antwort im Sinne von richtig und falsch darauf erhalten, doch ihre Körpersignale sprechen für sich.

Betroffen äußere ich: „Liebe Frau Stillhart, ich sehe, was man Ihnen angetan hat. Wir geben es gemeinsam weiter." Ich wage nicht, sie zu berühren. Was soll ich tun? Ich höre innerlich ein Kinderlied. Genau dieses will ich ihr leise singen. „Heile, heile Säge, drei Tag Räge, drei Tag Schnee, tuets dä Frau Stillhart nümme weh." Immer noch mit zugebissenem Mund, rollen ihr nun drei/vier Tränen seitlich über die Wange. Ich wische sie ab und singe weiter. Offenbar war mein Impuls stimmig. Laut sage ich: „Frau Stillhart, Ihr Leid ist wahr. Und Sie waren eine so tapfere Frau, ein sehr tapferes Mädchen." Fühlt sich Frau Stillhart erkannt? Die Härte im Muskeltonus läßt nach. Nun wage ich, sie zu berühren. Ich streichle ihren ganzen Leib, wie um sie einzubinden in die Liebe und Güte der Großen Mutter. Und immer noch singe ich ihr Kinderlied. Ihre Hand sucht nun die meinige und hält sie fest. – Irgendwann läßt der Druck nach. Mir ist, als sei Frau Stillhart weggetreten. Kein

Wort hat diese Frau zu mir gesagt und so viel mitgeteilt. Von den Schwestern höre ich später, daß der Körper von Frau Stillhart beim Umlagern fortan weich gewesen sei. Vier Tage noch – und Frau Stillhart darf sterben.

2.3 Musik – bewußtseinsfernstes Medium

2.3.1 Große Empfänglichkeit Sterbender für Musik

Noch ichferner als die Sprache in Symbol und Bild ist die Sensibilität für Atmosphäre, die Ansprechbarkeit auf Musik.[7] Musik ist Medium an der Grenze zwischen Immanenz und Transzendenz. Berendt schreibt (1993, 16): „Vielleicht ist Musik geradezu ein Medium des ‚Hinübergehens', ein ‚Fahrzeug' – in dem Sinne, in dem dieses Wort in den Religionen des Ostens gebraucht wird; ‚Fahrzeug zur Vollendung'."

---

7) Urs Rüegg, Facharzt für Psychiatrie und Psychotherapie und Musiktherapeut, ordnet die nonverbalen Therapieverfahren auf einem Kontinuum an: „Dieses Kontinuum entspricht entwicklungsphysiologisch und -psychologisch den durch die entsprechenden Verfahren angesprochenen Themenkreisen (inklusive Störungen, Prägungen). Am bewußtseinsfernsten und phylogenetisch frühesten einzuordnen ist die Musiktherapie. Dann folgen die körperorientierten Verfahren, zuerst die passiv-rezeptiven Techniken, später die aktiven Techniken. Als Nächstes folgen die kunst- und kreativtherapeutischen Verfahren, welche sich wieder gliedern ließen in unreifere und reifere Formen. Dann folgt das Psychodrama, und zuletzt folgt die vom Tagesbewußtsein geleitete Sprache.

Die embryonale und postnatale Entwicklung der angesprochenen Sinne und die erwähnte Reihenfolge lassen sich durch die Forschung der Transmodalität (D. Stern) nicht beweisen. Sie läßt sich jedoch klinisch auf unterschiedliche Art beobachten und erlaubt wichtige diagnostische und therapeutische Rückschlüsse. Einesteils lassen sich unterschiedliche PatientINNen je nach Entwicklungsstadium ihrer Störung durch entsprechende Methoden gezielter oder weniger gezielt erreichen. (Dabei kann sowohl die Grundstörung als auch ein vorübergehendes Phänomen ausschlaggebend sein.) Andernteils läßt sich bei denselben PatientINNen eine aussagekräftige Abfolge der durch die verschiedenen Methoden ausgelösten Phänomene beobachten. Beispielsweise beim ‚Hineingehen' oder ‚Herauskommen' aus einer Trance mit unterschiedlichen Verfahren. So kann eine musiktherapeutisch geleitete Trance gefolgt sein von einem Angebot, sich sachte zu bewegen, später Laute von sich zu geben, symbolhafte Worte für die Erfahrung zu gebrauchen und zuletzt das Erfahrene in ein semantisches Gefüge zu bringen. ... Gerade bei frühgestörten Menschen lassen sich viele Erfahrungen nicht kognitiv bearbeiten, weil die entsprechenden Zwischenstadien noch nicht nachgereift sind und eine therapeutische Erfahrung nicht integriert werden kann. Es ist, wie wenn mit einer Sonde in einer tiefen geologischen Schicht ein wichtiger Fund gemacht wird, der nicht zu Tage gefördert werden kann, da die Zwischenschichten nicht abtragbar sind." (persönlich eingeholte Information).

Die Ausführungen von Urs Rüegg möchte ich in Bezug auf Sterbeprozesse wie folgt ergänzen: Im Zuge des Sterbens werden Zwischenschichten wie Tiefenschichten des Unbewußten häufig offengelegt. Die Sterbenden sind dann in ihrem Erleben „drin", es geht nur noch darum einzuordnen, Ja zu sagen, loszulassen. Musik berührt, besänftigt und gibt wortlos Resonanz.

Musik rührt an älteste Erfahrungen und holt bisweilen endzeitliche Ahnungen in den Raum des Erlebbaren. Grof und Halifax machen darauf aufmerksam, daß Nahtoderfahrungen öfters beschrieben werden als Hören einer wunderbaren Musik (vgl.1992, 161, 165, 187). Auch zahlreiche Erfahrungen mit Sterbenden weisen auf eine herausragende Empfänglichkeit für Musik hin. Im Projekt (und seither gleichermaßen) signalisierten über ein Drittel der bereits Somnolenten, daß sie noch hören. Und die andern hören vielleicht auch, nur wissen wir es nicht. *Eine Frau, seit drei Wochen somnolent, erhebt ihre Arme, wie ich ihr Lieblingslied singe. Passend zu Text und Rhythmus hält sie diese aufrecht und senkt sie anschließend wieder, eine physische Leistung, welche man dem spindeldürren Körper nicht mehr zugetraut hätte. Doch die Frau hört und scheint ergriffen zu sein: Einige Tränen rollen aus den geschlossenen Augen.*

Musik kann im komatösen Zustand aber auch ein Zuviel sein, selbst bei Menschen, die Musik zuvor liebten. Immer wieder signalisieren mir Somnolente, daß ihnen Musik jetzt unangenehm sei. *Eine Frau, terminal und nicht mehr ansprechbar, wendet den Kopf ab, wie ich ihr einige Töne auf der von ihr sonst so geliebten Bogenharfe spiele. Wie ich sage: „Ich glaube, das ist Ihnen jetzt zuviel, ich bin einfach da und wir schweigen", wendet sie mir den Kopf wieder zu.* Die Wichtigkeit der Stille am Sterbebett darf nicht unterschätzt werden. Dabei geht es nicht um eine peinliche, unnatürliche Stille und auch nicht um ein ‚einfach daneben Sitzen', sondern um eine konzentrierte schweigende Zuwendung, um ein Zusammenschwingen – um Beziehung oder Spiritualität.

Daß **Musik – verstanden als die gesamte akustische Welt – herausragendes Medium im Grenzbereich**, ja universale Muttersprache ist, wurde andernorts erläutert (Renz 1996). Stichworte: intrauterines Hören, vorgeburtliche Kommunikation. Hörend kommt der Mensch in dieser Welt an, in einem Übergang von einer anderen, ich-fernen Daseinsweise zum klarer werdenden sinnlichen Wahrnehmen und Dasein im Eigenen. Erfahrungen von Musik im weitesten Sinn des Wortes gehören zu den ersten Welterfahrungen des Kindes im Mutterleib. Da ist Geräusch oder Stille, rhythmisches Ticken oder lebendiges Pulsieren, da ist die Melodie einer Mutterstimme neben der Geräuschkulisse der näheren und ferneren Umgebung. Ich spreche von **Musik und Atmosphäre als Schwingungsumgebung**, bestehend aus der Summe aller Einflüsse, die als solche ‚sind' und vom Kind schwingungsmäßig empfunden werden, bevor im Detail erkannt.

Auch bei Sterbenden bringt es viel, Musik und Atmosphäre wieder als Schwingungsumgebung zu betrachten. Auch hier gilt die Gesetzmäßigkeit, daß alles Erleben in Abhängigkeit steht zur subjektiven Wahrnehmung, daß also so erlebt wird, wie dies die eigene Fähigkeit zur Differenzierung erlaubt. Wo diese sich im Sterbeprozeß aufzulösen beginnt, erscheinen Eindrücke von Welt, Ich und Du verschwommen. Musik als die ‚Mutter aller Eindrücke' erhält im Erleben des Sterbenden bald realen, bald numinosen, bald einen höchst angenehmen und spirituellen, bald einen bedrohlichen Charakter. Entscheidend ist hier weniger die Musik selbst, als die sich auflösende Differenzierungsfähigkeit des Sterbenden. Selbst der Baulärm vor dem Fenster – real nur schrecklich – wird von Sterbenden nicht immer so empfunden. Er scheint für sie bisweilen unterzugehen in einem offenbar viel wichtigeren spirituellen schwingungsmäßigen Ganzen, welches dann als „schön" bezeichnet wird. Angehörige lächeln mitleidig oder sind erstaunt, weil sie anders und anderes hören. Um besser zu verstehen, wie Sterbende hören, wird vorerst anhand der frühesten Bewußtseinsentwicklung (Embryo, Baby) der Zusammenhang zwischen Musik-Erleben und Differenzierungsfähigkeit aufgezeigt. In umgekehrter Abfolge wird das Hören im Sterbeprozeß einsichtiger.

2.3.2 Wie sich das Musik-Erleben im Übergang verändert

Im Erleben des Embryos, des Fötus, verändert sich die Bedeutung der Klangwelt/Schwingungsumgebung mit seiner zunehmend differenzierter werdenden Fähigkeit zu hören. Wenn aus dem Klangganzen plötzlich Rhythmen wie der Herzton herausgehört werden, erhält die Schwingungsumgebung eine andere Qualität. Rhythmen (ganz allgemein) bringen Ahnung von Konstanz und Abläufen, von zeitlicher Ordnung, von urtümlicher Lebendigkeit – unter Umständen auch von Hektik und Streß – in den klanglichen Raum hinein. Mit dem Sensorium für Rhythmus und Zeit nimmt der Fötus seine Schwingungsumgebung plötzlich nicht mehr nur als seiend wahr. Sie erhält den Charakter des Pulsierenden, Tragenden, Fließenden, Lebendigen, bisweilen sogar Stressigen. Urerfahrung von Zeitlichkeit! Ähnlich erweitern oder präzisieren sich die Erfahrungsmöglichkeiten des Ungeborenen mit der Fähigkeit, die Mutterstimme aus dem Klangganzen herauszuhören. Usw.

Während am Anfang Erfahrungen mit dem schwingungsmäßigen Ganzen standen und stehen – auch Ganzheitserfahrungen genannt –, treten im Laufe fortschreitender Bewußtwerdung immer differenzierter werdende Erfahrungen von Sein, Welt, Ich und Du an dessen Stelle. Musik ist immer weniger ‚einfach das Ganze'. Ich spreche von einem sich verändernden Musikerleben im Übergang und unterscheide *vier Bewußtseinsstufen*:

A) Klang sphärisch erlebt, noch ohne Zeitempfinden. Bevor oder außerhalb jeglicher Differenzierung wird Musik als sphärisch erlebt, Ausdruck eines transpersonalen Seins. Aus solcher Erfahrung jenseits von Zeit und Individuum wuchs einst Urvertrauen, über solche Erfahrungen wird es reaktiviert.

B) Drin-Sein im großen Klang, der durchdrungen ist von Puls. „Herzschlag im Bauchraum". Wo eine Spur rhythmischen Pulses – wie einst der mütterliche Herzschlag – mitgehört, aber noch nicht als etwas Eigenes empfunden wird, entstehen Eindrücke von Geborgenheit wie etwa Bilder von Höhlen. Doch es existiert noch kein Gefühl für das Eigene, für das Subjekt und somit auch noch nichts von Angst. Auch über solche Erfahrungen wird Urvertrauen reaktiviert.

C) Drin-Sein im ambivalenten Klang: Irgendwann, plötzlich wird zwischen angenehm und unangenehm unterschieden. Warum? Weil jetzt Ansätze eines Ichs da sind, die bezogen auf das Eigene wahrnehmen. Dieses ansatzweise vorhandene Ich kann sich bedroht erleben. Urangst steht dem Urvertrauen gegenüber. Musik wird bald behaglich und belebend, bald bedrohlich und verschlingend empfunden. Bedrohlich, weil die winzigen Ich-Ansätze sich einem uferlosen Klang, Lärm, Chaos ohnmächtig ausgesetzt fühlen und doch nicht ausweichen können. Bedrohlich auch, weil die vorhandenen geistigen Möglichkeiten noch keine Verarbeitung solcher Erfahrung erlauben. Das Drin-Sein im Ambivalenten ist prozeßauslösend.

D) Angekommen im Ich und seinen Sinnen: *Musik wird zur eigentlichen Musik. Rhythmus erhält seine eigene Bedeutung neben Klang, Zeit neben Raum.* (Erst) mit entsprechender Fähigkeit zur Differenzierung ist so etwas wie ein Ich da, das Einzelheiten erkennen und einordnen kann. Als solches erfährt es sich nicht mehr in der Musik als einem Ganzen drin und diesem ausgesetzt, sondern gleichsam ‚gegenüber'. Musik wird zum präverbalen Dialog und noch später – wie etwa in einer Improvisation oder Sinfonie – zum Zusammenwirken von Klang, Rhythmus, Melodie, Dynamik und Form (musikalische Parameter, vgl. Hegi 1998).

Nun der Bezug zum Sterben: Wird ähnliches von Menschen erlebt, die langsam auf ihren Tod zugehen, einfach in umgekehrter Abfolge? Kann Sterben als Durchgang, als Übergang betrachtet werden? Zumindest Ähnlichkeiten in Ablauf und Befindlichkeit sind mir bei vielen Sterbenden aufgefallen. Nachfolgend wird modellhaft **der zunehmenden Differenzierung im vorgeburtlichen Übergang eine** loslassende Differenzierung am Ausgang aus dem Leben **gegenübergestellt**. Vielleicht gewinnen wir so Ahnungen über das akustische Erleben im Sterben, über die Art und Weise, wie viele Sterbende hören:

D) Präsent im Ich: Musik wird wie gewohnt erkannt etwa als Mozart, Jazz, Ländler. Der Patient bestimmt, ob er Musik will oder nicht, laut oder leise, nah oder fern. Je näher der Tod rückt, um so schwächer und müder werden Körper und Geist. Alles würde auf eine loslassende Differenzierung hinsteuern, und doch fällt dieses Loslassen vielen so schwer. Es gibt auf den Tod kranke Patienten, die um jeden Preis an ihrer Kontrolle und Präsenz im Ich festhalten, dadurch aber nur Ohnmachts- und Schmerzzustände verlängern. Warum dieses Festhalten, wo doch vom Leben nichts Schönes mehr zu erwarten ist? Antwort: Weil viele Sterbende gerade aus der Perspektive des Ichs weder erkennen noch erahnen können, daß es Zustände außerhalb und jenseits aller Differenzierung gibt. Sie sehen vor sich nur die Hürde des radikalen Loslassens, ein totales Verlieren ihrer selbst, was zur äußersten Angst wird.

C) *Ambivalentes Drin-Sein:* Irgendwann, ob bereitwillig oder unfreiwillig, werden Sterbende vom Prozeß eingeholt. *„Es ist dunkel"*, sagte kürzlich ein Mann am hellichten Tag. *„Hier ist es gefährlich"*, äußerte ein anderer. Warum dunkel, warum gefährlich, fragen sich Angehörige und Pflegepersonal ratlos. Solche Nöte können nur als innere Erfahrungen aus der Perspektive des Übergangs verstanden werden. Sie sind Ausdruck jenes totalen Ausgeliefertseins, das sich einstellt, wenn sich die eigene Fähigkeit zur Differenzierung auflöst. Plötzlich wird fremd, was eben noch vertraut war. Plötzlich erscheint riesig, was vorher normal eingeordnet werden konnte. Die Geräuschkulisse wird zum Chaos, zum Lärm, zur Monotonie! Der Sterbende ist in seinem Szenario „drin". Die Welt wird wieder zur Schwingungsumgebung, zum Klang. Das Hindurchgehen durch das für viele Schreckliche wird sichtbar in Schweißausbrüchen, Unruhe, bisweilen in formulierter Angst. Musik hilft hier meistens nicht, viel eher meine Festigkeit und mein Wissen um Gesetzmäßigkeiten dieses Grenzbereiches, etwa wenn ich Betroffenen sage: *„Ihr Durchgang wird einmal aufhören, dann kommen Sie ans Licht. Angst ist nicht das Letzte."* Sie kann dies gar nicht sein, weil es Erfahrungen jenseits aller Unterscheidung gibt.

B) *Bekömmliches Drin-Sein:* Tiefer als alle Angst ist Friede. Selbst bei Patienten, die apokalyptische Nöte durchlebten, ist Übergang plötzlich wie durchgestanden. Innerlich sind die Sterbenden „drüben", obwohl äußerlich noch da. Was jetzt schwingungsmäßig im Raum steht, ist so etwas wie eine heilige Atmosphäre. Musik, das Klangganze wird wohltuend umhüllend, geborgenheitsspendend oder

A) *sphärisch und einfach seiend* erlebt. Eine der schönsten Musikerfahrungen ist jetzt die bewußt empfundene Stille. Ein Zustand jenseits von Zeit und Ich!

Vom Musik-Erleben her betrachtet sind sich Anfang und Ende ähnlich. Und doch ist ein endzeitlicher Friede nicht identisch mit einem mutmaßlichen Ursprungszustand. Viele Sterbende ‚erleben' ihr Sterben. Obgleich in Koma oder Verwirrung drin, ist eine Form von Bewußtheit und Ansprechbarkeit da, über die ich nur immer wieder staunen konnte. Was das Individuum ausmacht, muß mehr sein als sein Ich.

Notfallmäßig werde ich zu **Herrn Inhelder** *gerufen. Ich finde ihn vor in großer Unruhe: Aufsitzen, Kratzen, Abliegen, Aufstehen, Erbrechen, Abstoßen ... schon seit einer Woche sei das so, im übrigen sei er unansprechbar und rede nicht mehr, äußert seine Frau. Ich kenne Herrn Inhelder nicht. Den abstoßenden Füßen biete ich Widerstand. Sein Hin und Her erkläre ich ihm und sage: „Sie erleben jetzt Kampf." Er nickt. Wie er erbricht, sage ich: „Übergeben Sie sich innerlich, legen Sie sich hin." Er gehorcht, offenbar hat er gehört und verstanden. Wie er erneut mit gesenktem Kopf am Bettrand sitzt, fasse ich ihn an den Schultern und sage inständig: „Herr Inhelder, Sie vollbringen jetzt eine große Leistung. Und alles, worum Sie in Ihrem Leben gerungen haben, wird erkannt werden." Herr Inhelder richtet sich auf, blickt mich an und sagt: „Ja!" Selbst seiner Frau ist in diesem Moment klar, daß er diesen abstrakten Satz mit vollem Bewußtsein verstanden hat. – Wenige Stunden später soll Herr Inhelder gestorben sein.*

2.4 Sterben als Übergang

2.4.1 Zwischen zwei Welten hin und her

Übergang geschieht nicht geradlinig und nicht kontinuierlich. Es gibt keine berechenbare Abfolge. Übergang ist ein Hin und Her zwischen zwei Welten, zweierlei Wahrnehmungsweisen, zwischen bewußtseinsnäheren und -ferneren Befindlichkeiten. Beim Ungeborenen und Säugling ist Übergang nachvollziehbar als Hin und Her zwischen Schlaf-, Dämmer- und Wachzuständen (mehr dazu: Renz 1996). Was in der frühen Entwicklung über Jahre allmählich entstand – ein funktionstüchtiges Ich und ein Gefühl von Identität als Ich –, geht im Sterben wieder verloren. Bereitwillig oder gezwungenermaßen muß der Sterbende immer mehr loslassen von dem, was ‚Ich' war, ‚Ich' konnte, ‚Ich' wollte, bis hin zu einem letzten Loslassen, in dem der Körper daniederliegt, der Geist sich übergibt und das Interesse von der Außenwelt abgezogen ist.

Dieser Prozeß des Verlustes des Ichs und seiner Identität vollzieht sich **in Schüben** und als mehrmaliges Hin und Her. Bald sind Sterbende da, bald haben wir das Gefühl, sie seien weg oder anderswo. Besonders bewußtseinsfähige Sterbende nehmen selbst dieses Hin und Her wahr und äußern verunsichert: *„Nicht wahr, das ist ein Ausnahmezustand?"* oder: *„So ist man doch nicht."* Zu hören, daß genau dies normal ist und zum Wesen des Überganges gehört, beruhigt Sterbende wie Angehörige.

In meiner therapeutischen Arbeit hilft es mir, **_drei Stadien des Sterbeprozesses_**[8] vor Augen zu haben, innerhalb derer sich dieses Hin und Her abspielt:

Davor: Bald sind Sterbende voll und ganz da, d.h. im Realen anwesend, normal ansprechbar (= diesseits einer inneren Bewußtseinsschwelle). Häufig ist dieser Zustand verbunden mit Angst, sich ins Ungewisse hinein loszulassen.

Hindurch: Dann findet so etwas wie ein Durchstehen von grundlegenden, bisweilen apokalyptischen Ängsten, manchmal sogar ein geistiger Kampf statt. Auf körperlicher Ebene häufig extreme Unruhe (Durchgang). Einige Sterbende finden klare Worte für ihre Angst, ihre Verlorenheit, ihr Am-Ende-Sein. Andere durchleben den Zustand im Symbolischen, befinden sich in Tunnels oder Röhren und kämpfen gegen bedrohliche Wesen. Über die terminale Sprache lernen wir sie verstehen. Bei wieder anderen lassen körperliche Symptome wie plötzliche Schweißausbrüche oder Zittern auf Durchgangsnöte schließen.

Danach: Unerwartet scheinen Sterbende, obwohl medizinisch noch nicht tot, innerlich wie drüben zu sein (jenseits einer inneren Bewußtseinsschwelle). Sie sind in einem weit entfernten Bewußtseinszustand. Einige äußern sich dazu. Bei anderen erkennen wir, daß sich Gesichtszüge verändern, und finden interpretierende Worte wie Friede, Verzückung, Erfüllung.

Jedes Sterben ist einmalig. Als im Ich beheimatete Menschen können wir nie genau nachvollziehen, was sich im Sterbenden ereignet. Der eine stirbt – ohne sichtbare Hinweise auf Durchgang – einfach so. Beim andern erstreckt sich dieses Hin und Her über Wochen und mündet plötzlich unerwartet schnell in eine endgültige Erlösung. Obwohl vielen Sterbenden therapeutisch deutlich in Richtung eines baldigen Todes geholfen werden kann, bleibt jeder Tod unberechenbar und der Todesmoment überraschend. Unerwartet werden Sterbende ganz ruhig, unerwartet sind sie nochmals besessen von Unruhe. Unerwartet werden sie terminal und sind weit weg, unerwartet wieder ganz da. *So lag Frau Barrile eben noch im Koma. Jetzt sitzt sie senkrecht im Bett und ruft nach einem Glas Milch. Und nur Stunden später, noch heute Abend, wird sie sterben können.* Wie nur ist eine solche sprungartige Änderung der Befindlichkeit zu verstehen? Antwort: als Ausdruck des Hin und Her vor dem Tod. Stichwort: Wahrnehmungsverschiebung.

---

8) Diese Stadien sind nicht identisch mit den Phasen nach Kübler-Ross (1974), und doch gibt es Ähnlichkeiten (vgl. Kap. I.2.5.4).

2.4.2 Herr Manser: „Es hat nicht geklappt mit dem Sterben-Können"

Herr Manser hat lange Zeit vergeblich auf medizinische Hilfe gehofft. Mit dem Verlust aller Hoffnung kommt ihm auch alles Selbstwertgefühl abhanden. Er erlebt sich zu nichts würdig und sitzt wie ein Häufchen Elend auf der Bettkante. Es sei sowieso alles aus. Nur zu gut verstehe ich. Das berührt ihn. „Nur Abfall bin ich", meint er bei meinem ersten Besuch. „Sie stehen jetzt etwas durch an Schmerzen, Leiden, Ungewißheit, das man eigentlich nicht durchstehen kann. Ist das nicht so?" „Doch, stimmt." „Genau darin sind Sie sehr viel wert. Das müssen und können viele andere nicht." Er schaut mich mit kritischem Blick an. Ich ergänze: „Es ist doch so: Nichts ist so schwierig wie Ihre Situation einfach auszuhalten. Sie haben doch noch nie so etwas Schwieriges erlebt wie genau das." „Da haben Sie allerdings Recht. Wirklich Recht. So könnte man es auch betrachten." Er nickt nachdenklich. Ich freue mich, daß er sich von diesem Gedanken berühren läßt, nur den Begriff „wert" lassen wir vorläufig weg. Ich weiß, wie sehr Gefühle von Wertlosigkeit mit dem Verlust dessen, was das Ich und seine Verkörperung ausmachte, einhergehen.

Derweil tritt der Pfarrer kurz ein: „Ach, der hat auch keine Lösung, ist zwar ein netter Kerl, doch seine Bibel hilft mir da auch nicht." Ich verstärke und sage: „Ihnen kann niemand helfen in dem Sinne, wie Sie sich das wünschen. Wir alle können nicht zaubern. Aber vielleicht sind Sie weniger allein, wenn wir Sie besuchen." Herr Manser scheint überrascht. „So hat mir das noch niemand gesagt. Sagen Sie mir das bitte noch einmal. Kann mir niemand mehr helfen? – Eigentlich weiß ich es ja. Wissen Sie, dann bringe ich mich lieber gleich um." Ein qualvolles Stöhnen beendet seine Worte: „Ach, die verdammten Schmerzen." Auch mir kommen Tränen, auch in mir stöhnt es. Dann fahre ich fort: „Was Ihre Schmerzen anbelangt, kann man Ihnen helfen, das wissen Sie sicher von den Ärzten. Mit Medikamenten, mit Entspannung. Vielleicht hilft es Ihnen auch ein wenig, wenn Sie sich verstanden fühlen."

Ich nehme nun all meinen Mut zusammen und frage: „Haben Sie auch schon über den Tod nachgedacht?" „So eigentlich nicht. Einfach nur, daß ich mich umbringen will oder daß ich mir abends wünsche, am Morgen nicht mehr aufwachen zu müssen." Etwas erleichtert fahre ich fort: „Ja, auch ich wünsche Ihnen, daß Sie nicht mehr so lange leiden müssen und relativ bald sterben können." Herr Manser schaut mir tief in die Augen: „Das ist sehr schön gesagt. Ich möchte relativ bald sterben. Es muß ja keiner dabei sein, man kann heimlich gehen, aber so, daß doch alles in Ordnung wäre." Dazu macht er wieder seine wegwischende Handbewegung und sagt auch damit, daß er nichts wert sei, einfach von der Bildfläche verschwinden möchte. „Ist zu Hause noch etwas, das Sie in Ordnung bringen möchten? Ihre

Frau und Ihre Kinder wünschen Ihnen bestimmt, daß Sie bald von Ihren Schmerzen erlöst sind und sterben können." „Alle lieben mich und alle wünschen mir, was ich mir selbst wünsche. Und eigentlich ist alles in Ordnung zu Hause." Tränen kommen ihm beim Gedanken an sein Heim. Gemeinsam schweigend halten wir diesem Schmerz stand – bis zum nächsten Schmerzschub. „Ach, so will ich wirklich nichts mehr, nicht mehr auf der Bank sitzen vor dem Haus." Vor meinem Abschied erkläre ich ihm noch, daß Schmerzen häufig zurückgehen, wenn Menschen – wie er jetzt – es geschafft haben, in den bevorstehenden Tod einzuwilligen. Das habe in sich eine entspannende Wirkung. Herr Manser ist müde, möchte sich hinlegen. Am nächsten Tag erfahre ich von den Pflegenden, daß er tatsächlich entspannter gewesen sei nach unserem Gespräch und weniger Schmerzmittel gebraucht habe.

Herr Manser freut sich sichtlich, wie ich ihn zum zweiten Mal besuche. „Es hilft zwar nichts, Sie haben mir das deutlich gesagt, und doch hilft es irgendwie", faßt er seine Befindlichkeit zusammen. Welch treuherziger Blick, ich fühle Sympathie. Auch an die Formulierung vom ‚relativ bald' sterben dürfen erinnert er sich noch und hat inzwischen selbst erfahren, daß es sich dabei in ihm entspannt. Für heute hören wir uns einfach gemeinsam Ländlermusik (Schweizer Volksmusik) an, seine einstige Lieblingsmusik.

Unerwartet bald wird Herr Manser terminal. Ehrfurcht erfaßt mich: So viele Monate hat dieser Mann, vergeblich hoffend, gelitten. Und jetzt, kaum hat er in den Tod eingewilligt, steht dieser schon vor der Türe. Herr Manser liegt im Bett, meist geistesabwesend. Wie ich eintrete, taucht er auf und schaut mich an. Seine Frau ist überrascht: „Er erkennt Sie." „Ja, wir kennen uns", bestätige ich und erzähle ihr, was in unseren Gesprächen wichtig gewesen sei. Herr Manser zugewandt, lobe ich ihn, wie gut er losgelassen habe, er solle einfach so fortfahren. Er hat es gehört, blickt mich an und taucht wieder ab. Seine Frau möchte mit mir über ihre Situation und ihre Möglichkeiten, ihm beizustehen, sprechen. Wir verlassen den Raum, weil Herr Manser unter Umständen alles hört.

Wie wir das Zimmer wieder betreten, scheint Herr Manser verzweifelt. Unruhe hat ihn erfaßt, für mich Zeichen dafür, daß er voranschreitet auf seinem inneren Weg. Der Schweiß steht ihm im Gesicht. Angst? Wie aus einer anderen Welt kommend sagt er: „Die Flaschen sind aufgeräumt." Seine Frau schaut nach der Infusionsflasche: „Soll ich die Schwester rufen?" – Er erneut: „Die Flaschen sind aufgeräumt." Ich frage nun: „Möchten Sie uns sagen, daß alles aufgeräumt und in Ordnung ist, daß wir Sie gehen lassen können?" Herr Manser taucht daraufhin beruhigt wieder ein in seinen komatösen Zustand. Seine Frau und ich staunen und sind betroffen. Obwohl er nun nicht mehr reagiert, wiederhole ich den Satz, der ihn anscheinend beruhigt hat: „Herr Manser, alles ist in Ordnung. Wir lassen Sie gehen." Seine Frau bestätigt: „Lieber Fritz, Du darfst gehen." Sie weint – augenblicklich ist er wieder da und schaut sie an. Sie wiederholt: „Doch, Du darfst sterben. Ich weine zwar, aber ich will auch nicht, daß Du so leidest. Gehe, du darfst." Er hat es gehört und taucht ab. Ich drücke der tapferen Frau die Hand, wir schweigen, ich hinterlasse ihr meine Telefonnummer und verabschiede mich.

Nächster Tag: Immer noch befindet sich Herr Manser im Wechsel zwischen Schlaf und einem seltsamen, halbwachen Zustand. Seine Frau ängstigt sich: „Er spinnt doch nicht etwa?" (Schweizerdeutsch für ‚Im Kopf nicht mehr normal sein') Ich sage zu ihr und gleichzeitig zu ihrem abwesend wirkenden Gatten: „Herr Manser, **Sie befinden sich jetzt wie in einem Durchgang** *und gehen dort hin und her. Manchmal sind Sie da, manchmal weit weg. Das ist normal. Sie machen das gut. Gehen Sie einfach weiter." Es ist das erste Mal für heute, daß er die Augen öffnet. Er schaut mich intensiv an. „Guten Tag, Herr Manser. Haben Sie gehört, was ich eben gerade sagte." Seine Frau bemerkt, daß er zustimmend nickt. Ich wiederhole die wesentlichen Worte, Herr Manser taucht wieder in seine Welt ein.*

Stunden später werde ich notfallmäßig herbeigerufen. Herr Manser sei durch nichts mehr zu beruhigen. Ich trete ein, spüre, wie gern ich ihn mag und grüße. Zu meinem Erstaunen grüßt er zurück. „Sie erkennen mich!" Er nickt. Dann ist er wieder „mitten drin" und ruft – wie nach Aussage der Schwestern zuvor schon hundert Mal – „Es ist gefährlich, es ist gefährlich!" Ich schaue ihn an und bestätige: „Ja, es ist gefährlich – – Ist es dunkel?", will ich genauer wissen. – Keine Reaktion.- „Ist es lärmig?"- Keine Reaktion. Mittlerweile stöhnt er und hechelt. Sein ohnehin schon gepreßter Atem wird noch seltener. Mein Puls steigt. Ich frage weiter: „Pistolen?" Sekundenschnell (wie aus der Pistole geschossen) ergänzt er: „Es ist gefährlich." Das Bild der Pistole traf wohl am nächsten. Was aber damit anfangen? Womit verbindet sich in ihm das Bild vom Pistolenschuß? Ich bin ratlos. Dabei kommt mir innerlich das Bild eines kleinen, tief erschrockenen Kindes. Was würde ich tun mit einem solchen Kind? Es in die Arme nehmen. Ihm sagen, daß ich ihm (hier: seiner Wahrnehmung) glaube. Ich würde versuchen, ihm ein Gefühl von Schutz zu vermitteln. Darf ich Ähnliches mit Herrn Manser versuchen? Ein Zeichen des Schutzes über ihn machen, wie dies eine Mutter des Abends tut, wenn das Kind sich fürchtet vor nächtlichen Träumen? Ein Kreuzzeichen? Scheu hält mich zurück.

Die Situation spitzt sich zu. Der Atem von Herr Manser wird noch gepreßter, seine Hilferufe „gefährlich, gefährlich" immer lauter. Ich überlege nicht länger, sondern rufe zurück: „Herr Manser, wir sind da, Ihre Frau, Ihre Tochter, Ihre Schwester und ich, Frau Renz. Wir alle sehen, es ist gefährlich dort, wo Sie sind. Aber ich versichere

*Ihnen, daß Ihnen nichts geschieht. Sie sind trotz allem geschützt. Zum **Zeichen dieses Schutzes** zeichne ich Ihnen jetzt ein Kreuz auf die Stirn." Mit zittriger Hand tue ich dies. Es scheint anzukommen. Herr Mansers Atem beruhigt, ja normalisiert sich. Ich passe meinen Atem an den seinigen an. Gemeinsam beruhigen wir uns. Herr Manser blickt wieder auf und nickt unmerklich. Ich bin berührt, seine Frau weint vor Ergriffenheit. Ich wiederhole: "Sie sind geschützt." Nochmals ein unmerkliches Nicken. Kaum zwei Minuten später: Herr Manser schläft friedlich. Seine Frau und ich brauchen Erholung bei einer Tasse Kaffee.*

Zwei Tage später: Herr Manser sitzt auf der Bettkante, als wäre nichts gewesen. Weshalb erschrecke ich so. Ist auch er zurückgeschreckt? Wovor? Ist er darum zurückgekehrt? Er sagt resigniert: "Es hat nicht geklappt, Sie haben mich zu früh gelobt." "Sind Sie enttäuscht, daß Sie nicht sterben konnten?", frage ich. "Ja, und auch enttäuscht über Sie." "Ja, ich verstehe. Ich wäre das auch." Erstaunt über meine Reaktion blickt er auf und schaut mich prüfend an. Ich stehe zu meinen Gefühlen. Er versteht, daß ich etwas Zeit brauche, um mich von diesem Schreck zu erholen. Wie werde ich ihn wohl antreffen, wenn ich wiederkomme in einer Woche?

Herr Manser ist immer noch wachen Geistes da. Wie es ihm gehe? Wie ausgelöscht winkt er mit der gewohnten Handbewegung ab. Unsere heutige Begegnung ist kurz. Am nächsten Tag entschließe ich mich, mit ihm über meine Vermutung zu sprechen, warum es – wie er sagte – nicht geklappt habe mit dem Sterben. Ich betrete den Raum, gehe zu ihm hin, ohne seinen abgewandten Kopf zu beachten und künde ihm laut mein Vorhaben an. Augenblicklich dreht er seinen Kopf mir zu und schaut mich an. Sein Blick wirkt noch immer gebrochen auf mich. "Meinen Sie, es gebe eine Erklärung dafür? Dann sagen Sie diese halt!" Ich: "Auch wenn Sie enttäuscht waren und dies noch immer sind – was ich verstehen kann –, was ich Ihnen sagte damals, war doch nicht falsch. Sie waren wirklich wie in einem Durchgang. Dort wurde es gefährlich. So gefährlich, daß Sie rückwärts gingen statt weiter nach vorn. Ins Leben zurück statt dem Tod entgegen. Und jetzt sind Sie in einem Zustand wie ‚davor'. Vor dem Durchgang gehen Sie hin und her und wagen es nicht noch einmal, hineinzugehen. Ich begreife, das braucht unendlich viel Mut. Und doch gibt es keinen anderen Weg als denjenigen hindurch. Früher oder später müssen Sie diesen Weg wagen, wenn Sie von Ihrem Zustand erlöst werden wollen. Ihre Chance ist es, dies für das nächste Mal zu wissen. Und dann dürfen Sie nicht noch einmal umkehren, sonst landen Sie wieder hier in diesem ausweglosen und schmerzreichen Wartezustand." Ohne Herrn Mansers Reaktion abzuwarten, ermutige ich ihn, über das, was ich sagte, nachzudenken.

Zwei Stunden später: Herr Manser ist sehr müde, so daß ich mich gleich wieder verabschieden will. „Lieber früher als später, nicht wahr?", sagt er wie nebenbei. Und doch, er hat begriffen. „Ja, lieber früher als später", wiederhole ich langsam und verlasse ihn.

Wenige Tage später wird Herr Manser erneut terminal. Die Spannung der Angehörigen wächst. Schafft er es wohl diesmal? Meistens schläft er. Dazwischen hat er wiederum Angstattacken und diesmal auch verstärkt einfach Schweißausbrüche. Sein Bett ist ständig naß. Allein schon dies beeindruckt mich: so viel Todesangst! Herr Manser tut mir sehr leid. Zuviel Mitgefühl hilft nicht, und doch ist wichtig, daß mein Mitfühlen bei ihm ankommt. Dann geht es um Abschied. Er sagt immer wieder ins Leere hinaus „Tschau, tschau". Frau und Tochter reagieren beeindruckend: „Tschau Fritz, tschau Papi, Du darfst gehen."

*Auf meinen Gruß reagiert er fast immer mit Blickkontakt, unmerklichem Nicken und zuwendender Kopfbewegung, obgleich er gemäß Aussagen der Pflegenden und Angehörigen auf nichts mehr reagiere. Einmal äußert er halb gegenwärtig, halb verwirrt: **„Heimkehren."** Ich verstärke: „Sie kehren heim, dorthin, wo wir alle zu Hause sind. Aber kehren Sie jetzt nicht mehr um, gehen Sie weiter, weiter!" Mit dieser Antwort offenbar zufrieden, schläft er ein.*

Eines Nachts eskaliert seine Angst zur eigentlichen Panik: „Man bringe mir den Kaninchentöter, den Kaninchentöter." (Ein offenbar zu Hause verwendetes Instrument.) Es sei zum Verzweifeln, benachrichtigen mich Pflegepersonal und Gattin. Ich weise seine Frau an, einen Kaffee trinken zu gehen, um sich zu beruhigen. Frau Manser ist froh um meine Entschiedenheit. Nun sitze ich vor dem sterbenden Mann, der nicht sterben kann, und höre mir seine immer wiederkehrenden Worte an. „Herr Manser, wir können Sie nicht töten." – „Man bringe mir ..." Da plötzlich der Einfall: „Herr Manser: Sie verpassen den Zeitpunkt zum Sterben nicht. Es gibt einen inneren Kaninchentöter. Er ist da, wenn Sie bereit sind." Ich denke an Gevatter Tod. Ein Aufhorchen – Stöhnen – Aufatmen, und Herr Manser schläft wieder ein. Mir geht es fast zu schnell. Ist es jetzt schon vorbei mit seiner Panik? Ich warte. Herr Manser schläft immer noch. Langsam fühle ich mich erleichtert und spüre selbst große Müdigkeit. Noch einmal wiederhole ich meine Worte, an den schlafenden Herrn Manser gerichtet: „Sie verpassen den Zeitpunkt zum Sterben nicht!"

*Am Abend desselben Tages: Herr Manser meint **zu fallen**. Das Bild ist mir vertraut, und doch ist jedes Fallen anders. Bald Ausdruck für ein inneres Fallen, bald Folge einer Veränderung im Gefühl der Schwerkraft, bisweilen Gefühl eines Heraus-*

fallens aus dem, was Sicherheit, Halt oder Vertrauen gab. Geht es hier um ein Herausfallen, das an sein mangelndes Selbstwertgefühl erinnert? Ich folge dieser Fährte: „Ja, Sie fallen. Ist es bei diesem Fallen so, wie wenn man durch eine Prüfung hindurchfällt. Durchfällt und dann das Gefühl hat, nichts wert zu sein?" Zu meinem Erstaunen kommt aus ihm ein deutliches „Ja" hervor. Ich spüre einerseits Hilflosigkeit, andererseits Trauer. Genau dies sage ich ihm: „Herr Manser, es macht mich so traurig. Wir alle mögen Sie so gut und finden Sie so wertvoll. Nur Sie selbst finden das nicht und können mir das auch nicht glauben. Es genügt, wenn Sie mich hören. Mich macht das traurig." Herr Manser öffnet die Augen. Kurzer intensiver Blickkontakt, erneutes Wegtreten. Später wacht er nochmals auf und will sich rückversichern, ob er sein Hemd anhabe. Natürlich hat er dies. Ich übersetze in seine Sprache: „Herr Manser, Sie sind angezogen, geschützt, alles ist in Ordnung. Sie dürfen in Würde Abschied nehmen und vor Gott hintreten." Er schließt die Augen. – Zwei Tage später geht es nochmals um sein Selbstwertgefühl. Diesmal sage ich: „Herr Manser, Sie machen das wunderbar, Sie sind es wert!" – Deutliche Reaktion. „Und wo Sie uns das nicht glauben können und erneut zurückschrecken, treten wir, Ihre Frau, Ihre Tochter und ich für Sie zu dieser Prüfung an. Sie fallen nicht durch. Überlassen Sie diese Prüfung uns." „Ahhhh." Ein unbeschreibbarer Moment für uns alle. Und doch darf ich genau jetzt nicht verweilen. Ich verabschiede mich. Vielleicht verabschiedet auch er sich dann. Kaum eine Stunde später soll er „heimlich" in einem Moment, wo seine Frau draußen war, gestorben sein.

2.5 Todesangst: Urangst in Endzeitgestalt

2.5.1 Angst und Urangst sind zweierlei

Warum führen Sterbeprozesse durch so vielerlei Angst hindurch? Neben real verständlichen Ängsten wie Angst vor immer mehr Schmerzen, Lähmungen, Angst vor dem Ungewissen, Trennungsängsten und Sorge um die Zurückbleibenden sind wir in der Begleitung Sterbender konfrontiert mit Ängsten, die schwer verständlich sind: Angst, nackt, minderwertig, ausgesetzt zu sein, Angst vor Schreckbildern wie „dunkle Röhre", „gähnender Abgrund", „Ungeheuer".

Des Öfteren wird gesagt, daß Menschen, die Nahtoderfahrungen hinter sich haben, ihre Angst vor dem Tod überwunden hätten. Auch andere Grenzerfahrungen können solch tiefe Gelassenheit auslösen. Ob Angst im Angesicht des Todes nicht nochmals – vielleicht in neuem Gesicht – durchzustehen sein wird? Ob eine letzte

Furcht nicht Teil einer äußersten Ehrfurcht bleiben soll? Wer wagt hier verbindliche Aussagen, ohne sich am Geheimnis zu vergreifen!

Oft wird erst in Todesnähe sichtbar, vor welch tiefen Ängsten ein Mensch ein Leben lang davonrannte: Angst vor Mangel und damit vor dem Zuwenig. Angst vor Gewalt und allem Überwältigenden und damit Angst vor dem Zuviel. Angst zu leben, Angst zu sterben, Angst vor der Angst. Solange der Mensch bei Kräften und klar im Kopf war, fand er mehr oder weniger taugliche Mittel, um sich gegen seine Ängste zu wehren – Stichwort Bewältigungsmuster (vgl. Renz 1996). **In Todesnähe aber wird die Bedrohung unausweichlich.** Ich-Kräfte wie etwa die Bewältigung über die Vernunft, die Selbstwerterfahrung über Leistung, selbst schon die körperliche Kraft, um die Lage im Bett zu verändern sind nicht mehr verfügbar. Dies macht Sterbenden massiv zu schaffen. Darüber hinaus kann nun dem Bedrohlichen nichts mehr entgegengesetzt werden! Was ein Leben lang verdrängt oder durch Zwänge und Flucht bewältigt wurde, muß jetzt weitgehend ohnmächtig und ohne Schutz ausgehalten werden. Mit der Diagnose Tod fallen letzte Tabus. Chaotische Gefühle setzen sich durch. Wut läßt sich nicht mehr unterdrücken. Leere läßt sich nicht füllen. Ein Sinn und bisweilen selbst das Ende einer Nacht sind nicht ersichtlich. Diffuse Schuldgefühle machen sich breit und münden in Bilder eines drohenden letzten Gerichts und ins Gefühl totalen Versagens. Solchen Ängsten und Nöten Sterbender werden wir nicht gerecht, wenn wir sie nur als Phantasien im Delirium oder als Folge strenger oder überfordernder Erziehung abtun. Angst will primär wahr sein. **Angst i s t.** Dies gilt umso mehr für Urangst.

Was ist **Urangst**? Urangst ist namenlose, gesichtslose, irrationale Angst und darum vernunftmäßig nicht zu besänftigen. Urangst ist Angstbereitschaft schlechthin, Motor zahlreicher konkreter Ängste. Urangst ist die eigentliche Angst hinter der Angst. Wenn wir wissen oder auch nur ahnen, wovor wir uns fürchten – etwa vor der Ohnmacht beim Zahnarzt, den Schmerzen nach einer Operation, vor Schlangen –, ist die Angst nicht mehr so schlimm. Urangst demgegenüber ist gerade in ihrer Unfaßbarkeit grenzenlos. Sie ist im Kern Angst im Gegenüber zum Numinosen.[9]

Sterbende sind dem Numinosen auf neue Weise nahe. Wieder in den Gesetzmäßigkeiten des Grenzbereiches drin, verwischen sich räumliche, zeitliche und körperliche Grenzen. Nächte, selbst einzelne Minuten werden endlos lang. Räumliche Dun-

---

9) Die Angst vor dem Numinosen hat zwei Gesichter: Zum einen ist sie Angst vor dem absoluten Zuviel (Verschlungen-werden, Erdrückt-werden), zum andern vor dem ebenso totalen Zuwenig (Mangel, Hunger, Verlorensein); beide Aspekte gehören zu den Realitäten Sterbender.

kelheit wird unüberblickbar. Gefühle für Nähe und Distanz verlieren sich. Anstelle vertrauter Kausalitäten tritt im Zuge der eigenen sich verlierenden Differenzierungsfähigkeit Chaos. Wo auch nur ein wenig Präsenz im Ich, ein bißchen Interesse am Eigenen da ist, sind solche Eindrücke des Grenzenlosen, Numinosen äußerst bedrohlich. Kommt hinzu, daß dann auch ungestillte primäre Bedürfnisse wie Durst, unbequeme Lage, Kälte oder Hitze angesichts der eigenen Ohnmacht unausweichlichen Charakter erhalten. Ängste sind am stärksten in Zuständen eigener Schwäche. Gerade darum lauert Urangst bei Sterbenden wie ein Gespenst im Hintergrund und überfällt die noch vorhandenen Ich-Anteile.

Angst ist prozeßauslösend und -beschleunigend. Das gilt auch im Sterben. Der Sterbende wird in solchen Angstzuständen so sehr mit seiner Ausweglosigkeit konfrontiert, daß ‚es' in einer Tiefenschicht losläßt, die willentlich nicht erreichbar ist. Reflexe in Richtung Festhalten lockern sich. Verhärtungen übersteigen das Maß des Erträglichen und wandeln sich genau deshalb. So gibt es – und dies auch bei Sterbenden – Zustände ohne jegliche Angst, ohne geringste Schmerzempfindungen trotz einer real schmerzhaften Situation. Es sind dies Zustände jenseits, vor, unter, ja außerhalb der Präsenz im Ich. Bewußtseinszustände von völlig anderer Qualität! Ein Urvertrauen in Endzeitgestalt! Dasselbe Numinose wird nun plötzlich angenehm erlebt: Die vorhin zu große Nähe wird zur sonst nie zugelassenen wunderbaren Zärtlichkeit, die Monotonie zur heiligen Stille, der unüberblickbare Raum zum gefüllten All etc. Urangst und Urvertrauen liegen sehr nahe beieinander. Im Erleben von Sterbenden sind Übergänge zwischen extremer Angst und völliger Glückseligkeit gleitend. Hin und zurück. Dazwischen gibt es keine Bedenkzeit, keinen Zwischenraum.

2.5.2 Wie umgehen mit den Ängsten Sterbender?

Vielen Angehörigen – und auch manchem Patienten – hilft schon die Erklärung obiger Gesetzmäßigkeiten. Es wird einleuchtend, daß Angst nicht das Letzte sein kann. Wo kein Verstehen mehr möglich ist, mache ich die Erfahrung, daß Patienten erstaunlich deutlich auf die offenbar in meinem Stimmtonfall spürbare Gewißheit reagieren. Doch die Durchgangsangst bleibt. Selbst die Angehörigen kommen nicht darum herum, die Not ihres Sterbenden auszuhalten.

Auch den typischen Endzeitängsten kann man sich im Letzten nur stellen. Dazu gehören: Angst vor dem letzten Gericht, vor Fegefeuer, Hölle und Unterwelt. Solche Vorstellungen sind nach Grof Bestandteil des Sterbeprozesses in allen Kulturen. Sie bringen zum Ausdruck, daß etwas im Menschen angesichts des Todes tieferen Wahrheiten ins Auge schaut. Ob Glaube oder Wissen bleibe dahingestellt. Ängste dieser

Art dürfen sicherlich niemals geschürt werden. Doch dort, wo ein Patient in solchen Bildern lebt, kann ich ihm die Angst davor auch nicht ausreden. Er würde nur die Achtung vor mir verlieren und etwa empfinden: „Die versteht mich nicht." Hilfreicher ist es, solche Sterbende darin zu unterstützen, daß sie ihre Prüfung bestehen werden und daß sie in ihrer letzten Würde unantastbar sind. Bilder von Hölle, Fegefeuer, Heulen und Zähneknirschen wollen – wenn schon – als Ausdruck i n n e r e r Pein im Angesicht des Einen, Wahren, Numinosen begriffen werden. Ausdruck einer letzten Läuterung. Sie sind in der Konsequenz seelischer Abläufe niemals Endzustand, bisweilen aber Durchgang.

Wie dem Übergang zu Beginn des menschlichen Lebens wohnt auch dem letzten **Übergang eine große Chance** inne. Übergang ist Nähe zum Ganzen, Numinosen, Heiligen. Tiefste Regression und letzte Progression zugleich. Deshalb wird hier das fast Unmögliche einer Wandlung, Zentrierung auf das Wesentliche und Einordnung möglich. Prozesse, welche bei funktionstüchtigem Ich nie zugelassen würden! Genau in Todesnähe werden innere Schritte gewagt, die ein Leben lang vermieden wurden. Es entspricht einer inneren Gesetzmäßigkeit, daß dort, wo ein Ich sich seinem Untergang stellt und die totale Bedrohung aushält, das Rettende von innen wie von außen entgegenkommt. Gerade dort, wo sich das Ich übergibt, konstelliert sich das Neue.

2.5.3 Herr Arbenz: Angst ist nicht das Letzte

Bei meinem ersten Besuch sitzt Herr Arbenz verspannt im Stuhl und beklagt sich über starke Kopfschmerzen. Ich könne ja mal musizieren, meint er in monotoner Stimme, reagiert aber nicht auf mein Entspannungsangebot. Bald bittet er mich zu gehen. Das alles nütze nichts gegen seine Schmerzen. Ich respektiere seinen Willen.

Später begegne ich ihm zufällig auf einer andern Station, bin betroffen ob der Verschlechterung seines Zustandes, spreche ihn mit seinem Namen an und erkundige mich nach seinem Ergehen. Dieses Erkannt-sein scheint ihn kurz zu berühren. Er wischt eine Träne aus dem Auge und wendet sich mir zu mit den Worten: „Viel zu viel Schmerzen, wer sind Sie denn?" Von jetzt an wünscht er, daß ich ihn spontan besuche. Musik wolle er nicht, Entspannung bringe nichts. Mir fällt auf: große Angst vor allem, was ihm zu nahe kommt, was seine Kontrolle unterwandert. – Nach einer Weile fährt er fort, nur etwas sei gut, er liebe seine Frau. Meine stille Frage an dieser Stelle: Steht diese Beziehung auch im Zeichen einer gemeinsamen Angstabwehr (vgl. Kast 1996, 104)?

Zurück aus meinen Ferien, treffe ich Herrn Arbenz sehr geschwächt und zunehmend von Lähmungen betroffen an. Diesmal willigt er in eine Monochordklangreise mit vorausgehender Entspannung ein und schläft danach ein. Ich werte das als Zeichen großer Ansprechbarkeit, die hervortritt, sobald sein Widerstand krankheitsbedingt dahinfällt. Fortan besuche ich ihn regelmäßig zweimal wöchentlich. Unsere Begegnungen gestalten sich immer ähnlich: Nach der Begrüßung muß ich spürenderweise Worte finden für sein derzeitiges Befinden: „Macht Ihnen das Bestrahlen Angst?", oder: „Sind Sie heute wütend, weil Sie sich wiederum weniger bewegen können?" Daraufhin findet er seine Worte in bestätigendem oder korrigierendem Sinn. Meistens nickt er, sagt z.B.: „Ja, ganz genau." Auf diese Weise angekommen bei sich und seiner Gegenwart, wünscht er regelmäßig Monochordmusik. Seine Frau sitzt häufig daneben, weint leise, ist aber auch erleichtert, das tue ihrem Mann gut.

*Nächster Schub: Herr Arbenz wird innerhalb kurzer Zeit vollständig gelähmt. Schon beim Eintreten erkenne ich seine Wut an der gerunzelten Stirn und am funkelnden Blick. Woher noch immer die Kraft zu so viel Wut! Ja, er sei wütend, bestätigt er, und den Urlaub zu Hause könne er gleich vergessen. „Ja", erwidere ich, wir schauen uns eine Weile stumm an. Dann wage ich den Sprung nach vorne und frage erstmals: „Haben Sie auch schon über den Tod nachgedacht?" Er: „Ja, jetzt schon, **ich will sofort sterben**. So hat das Leben wirklich keinen Sinn." – Pause. Ich bin ratlos. Wir schauen uns einfach an. – Pause – Plötzlich sehe ich vor mir in einem inneren Bild Herrn Arbenz beten. Ich unterbreche unser Schweigen mit den Worten: „Ich frage Sie jetzt etwas Schwieriges. Nicht alle Menschen mögen diese Frage. Sie dürfen selbstverständlich ablehnen. Es kam mir einfach so der Gedanke, daß Sie vielleicht mit mir beten möchten." – „Oh ja, oh ja, oh ja, gerne!" Und in etwas erstauntem Tonfall fragt er zurück: „Beten Sie manchmal auch?" Wir nicken uns an und schließen die Augen. Ich formuliere genau das, was ich im Moment spüre: „Vater/Mutter – oder was immer Du bist. Ich spüre Dich nahe, ein unbekanntes und doch sehr präsentes Du: Hier liegt Herr Arbenz. Es geht ihm schlecht, er möchte erlöst werden von seinen Schmerzen." Herr Arbenz unterbricht und fährt weiter: „Lieber Herr Jesus, Frau Renz sagt es richtig, ich bitte Dich inständig, erlöse mich, und mache dies bitte möglichst bald. Ich will heimkehren zu Dir." – Beten als Gegenübererfahrung und spontanes Sich-Formulieren, Beten aber auch als drängender Wunsch nach Veränderung und genau darin noch unerlöst und in der Wut gefangen. Eine gewisse Entspannung ist trotzdem eingetreten.*

Unsere künftigen Begegnungen dürfen dem spirituellen Bedürfnis von Herrn Arbenz Raum geben. Sein zunehmend spontanes Beten wird von Mal zu Mal friedlicher, z.B.: „Es möge kommen, wie DU willst." Gebet ist für Herrn Arbenz der Raum, in dem er seine Situation zu formulieren fähig wird und einwilligt in das, was jetzt genau ist. Ich bin beeindruckt.

Nächster Schub: Herr Arbenz ist erneut wütend und fordert Schlafmittel, um „wegschlafen zu können". Von Seiten der Pflegenden erfahre ich, daß er nachts schreckliche **Ängste vor der Dunkelheit** *habe und dieser Angst auszuweichen versuche, indem er voll aufgedrehtes Licht wünsche. Die Ärztin erachtet es nicht als sinnvoll, ihn über Schlafmittel zu beruhigen. Ich neige zum Vorschlag, daß wir gemeinsam seine Ängste anschauen. Ich schlage den Pflegenden vor, das Licht künftig nachts nicht mehr voll brennen zu lassen. Herrn Arbenz erkläre ich, daß es für ihn wesentlich sei, diese Dunkelheit auszuhalten. Er komme nicht an seiner Angst vorbei, aber vielleicht gelinge es uns gemeinsam, zu spüren, wovor er so Angst habe. „Ihre Ängste sind schrecklich und zugleich normal. Todesangst, Angst vor dem Dunkel, weil es so endlos, unfaßbar und riesig ist." „Stimmt." Ich fahre fort: „Sie können aber durch ihre Ängste hindurchkommen und dann erfahren, daß diese nicht das Letzte sind." Ich erzähle ihm von Nahtoderfahrungen, in denen Menschen plötzlich ein Licht erscheinen sehen, das stärker ist als alle Angst. Herr Arbenz entspannt sich für einen Moment.*

Was geht jetzt wohl in ihm vor? Herr Arbenz friert und fragt nach seiner Frau. Mein Gedanke, den ich aber nicht äußere: **Frieren als Zeichen innerer Einsamkeit***, denn wo Herr Arbenz sich jetzt befindet, ist er mit sich allein. „Ist meine Frau nicht da?", wiederholt er. „Ihre Frau ist jetzt nicht da. Gehen wir davon aus, daß das jetzt so richtig ist. Es gibt Zustände, in denen jeder Mensch mit sich alleine ist." Wir schauen uns kurz an. Weil ich um Herr Arbenz' Gläubigkeit weiß, fahre ich fort: „Aber Christus ist mit Ihnen. Darin liegt der Sinn von Christi Tod und Auferstehung, daß er genau dort ist, wo Menschen ganz mit sich allein sind und leiden. Unsere Religion sagt genau das: Christus kann mit hindurchgehen, wo Menschen nicht mitgehen können. Wir, Ihre Frau, ich, die Schwestern – wir alle müssen Sie allein lassen. Vielleicht sind Sie aber doch nicht ganz allein." Es folgt ein langer Blickkontakt. Es ist, als würde etwas wider die Angst in Herr Arbenz zu greifen beginnen: Er flüstert deutlich „Jesus – ja", faßt offenbar Mut und taucht in seine innere Dunkelheit ein: Zittern, Schweißausbruch, Angst vor dem Dunkel, Urangst, Todesangst! Ich bin da, und doch ist er allein. Ich versuche, ihm in ein paar Worten beizustehen: „Jetzt wird es für Sie sehr schwierig sein. Ihr Aushalten in so viel Tapferkeit hinterläßt bei mir große Achtung. Und vergessen Sie nicht: Angst ist nicht das Letzte." Jetzt beginnt Herr Arbenz zu flüstern. Ich verstehe es nicht. Seine Worte werden leiser und leiser, gehen über in Stille, sein Atem wird ruhiger. Ist er eingeschlafen? Nach einer Weile verabschiede ich mich. Draußen kommt mir seine Frau entgegen, sie sei leider verspätet. Ich erkläre ihr, daß diese Verspätung für seinen Sterbeprozeß wichtig gewesen sei, weil im Sterben jeder Mensch mit sich allein sei. Er* *habe genau durch die Angst vor solcher Einsamkeit hindurchgehen müssen. In seiner Gläubigkeit sei ihm dies eindrücklich gelungen.*

Am nächsten Tag teilen mir die Pflegenden mit, daß Herr Arbenz in der Nacht auch ohne Licht keine Ängste mehr gehabt habe und schon wenige Stunden nach unserer Begegnung terminal geworden sei.

Warum kann er trotzdem noch nicht sterben? Niemand versteht dies. Hält ihn noch immer etwas in der Symbiose mit seiner Frau fest? Ich komme mit ihr ins Gespräch. Mir ist, als wolle sie seinen Tod für sich besitzen, d.h. unbedingt dabei sein, wenn er den letzten Atemzug tue. Ich bin hart in meiner Konfrontation: „So sehr ich Ihnen das gönnen würde: Wenn Sie unbedingt dabei sein wollen, zögert sich der Tod Ihres Gatten vielleicht genau darum hinaus. Er ist dann nicht wirklich frei, nicht freigegeben. Keiner weiß um die Stunde, keiner ist gefragt, keiner hat ein Recht, dabei zu sein." Die Worte leuchten ihr ein, doch das Gesicht verkrampft sich gleichzeitig. „Was fühlen Sie jetzt", frage ich. Weinend sagt sie: „Die Einsamkeit ist zu schrecklich, ich habe schon Leute, aber ich kann nicht glauben, daß er wirklich geht. Wissen Sie: Er geht wirklich, er geht wirklich?!" Natürlich! Mir kommen auch Tränen. Wortlos stehen wir nebeneinander. Plötzlich nehme ich wahr, daß draußen die Sonne scheint. Wir treten gemeinsam zum Fenster und bleiben uns in diesem Anblick eine Weile nahe. „Ja, ja", sagt sie mit etwas festerer Stimme und fühlt sich dann stark genug, um zu gehen. Künftig läßt sie ihren Mann – wenn auch schweren Herzens – gewisse Zeiten am Tag allein, um das ihre dazu beizutragen, **ihn freizugeben**. *– Und Herr Arbenz wirkt ein Stück entspannter.*

Schließlich, Freitagabend, wage ich selbst den Schritt des Abschiedes und sage deutlich, nicht wissend, ob Herr Arbenz meine Worte hört oder nicht: „Ich gehe jetzt, Herr Arbenz, und Sie gehen bald auch. Ich verabschiede mich von Ihnen und danke für das, was wir gemeinsam erfahren durften. Seien Sie gesegnet!" Er kommt für einen Moment zurück und schaut mich bewußt an. Ich spüre, was da an Persönlichkeit und Erfahrung von „Gegenüber" geworden ist. Der Abschied von diesem Menschen fällt mir schwer. Dreimal setze ich an. Dann gehe ich bewußt. Am frühen Sonntagmorgen sei er in Anwesenheit seiner Frau, seiner Tochter und zweier Pflegenden friedlich verstorben. Glockengeläut unmittelbar danach.

2.5.4 Ein Schichtenmodell als Verstehenshilfe

Wandlung ist mehr als Weg

Elisabeth Kübler-Ross, Pionierin im Bereich Sterbebegleitung hat zahlreiche Interviews mit Sterbenden geführt und daraus u.a. fünf Phasen des Sterbeprozesses voneinander unterschieden (1. Nicht-wahrhaben-wollen, 2. Zorn, 3. Feilschen, 4. Depression, 5. Zustimmung). Diese Phasen sind in einigem den Phasen des Trauerprozesses nach Kast (1982) ähnlich. Der Sterbeprozeß scheint nach Kübler-Ross wie der Trauerprozeß ein Durchgang durch Aufbäumen und Gefühlsintensität zu sein, bis schließlich so etwas wie Einwilligung geschieht. Dies kann ich aus meinen Erfahrungen bestätigen. Darin – wie auch im Mut, mit Sterbenden zu kommunizieren – erkenne ich bleibenden Wert in den Werken von Kübler-Ross.

Dennoch bleiben m.E. ihre Ausführungen hinter dem Geheimnis des Sterbens zurück. Kübler-Ross beschreibt als Weg, was im Grunde genommen Wandlung ist. Ein Weg ist für das Ich nachvollziehbar, begehbar, er verläuft trotz allem Auf und Ab linear. Anders Wandlung: Das Ich stößt in einem solchen Ausmaß an Grenzen, daß es aufhören muß, zu denken und zu verstehen. Der Sterbende kommt in einen Zustand, wo nicht mehr er bestimmt, sondern wo ihm geschieht. Dieses radikale Loslassen zu bejahen und sich in ein Wandlungsgeschehen wirklich einzulassen, darin besteht für mich die Crux im Sterbeprozeß. Schon vor dem Tod muß in den Tod des Ichs und jeglicher Selbstbestimmung eingewilligt werden. Dies bestenfalls in der Hoffnung oder im tieferen Wissen, daß „es" doch gut kommt, was nicht identisch ist mit der Hoffnung, daß „ich" es schaffe.

Gibt es Verstehenshilfen?
Wer Sterbende in ihren Durchgangsnöten beisteht, möchte irgendwie erahnend begreifen, was sich hier innerlich abspielt, warum etwas plötzlich derart schwierig oder unerwartet erlösend sein kann in solchem Hindurch. Im Kapitel I.2.4 wurde bereits das Hin und Her Sterbender zwischen zwei Welten, zwischen bewußtseinsnäheren und -ferneren Befindlichkeiten angesprochen. Im Versuch, Gesetzmäßigkeiten einer inneren Abfolge zu verstehen, bot mir nebst meinem eigenen Ansatz von Ich-Werdung als Übergang vor allem S. Grof Hilfe. Sein Ansatz der Transpersonalen Psychologie sagt Gewichtiges aus zu außergewöhnlichen Bewußtseinszuständen und sinnenjenseitigen Erfahrungen. Er spricht von einer Kartographie des Unbewußten und unterscheidet darin vier Haupttypen von Erfahrungen[10].

---

10) Zu diesen Tiefenschichten gehören bei Grof die Perinatalen Erfahrungen und die Erlebnisse mit transpersonaler Qualität. In den Perinatalen Erfahrungen (nach seiner Kartographie die 3. Schicht) finden sich äußerste Geburts- und Todesangst, Todeskampf, Durchgang und Befreiung, Gefühle absoluter Vernichtung und intellektueller Niederlage, absolute Verdammnis mit transzendentalen Ausmaßen, durchwegs Erfahrung des Ich-Todes, die unmittelbar gefolgt ist von Visionen von blendend weißem oder goldenem Licht. Der vierten Ebene werden Erlebnisse von transpersonaler Qualität zugeordnet. Das eigene Bewusstsein hat dabei die Grenzen des Ichs überschritten und das Raum-Zeit-System transzendiert. Hierher gehören nach Grof auch Erfahrungen mit dem Dämonischen, Erfahrungen transpersonaler, spiritueller und mystischer Natur.

Ähnlich und doch anders mein eigener Ansatz. Nachfolgend wird dieser Betrachtung von „Ich-Werdung als Übergang" das „Sterben als Übergang in umgekehrter Richtung" gegenübergestellt. Hier zunehmende Ich-Präsenz, dort sich verlierende Ich-Präsenz. Hier vom Sein zum Leben, dort vom Leben zum Sein. Hier von einer Urbeziehung zur Beziehungsfähigkeit, dort wieder zurück. Hier Differenzierung, dort vom abgegrenzt Formhaften zurück zum Gestaltlos-Numinosen. Beiden Übergängen gemeinsam ist eine akustische Sensibilität. Zentraler Gedanke im Verstehen solcher Veränderungen ist, **daß Eindrücke von Welt und (Schwingungs-)Umgebung in Abhängigkeit stehen zur eigenen Differenzierungsfähigkeit** (vgl. Kap. 2.3). Im Prozeß der Ich-Werdung schlagen sich die Unterschiede in der Wahrnehmungsweise – vom tief Archaischen bis zum recht Konkreten – in entsprechenden Schichten im Unbewußten nieder. Älteste kaum je faßbare „Erinnerungsspuren" wurden von bewußtseinsnäheren Erinnerungen überlagert. Das ergibt ein Schichtenmodell. Sterben ereignet sich in gewissem Sinn als Rückweg durch diese Schichten und gleichzeitig anders bewußt hindurch. Auch wenn jedes Modell hinter der Wirklichkeit zurückbleibt, wirft es doch Licht auf den Wandlungscharakter des Sterbeprozesses. Auf ihre Weise vermögen auch Wandlungsmysterien, Mythen und Märchen vom Gang in die Unterwelt etwas zu vermitteln vom Unfaßbaren eines Wandlungsgeschehens.[11]

Schichtenmodell – aus der Sicht des beginnenden Lebens betrachtet:
Sein jenseits von Zeit und Individuum: *Ganzheitserfahrungen A*
Die ältesten, als solche nie bewußtseinsfähigen Erinnerungsspuren aus den Anfängen des Lebens sind bezeichnet als Ganzheitserfahrungen A: Das Eigene gibt es nicht, der Zustand läßt sich umschreiben als Teilhabe an etwas Grenzenlosem, Numinosen, am Schöpfungsganzen. Sein außerhalb von Raum und Zeit. Angeschlossen-Sein an numinose Kräfte. Von religiösen Menschen umschrieben als Sein bei Gott, als Gott-Nähe. Das Ureigene, vorstellbar als Wesenskern, Wesensentwurf, Seelenfunke (Ekkehard), ist unversehrt. Dieser Zustand ist rückwärtsblickend älter und vorwärtsblickend endgültiger als alle Prägung. Sein!

Bekömmliches Drin-Sein: *Ganzheitserfahrungen B*
In der nach dem Modell zweitältesten Schicht der Ganzheitserfahrungen B schlagen sich Ahnungen von Drin-Sein und Geborgenheit nieder, ohne daß ein Subjekt-Sein als solches gefühlt wird: symbiotische Ureinheit mit einem Ganzen. Behütet sein,

---

11) Etwa der Gang Inannas zur Göttin der Unterwelt (vgl. Brinton Perera 1985) oder das Märchen von Frau Holle. Ich verweise auch auf die Bedeutung von Tod und Auferstehung Christi als Wandlungsmysterium.

nährender und bergender Urraum. Intakte Urbeziehung, ein Fließen. Für beide Schichten, A und B, charakteristisch sind Ahnungen von Paradies und Urvertrauen.

Ambivalentes Drin-Sein: Ganzheitserfahrungen C
Die dritte Schicht, jene der Ganzheitserfahrungen C, bezeugt insbesondere früheste Erfahrungen von Not, Ohnmacht und Unausweichlichkeit. Urerfahrungen vom immer enger werdenden dunklen Innenraum bis hin zum Engpaß der Geburt. Undifferenzierbares, graues, grauenvolles Ganzes. Unausweichliche bis lähmende (in Träumen oft verhexte) Atmosphäre. Chaos. Besorgnis um sich selbst, existenzielle Angst vor der bedrohlich grauen Masse, vor dem grenzenlosen im Zuviel wie im Zuwenig. Urangst und irritierte Urbeziehung! Daneben erste beglückende Ahnungen, etwas Eigenes im Gegenüber eines anderen zu sein.

Präsenz im Ich: Erfahrung D
In einer vierten Schicht früher menschlicher Entwicklung hat das Dasein nicht mehr den Charakter von Ganzheitserfahrung. Das Ich macht seine Erfahrung mit sich, mit der Umgebung und allenfalls mit dem Unfaßbaren. Diese Schicht ist geprägt von einem zunehmend eigenständigen, funktionstüchtigen Ich, das heldenhaft gegen alles Bedrohliche kämpft und wacker verdrängt. Zum Verdrängten gehören auch Ohnmacht und Todesangst. Was jetzt zählt: Ich-Sein und Haben.

Dasselbe – aus der Sicht des endenden Lebens betrachtet

D) Sterben bedeutet Loslassen. Die Präsenz im Ich wird brüchig, ist bedroht, verliert sich. Dem Heldenweg der Ich-Werdung steht jetzt, im *"Davor"*, ein Weg immer neuer Entäußerung, Demütigung bis hin zur seelischen Erfahrung von Nacktheit gegenüber. Abhängigkeit statt Autonomie. *"Jeden Morgen ist es schlimmer, ich kann immer weniger." "Ein Leben lang war ich anständig angezogen. Jetzt stinke ich wie eine Leiche." "Ich bin schachmatt."* Gretchenfrage in solchem Loslassen ist jene der Einwilligung ins Leben, wie es war, ist und jetzt vergeht. Auflehnung gegen Schicksal und Gott inbegriffen: *"Warum tut mir Gott das an? Wie kann es einen Gott geben?" "Ich habe eine Stinkwut auf Gott."* Wo das große Ja – ringend – gelingt, hilft der in Gang kommende Wandlungsprozeß nach: Die Wahrnehmung verschiebt sich, Sterbende fühlen sich nicht mehr nackt oder leidend, sondern drin, behütet und aufgehoben. Bei einigen geschieht das einfach so, unmerklich. Andere ringen sich ihr Ja immer neu ab – eine Höchstleistung des Bewußtseins!

C) Das ambivalente Drin-Sein des Ursprungs entspricht im Sterbeprozeß dem *"Hindurch"* mit seinen Erfahrungen von: verschlungen werden, verfolgt sein, verschüttet werden, verloren gehen. *Ein Mann rief: "Ich bin am Versinken. Kann mich niemand retten?" Worauf ich antwortete: "Ja, Ihr Ich wird versinken. Doch Sie werden dennoch gerettet." – "Stimmt", bestätigt er.* Im symbolischen Erleben sind das Vergleiche sämtlicher apokalyptischen Szenarien von Untergang, Durchgang, Läuterung, Geburt und Wandlung. In individueller Ausprägung etwa die auf Wandlung hinweisende Antwort: *"Ich sterbe nicht, ich werde gestorben."* Hier einzuordnen sind ferner die Angst vor dem grenzenlosen Dunkel, der tötenden Stille, dem lebendig Begraben-werden. Erschrecken, schaudern, frieren, schwitzen! Durchgang! Übergang…

B) und A) … Irgendwann und zugleich unvermittelt ist es, als wäre selbst die Angst losgelassen. Der Sterbende tritt ein in einen Zustand von Ruhe, Gelassenheit, Glückseligkeit und ist umgeben von Qualitäten wie innere Würdigung, Friede, Freiheit, Liebe. Die Zeit aller Kämpfe ist wie durchgestanden. Sterbende beginnen zu strahlen, und einige versuchen den Umstehenden mitzuteilen, was sie sehen und hören: *"So schön…"* stammelte ein Mann und verstummte. Auch wenn das vielleicht nur Momente, Minuten, wenige Stunden und selten Tage sind, wesentlich ist die völlig andere Stimmung. *"Heilig…"* umschrieb eine Frau. Dieses **"Danach"** – gemeint: nach einer inneren Bewußtseinsschwelle – wird hier umkreist **als spirituelle Öffnung**. Es gibt zweierlei Erlebnisqualitäten von "Danach":

Bekömmliches Drin-Sein (Ganzheitserfahrung B): Hier steht die erlöste Beziehunsqualität im Vordergrund. Das Spüren etwa von Schutz und Segen, von Barmherzigkeit und Verzeihen. Vertrauen in die Natur. Heimgeholt werden von Engeln und Verstorbenen, im speziellen von der Mutter. Aus der letzten Zeit Bonhoeffers: Von guten Mächten treu und still umgeben – behütet und getröstet wunderbar."[12] Getragen sein. *"Ich bin wie von Licht umhüllt." "Drüben kann mir nichts mehr etwas anhaben." "Auch Benjamin gehört dann dazu (Sorgenkind)."* Genug Nahrung. Getröstet sein. Tränen werden abgewischt. Geliebt, ewig drin.

Sein jenseits von Zeit und Individuum (Ganzheitserfahrung A): Im Sterben erfahrbar als Einblicke in eine letzte Seinswirklichkeit: *"Es ist ein Einfach-Sein." "Man muß nicht mehr von Gott reden. Die Kommunion brauche ich nicht mehr. ER ist wie da."* (Aussage eines Pfarrers wenige Stunden vor seinem Tod.) Zugehörigkeit zu einer wunderbaren Ordnung. Kosmisches Gefühl. Sprachlosigkeit in gleichzeitig äußerster Ergriffenheit. Zustand jenseits von Schmerzen. Im Unterschied zur totalen Unbewußtheit im Ursprung wird hier

---

[12] Briefe und Aufzeichnungen aus seiner Haft, herausgegeben von Eberhard Bethge (vgl. Bonnhoeffer 1994, 219).

Teilhabe bewußtseinsnäher erlebt. Der Sterbende taucht nicht nur ein in den Kreislauf ewigen Seins, sondern hat (schauend) Anteil daran. Im Märchen von Amor und Psyche wird letztere göttlich.

Sterben ist Wandlung – Wandlung ist Sterben
Sowohl im hier ausführlich beschriebenen Modell wie in der Transpersonalen Psychologie von S. Grof geht es um Wandlung und letztlich um eine Öffnung, durch ein äußerstes Loslassen hindurch. Wie auch immer ein radikales Loslassen seiner selbst genannt wird: Etwas wie ein Ich-Tod oder eine letzte Entäußerung gehen dem endgültigen Tod oder Hirntod voraus. Alles, was „ich" war, muß zurückgelassen werden. Vorbedingung zum Überschreiten jener äußersten Schwelle, die wir Tod nennen. Ewigkeit darf – wenn überhaupt – nicht als ins Unendliche verlängertes lineares Dasein vorgestellt werden. Zugleich machen Ich-Tod oder ein letztes Loslassen noch nicht das Geheimnis des Todes aus. Sie umschreiben den Wendepunkt im Prozeß Sterbender.

Ein gewisser Dreischritt, hier beschrieben als: Davor (diesseits einer inneren Bewußtseinsschwelle) – Hindurch (Durchgang) – Danach (jenseits einer inneren Bewußtseinsschwelle), läßt sich auch bei S. Grof erkennen.[13] Sterbende warten, hadern, leiden und ringen sich durch zu ihrem Ja im Davor. Ihnen geschieht im Hindurch. Und sie „sind" einfach und strahlen Friede aus im Danach. Und all dies, um es nochmals zu sagen, vor dem eigentlichen Tod. Ganzheitserfahrungen sind älteste und zugleich letztgültige Erfahrungen.[14]

---

13) Dort mit dem Akzent von Ich-Tod und Wiedergeburt, hin zu einer Erfahrung, in der das eigene Bewußtsein die Grenzen des Ichs überschreitet.

14) Ein gewisser Unterschied in beiden Modellen ist am ehesten in der transpersonalen Ebene nach Grof resp. den Schichten A und B (= vor aller Ambivalenz) nach Renz zu erkennen. Während nach Grof etwa das Dämonische bis in diese Ebene hinein am Wirken ist, gehe ich davon aus, daß es Zustände gibt, in denen aller Kampf, alle Ambivalenz überwunden sind. Als wären sie nochmals von einem letzten EINEN umgriffen. Als Einzelerfahrung spricht auch Grof vom absolut Glückseligen, doch modellhaft – als Seelenschicht – gibt es bei ihm nicht das Endgültige.

3. Zwischen Verzweiflung, Verweigerung und Einwilligung

Ich weiß nicht, wer – oder was – die Frage stellte.
Ich weiß nicht, wann sie gestellt wurde.
Ich weiß nicht, ob ich antwortete.
Aber einmal antwortete ich Ja
zu jemandem oder zu etwas.
Von dieser Stunde rührt die Gewißheit,
daß das Dasein sinnvoll ist und
daß darum mein Leben,
in Unterwerfung,
ein Ziel hat.

Dag Hammarskjöld (1965, 170),
geschrieben wenige Monate vor seinem tragischen Tod

3.1 Abschied: Loslassen und losgelassen werden

Sterben ist loslassen ebenso wie losgelassen werden. In meiner psychoonkologischen Tätigkeit beobachte ich drei das Loslassen auslösende Botschaften des Schocks:

1. Schock: Erstdiagnose Krebs. Mündet in die Hoffnung auf medizinische Heilung.
2. Schock: Unheilbarkeit der Krankheit. Mündet in die Hoffnung auf verbleibende Jahre mit Lebensqualität.
3. Schock: Perspektive des baldigen Todes oder noch schlimmer: von Ohnmacht und Schmerzen oder Pflegeheim als Zustand endlosen Wartens. Mündet ins Offene ...

Eindrücklich erlebte ich die Thematik von Abschied und Verabschiedet-werden bei Fellers.

3.1.1 Ehepaar Feller: Wo Abschied endgültig wird

Herr Feller leidet an einem metastasierenden malignen Melanom am Rücken mit weiteren Ablegern im Lungenbereich und in Lymphknoten. Er und seine Frau sind schon bei mir in Begleitung, als sich seine Krankheit zuspitzt.

Erstbegegnung:

Die Krankheit sei plötzlich an sie herangekommen, erzählt Frau Feller. „Das war ein Schock und ist es immer noch." Sie will ihren Mann nicht verlieren und kann sich ein Alleinsein nicht vorstellen. Ich spüre so etwas wie Besitzen-wollen, doch dahinter Not. Wochen später wird diese konkret: Angst vor dunklen Nächten, Angst vor der Verlorenheit inmitten der riesigen unpersönlichen Welt. „Mit meinem Mann an der Seite wäre alles einfacher."

Schon in der ersten Stunde wird Frau Feller von Verzweiflung gepackt. „Wissen Sie, manchmal habe ich das Gefühl, ich spinne. Ich schlafe schlecht und fühle mich verfolgt." Ähnlich und zugleich anders Herr Feller: „Ich ahnte, daß etwas nicht stimmt, es ist ja mein Leib. Ich bin häufig so müde. Ich liebe meine Frau und möchte ihr das nicht antun. Aber die Hände sind mir gebunden. – Auch ich würde eigentlich gerne leben, jetzt, da ich pensioniert bin." In auffallend höherer Tonlage fährt er mit Blick zu seiner Frau fort: „Vielleicht kommt es ja wieder gut. Wir sind jetzt bei Frau Renz zur Stärkung."

Stärkung? Mit welcher Hypothek trete ich wohl in dieses Beziehungsfeld ein. – Nach einer Weile ergreife ich das Wort und erkläre sachlich: „Ich nehme an, Ihnen beiden ist klar, daß ich nicht zaubern kann. Ich bin nicht Medizinerin, und auch die Medizin kann nicht zaubern. Ich bin aber sicher, daß die Ärzte alles versuchen werden. Und ich kann Sie in Ihrer Verzweiflung verstehen. So ist meine Hilfe einerseits nichts, denn sie verändert nichts an Ihrer gesundheitlichen Situation, und doch ist sie viel. Ich kann Ihnen erzählen, wie solche Situationen von anderen Menschen erlebt werden und was seelisch auf Sie zukommt. Ich kann Ihnen auch versichern, daß Sie in Ihrer Verzweiflung normal sind!" Bewußt schaue ich zu Frau Feller. Ein dankbarer Blick kommt zurück. Und zu Herrn Feller gerichtet: „Auch bei Ihnen darf Verzweiflung, ja Wut wirklich kommen. Sie sind noch direkter betroffen." Er erwidert tonlos: „Ich bin derzeit eher depressiv, alles ist wie abgelöscht." Ich erfahre ihn mehrfach so einfühlend, daß er zuerst an die Not seiner Frau denkt. Ich ertappe mich beim Gedanken, wer wohl welche Aufgabe in dieser Partnerschaft übernehme. Dies zu hinterfragen wäre im Moment falsch, belastend statt entlastend. Herr und Frau Feller wollten ja Stärkung ... Wie reagieren? Ich greife zum therapeutischen Werkzeug:

Ich informiere über Klangreisen (gezielte körperliche Entspannung unter Einfluß ausgewählter Musik) und ihre Wirkung. Das hilft, inmitten von allem Schrecklichen zu etwas Ruhe zu finden. Überdies lösen sich bisweilen zusätzliche, durch Angst und Verspannung entstandene Schmerzen. Herr und Frau Feller wünschen dies auszuprobieren. Es gelingt beiden, sich ein bißchen zu entspannen. Zum Abschied äußert Frau Feller: „Sie haben Recht, eigentlich helfen Sie gar nichts, und doch hilft es viel. Es klingt vielleicht komisch, aber ich habe Sie gern, ich glaube, das ist es, was hilft – und die Entspannung." Herr Feller ist fast fröhlich: „Schön Heidi, wenn Dir das hilft. Das ist für mich das Schönste!"

Aufbäumung, Wut, Schuldgefühle sind normal – Trauerphasen

Die folgenden Sitzungen verlaufen in ähnlicher Weise: Einfühlung – Information – Klangreise. Beide sprechen zunehmend darauf an. In Klangreisen werden alte Erinnerungen wach. Mehr und mehr empfinden sie auch etwas Spirituelles: „Ein allumfassendes Licht und eine Verbundenheit". Es fällt auf, wie beide aufeinander bezogen erleben, selbst wenn jeder in der Klangreise bei sich ist. Das deute ich als mehr denn nur Symbiose. Ihr Zusammenschwingen verweist auf eine tiefe Beziehungsqualität.

In den Gesprächen ist Frau Fellers Verzweiflung und Wut nachhaltend, bisweilen empfinde ich Verweigerung. Aufbäumung ist zunächst verständlich. Wird ihr aber ein Loslassen jemals gelingen? Einmal äußert sie Schuldgefühle: „Haben wir uns zuwenig gesund ernährt? Es stimmt, wir haben gerne Fleisch gegessen. – Wissen Sie, ich meine, alles sei heute machbar, so auch das Gesundbleiben."[15] Herr Feller reagiert zustimmend. Erst im zweiten Anlauf tritt sein eigenes Gefühl zutage: Trauer um das nicht mehr mögliche längere Leben. Meine Funktion erkenne ich im Dasein, Zuhören und gezielten Informieren. Ich erzähle ihnen von den verschiedenen Trauerphasen (vgl. Kast). Beide können sich in der Folge besser in ihren Reaktionen verstehen.

„Er sollte doch...!" – Krankheit als Konfliktauslöser

Heute sind Herr und Frau Feller ungehalten. Mitten im Ehekonflikt kommen sie ins Zimmer. „Du solltest nicht immer herumliegen, sondern etwas tun. Das hilft mehr gegen die Krankheit!" „Laß mich doch. Ich bin müde. Und Du solltest nicht ständig nervös herumrennen und an mir herumnörgeln ..." – Offenbar erschrecken Herr und Frau Feller ob ihrem Streitgespräch. Sie brechen ab und schauen mich verlegen an. Fast muß ich lachen: „Meinen Sie, ich hätte noch nie ge-

---

15) Zum Zusammenhang zwischen modernen Möglichkeiten einer gesunden Lebensführung, Machbarkeitswahn und einer neuen Form von Schuldgefühlen vgl. Exkurs Kast 1987, 128f.

stritten?" Dann ernster: *"Vor allem müssen Sie wissen: Ihre Krankheit macht Sie müde, das gehört dazu. Ich glaube aber, daß Sie etwas anderes ansprechen: Sie haben mehr Konflikte als früher und gleichzeitig das Gefühl, Sie sollten genau jetzt lieb zueinander sein. Demgegenüber ist es normal, daß Konflikte sich in der Krankheitssituation verstärken. Jeder reagiert jetzt, wie er schon immer in Krisen reagiert hat: Der eine schaut noch häufiger als üblich fern, die andere nascht noch häufiger, der Dritte kapselt sich ab, die Vierte sucht Anlehnung und telephoniert ständig etc. Allen gemeinsam ist: Sie sind vermehrt reizbar und überfordert. Was Sie ändern können: sich darin selbst zu verstehen und einander zu tolerieren."* – Pause – Erleichterung!

Diagnose „Tod" – der Schock

"Sie werden mit Sicherheit bald an dieser Krankheit sterben, die Frage ist nur, wie schnell." Dieser Satz geistert noch in den Köpfen von Herrn und Frau Feller, als sie nach der Konsultation beim Arzt zu mir kommen. – *"Es stimmt nicht, komm Hans, wir gehen in die Stadt. Wir haben nur falsch gehört."* – Schweigen – *"Aber es stimmt ja etwas nicht mit mir, ich merke es doch, wir haben nicht falsch gehört. Oder doch?"* Gelähmtes Schweigen. Herr und Frau Feller wirken müde und geistesabwesend. Sie stehen wie unter einem Schock. *"Jetzt ist Trauer endgültig"*, seufzt Frau Feller und weint. Gleich ergreift sie Verzweiflung und sie schreit: *"Das kann doch nicht sein, das ist nicht so!"* Blickkontakt. Erneute Beruhigung. Herr Feller sitzt wie geistesabwesend und in sich zusammengefallen da. Nach einer Weile beklagt er sich über Kopfschmerzen. Ob er am liebsten nach Hause gehen würde? Nicken. Bewußt verabschiede ich mich und gebe ihnen folgende Worte mit: *"Es gibt nichts Schwierigeres als auszuhalten. Sie vollbringen beide im Moment eine Höchstleistung!"* Und zu ihr gewandt: *"Wenn Verzweiflung Sie ergreift, atmen Sie, einfach nur atmen!"* – *"Es hat geholfen"*, meint sie das nächste Mal. *"Atmen kann man immer."*

„Warum ausgerechnet ich?!"

Leise, in gebrochenem Tonfall spricht Herr Feller diese Frage aus. *"Du kannst das ruhig laut sagen"*, hakt seine Frau nach und wird heftig: *"Warum ausgerechnet wir! Warum haben andere keinen Krebs?!"* *"Sie denken ja sicher nicht, daß ich Ihnen darauf eine Antwort geben kann."* Und betroffen: *"Aber Ihre Frage ist tod-ernst – und häufig. Ja: warum ausgerechnet Sie? Das Schicksal trifft, ohne zu fragen!"* – Meine Gedanken schweifen einige Tage zurück: Da war ein älterer Mann, ebenfalls Krebs mit tödlichem Ausgang, dieser sagte in tief beeindruckender Reife: *"Warum eigentlich nicht ich? Warum soll es nur andere treffen?"* Ich glaubte ihm sofort, das klang nicht frömmlerisch. Ich dankte ihm, fühlte mich beschenkt. – Wieder schaue ich zu Fellers: Herr Feller wäre wohl auch imstande, so zu fühlen, doch er wagt es nicht, um seiner Frau nicht weh zu tun.

Information: im Sterben eine Wahrnehmungsverschiebung

„Wissen Sie, was im Tod geschieht? Ich meine, wissen Sie aus Ihrer Erfahrung, was Sterbende fühlen?", fragt mich Herr Feller. Er schaut offenbar seinem Ende ins Auge. „Hör auf", unterbricht seine Frau, hält dann aber unsere Unterredung aus. Ich antworte ihm: „Zum Tod kann ich nichts sagen, wohl aber zum Sterben." Ich erkläre ihm, was ich mit anderen Sterbenden erfahre in Richtung Loslassen, Übergang und sich verschiebender Wahrnehmung: „Das bedeutet: Manchmal sind Sie geistig da, dann empfinden Sie vielleicht Schmerzen. Wenn immer Sie innerlich loslassen können, etwa wie in unseren Klangreisen, so hilft Ihnen das. Plötzlich sind Sie dann wie weggetreten und empfinden keine Schmerzen. Im Zurückkommen erschrecken einige. Ein Hin- und Hergleiten. Es hilft vielen, darum zu wissen." Herr Feller, belesen, erkennt Parallelen zu Nahtoderfahrungen. Seiner Frau hilft die Vorstellung, daß nicht jeder, der so daliege, wirklich leide. Im Alltag jedoch verdränge sie und glaube an ein medizinisches Wunder. Zur Frage, ob sie in diesen Tagen wirklich wahrnehme und schätze, daß ihr Mann noch lebe, schüttelt sie den Kopf und gestikuliert: „Ich kann nicht!" – Spürbare Verzweiflung.

Sein Sterben wird zu seiner Aussage:

Die letzte Stunde von Herrn Feller naht. Unwahrscheinlich schnell ist es bergab gegangen. Frau Feller kann es allmählich für wahr halten. Ich mache mir Sorgen: Wie nur wird sie den Tod ihres Mannes verkraften? Wie insbesondere, wenn er ‚ihr einfach wegstirbt', ohne daß sie sich bewußt verabschiedeten? Herr Feller, obwohl schon seit Tagen unansprechbar, löst dieses Problem in der Art und Weise seines Sterbens. Sein Tod gestaltet sich als bewußter Abschied! Als würde er sich seiner Frau nochmals schenken und sagen: „Als Besitz bin ich Dir für immer genommen, als Geschenk auf ewig in Deinem Herzen." Ein Tod von solcher Eindrücklichkeit, daß er hier im Detail aufgezeichnet wird:

Ich komme aus meinen Ferien zurück und trete ins Krankenzimmer. Frau Feller umarmt mich, wir weinen. „Er stirbt. Er reagiert schon seit Tagen auf nichts mehr. Er hört auch schon seit zwei Wochen sozusagen nichts mehr, sondern ist aufgrund der Hirnmetastasen wie taub. Aber er ist noch nicht gestorben. Wenn er nur morgen noch da ist." Ich gehe mit ihr zunächst in die Küche, um uns auszusprechen. Danach schlage ich ihr vor, trotz Koma und Hörschwäche mit ihrem Mann zu sprechen. Sie willigt ein.

Ich begrüße Herrn Feller mit langsam gesprochenen Worten. Ich spüre, er hört mich. Ich teile dies seiner Frau mit und auch, wie sie mit ihm sprechen solle. Wieder Herrn Feller zugewandt sage ich: „Herr Feller, mir träumte, daß Sie bald als reife Persönlichkeit in wunderschöner Stimmung sterben." Der seit einer Woche reglos daliegende Herr Feller reagiert: Ein Strahlen, fast ein Lächeln huscht über sein Gesicht. „Er ist ja da, Du bist ja da, Hans, hörst Du wieder?", ruft seine Frau erregt. „Sie hören genug, um zu verstehen, daß wir da sind", fahre ich fort: „Sie dürfen sterben. Und, daß Sie es wissen, ich, Frau Renz, habe mit Ihrer Frau vereinbart, daß wir uns auch nach Ihrem Tod nochmals sehen werden." Herr Feller öffnet die Augen. Noch nicht zum eigentlichen Blick fähig, beginnt er mit den Augen zu suchen. Sein Kopf bewegt sich. Frau Feller weint: „Hans!" Was kaum zu glauben ist, ist offensichtlich: Herr Feller hört und sucht seine Frau. Nun hat sein Blick den ihrigen gefunden. Eine ganze Stunde lang geschieht Kommunikation zwischen Mann und Frau, nicht verbal, sondern in Gebärde, Zärtlichkeit, Blick.[16] Ich bleibe im Hintergrund, bisweilen übersetze ich. Auf Wunsch seiner Frau sage ich: „Hören Sie, Herr Feller, Ihre Frau hätte große Freude, wenn Sie morgen noch da wären. Sollten Sie aber morgen schon gestorben sein, werde ich diese Stunde mit ihr verbringen. – Sie dürfen sterben." Schweren Herzens sagt Frau Feller in ihren Worten dasselbe – ihr Mann wird ruhig, die Augen wieder geschlossen. „Darf ich heute Abend heimgehen zum Schlafen?" fragt sie mich. Die Antwort kommt von ihrem Mann: er nickt, hat unser Gespräch also klar verstanden.

Am nächsten Tag – Frau Feller fühlt sich nun sicherer im Kommunizieren mit ihrem Mann – findet nochmals Begegnung statt: „Lieber Hans, ich, Heidi, bin da", sagt sie. Seine zuvor starr geöffneten Augen blicken sie nochmals an. Dann lächelt er über das ganze Gesicht. Es wird zu einem großen Strahlen, den Blick immer noch bei ihr. Er nimmt tief Atem, läßt den Atem ausströmen, als würde er bei vollem Bewußtsein sich selbst loslassen – dann schließt er die Augen, noch zweimal ein Rest-Atem – und Herr Feller stirbt. – Für seine Frau eine Aussage, wie sie deutlicher nicht hätte sein können!

3.1.2 Reflexionen zum Umgang mit Betroffenen und Angehörigen rund um den Schock „Tod" – Ideenkartei

Der Weg von Herrn und Frau Feller spricht in manchem für viele andere Wege. Nachfolgend sind typische Reaktionen noch einmal aufgelistet und in einen theoretischen Kontext gestellt:
- **Das Gefühl, „ich spinne":** Krankheit und existenzielle Lebenskrisen kommen einer tiefen seelischen Erschütterung gleich. Nichts trägt mehr. So ent-

---

16) Bewußte Blicke von Mensch zu Mensch sind in den letzten Stunden selten.

steht genau der Eindruck, „zu spinnen". Zu hören, daß dies angesichts einer solchen Situation normal ist, entlastet.

- **Das Hin und Her zwischen Täuschung und Enttäuschung,** überzeichneten versus realistischen Erwartungen an Ärzte und Therapeutinnen. Ich reagiere in der Regel mit sachlicher, wohlwollender Klarstellung einerseits und mit Verständnis für ihr Hin und Her andererseits.
- Der Wunsch nach Unterstützung und greifbaren Maßnahmen. Ich mache gute Erfahrungen mit der **Kombination von therapeutischer Einfühlung, Information und Klangreisen**. Einfühlung schafft Betroffenheit. Information bringt Entlastung, Ehrlichkeit und wohltuende Sachlichkeit ein. Die Entspannung schließlich wird als konkrete Maßnahme von nicht zu unterschätzender Wirkung erlebt. Unterstützung erachte ich in solchen Situationen wichtiger als Konfrontation. Zum Analysieren von Familiendynamik und von Hintergründen einer Depression ist jetzt nicht die Stunde.
- **Das Zusammenkommen verschiedenster extremer Gefühle** wie Wut, Verzweiflung, Verlustgefühle, Schuldgefühle. Informationen über Trauerphasen sind hilfreich.[17] Daß dabei nicht alles so linear erlebt wird, wie schematisch dargestellt, ist die Regel (vgl. Senn und Glaus 1998, 58). Auch dies teile ich Betroffenen mit. In Einzelfragen verweise ich auf Literatur.
- *„Ich würde gerne noch länger leben..."*. Auch diese Trauer will wahr sein.
- **In Krisenzeiten ist die Gereiztheit erhöht.** Jeder reagiert in genau seinen Bewältigungsmustern.
- Für Angehörige ist der Schock des baldigen Todes oft größer als für Betroffene, welche nicht selten Krankheit und Tod „wittern" (vgl. Senn und Glaus 1998, 59). Überdies werden viele Schwerkranke müder und müder, was selbst Familie und das Daheim in den Hintergrund treten läßt. Was machen mit verzweifelten Angehörigen? **Anweisung im Konkreten und Wertschätzung im Aushalten.**
- *„Warum ausgerechnet ich?!"* Diese Frage wird häufig gestellt. Sie ist Ausdruck der Aufbäumung über das ungerechte Schicksal und der Verzweiflung an Gott. So wie Aufbäumung anfänglich ein wichtiger Bestandteil von Krankheitsverarbeitung und Trauer ist, wird im Laufe der Zeit Einwilligung wichtiger. Einwilligung nicht, weil von außen erfordert, sondern sich selbst und dem eigenen ‚Im Fluß bleiben' zuliebe! Meistens – so meine Erfahrung – gelingt diese

---

17) Trauerphasen sind:
   1. Verleugnung/Nicht wahrhaben wollen: Das kann doch nicht wahr sein.
   2. Aufbrechen chaotischer Gefühle: Wut, Traurigkeit, Leere, Verzweiflung, Schuldgefühle.
   3. Bewußtes Vermissen – bewußtes Verlieren – wahrnehmen des Versäumten – loslassen.
   4. Gefundene Einwilligung; für Hinterbliebene: der neue Selbst- und Weltbezug.

Einwilligung. Die krankheitsbedingte Müdigkeit, therapeutische Begleitung, aber auch spirituelle Erfahrungen über Klangreisen helfen, zur Einwilligung zu finden. Mehrmals begegnete mir in überwältigender Reife die Antwort: *„Warum eigentlich nicht ich?"*

– *Ehrlichkeit ist in sich schon Konfrontation.* Etwa die ehrliche Äußerung: *„Wenn Sie unbedingt Ihre Frau festhalten wollen, verlängern Sie u.U. ihren Leidens- oder Sterbeprozeß."* Oder: *„Ja, Sie sterben bald."* Wann und wieviel Konfrontation nötig ist, ist eine Frage des Feingefühls. Ärzte und Ärztinnen haben eine andere Verantwortung als die Therapeutin oder Seelsorgerin. Dennoch ist Wahrhaftigkeit am Krankenbett wichtig. Senn und Glaus erinnern an die alte Faustregel: Nicht alles sagen, was wahr ist – aber alles, was wir sagen, soll wahr sein (1998, 60).

– *Dem Tod ins Angesicht geschaut, ist er auch schon da.* Dies ist eine häufig beobachtete Erfahrung. Plötzlich geht es schnell bergab.

– Was geht im Sterben vor sich? Die *Information* betreffend der sich verschiebenden Wahrnehmung und der sich dadurch relativierenden Schmerzen hilft häufig. Eine Frau bestätigte mir dies verbal noch in der Sterbestunde! Zur Kommunikation am Sterbebett vgl. Kap. I.2.2.5.

– *Das Loslassen von familiären Sorgen* gehört des öfteren ausgeprägt zu Sterbeprozessen. Wo ein Thema oder ein Familienmitglied ausgegrenzt bleibt, können Menschen bisweilen nicht sterben. Es geschieht immer wieder, daß *Versöhnung oder Nachreifung am Sterbebett* möglich werden. Das Ergreifende solcher Gnadenmomente will wahr sein, auch wenn danach eine Rückkehr in den nüchternen Alltag folgt.

– Und in allem die *Selbstverständlichkeit der Mündigkeit*. Ob sensibilisiert und anteilnehmend oder nicht, ob traurig, wütend oder sachlich distanziert, Angehörige sind mündig. Sie sind – zusammen mit den Betroffenen – die Entscheidenden. Gelingt es, ihre Haltung und Grenzen zu respektieren? Auch Sterbende dürfen nicht einfach entmündigt werden. Selbst, wo sie noch so verschlüsselt kommunizieren, wo wir ihren Geisteszustand, ihren Anblick, ja ihren Geruch fast nicht aushalten: Wer, wenn nicht ein Sterbender verdient all unsere Achtung. Denn er durchläuft/vollbringt etwas, hinter dem wir alle – im doppelten Sinn des Wortes – ‚zurückbleiben'!

3.1.3 Carla Umberto: „Er lebt in mir" – vom Verstorbenen zum Engel

In seltenen Fällen bricht die Verbundenheit zum Toten nicht ab. Er bleibt dem Zurückgebliebenen innerlich nahe.

Eine ältere Frau hatte sich zeitlebens vor Blitz und Donner gefürchtet. In Gewitternächten war sie gewohnt, ihren Mann zu wecken, um sich in seiner Nähe und Angstlosigkeit zu beruhigen. In der ersten Gewitternacht nach seinem Tod schlief sie zu ihrem eigenen nachträglichen Erstaunen einfach durch. Von Nachbarn auf das nächtliche Gewitter angesprochen, sagte sie: „Mein Mann war da. Er ist in mir." Künftig hatte die Frau keine Angst mehr vor Gewittern.

Wenn wir als sog. vernünftige Menschen Äußerungen über ein inneres Anwesendsein von Verstorbenen hören, reagiert es in uns zunächst verlegen. Beteuerungen allein überzeugen uns nicht. Wo sich aber im Verhalten eines Hinterbliebenen oder in seiner Ausstrahlung etwas sichtlich gewandelt hat, horchen wir auf. Solche Menschen leben uns eine ‚nachösterliche' Realität vor: ‚Er' ist nach wie vor – auf neue Weise – da. Eine spirituelle Wirklichkeit!

Herrn Umberto *habe ich nie gesehen. Im Sinne einer Krisenintervention stehe ich seiner Tochter bei, die in seinen letzten Stunden nicht am Sterbebett ist, sondern in der Stationsküche verzweifelt schreit und hin und her irrt. Sie ist außer sich vor Panik, weil sie schon die Mutter verloren hat und nun allein in einem fremden Land zurückbleibt. Es gelingt mir, sie zu erreichen mit der Anweisung: „Einfach atmen." Einige Minuten später wird Carla plötzlich wie von innen heraus ruhig und fähig zur sachlichen Überlegung. Was jetzt anders sei, frage ich. Sie zeigt auf ihr Brustbein und sagt: „Hier ist es plötzlich warm. Es ist, als wäre mein Vater hier." Stille. In diesem Moment tritt Schwester M. ein und sagt: „Er hat sich verabschiedet. Er ist gestorben."*

Starb der Vater im Moment, da die Tochter sich beruhigte, oder umgekehrt? Wurde sie ruhig, weil er ihr als soeben Verstorbener spirituell näher sein konnte als zuvor? – Wie dem auch sei, Carla bleibt in den kommenden Stunden der Trauer sehr gelassen. Sie wundert sich selbst darüber. Und noch Wochen später bekundet sie die seltsame Wärme im Brustbein. All die organisatorischen Schwierigkeiten nach einem Todesfall meistert sie geradezu heroisch.

Carla und ich bleiben über Monate im Kontakt. Als äußerst hilfreich erfährt sie ihre Träume. Obwohl in ihrer Umgebung darin nicht verstanden, spürt sie, daß diese mehr bedeuten als nur ‚Traum'. Insbesondere in Krise und Krankheitszeiten erscheint ihr der Vater im Traum. Dies ist soweit noch nicht unüblich. Erstaunlich ist die Wirkung, welche diese Träume auf Carla haben. Im Zeichen dieser Träume hält sie den schwierigsten beruflichen Herausforderungen stand und erträgt ihre Einsamkeit. „Ich bin ja nicht allein", äußert sie dazu.

Dann wieder verliert sich dieses Gefühl und Carla fühlt sich mutterseelenallein. Für mich ist das nicht verwunderlich, sondern im Gegenteil typisch für spirituelle Erfahrungen. Ich erkläre ihr, es sei so im Umgang mit allem Spirituellen. Erfahrungen wie die ihrige seien möglich im Sinne eines Wackelkontaktes. Plötzlich sei die andere Dimension da, wie geschenkt, unerklärlich. Ebenso unvermittelt sei sie wieder weg. Was bleibe, sei die Erinnerung und das Angebot, ans Erlebte zu glauben. Carla leuchtet das ein. Allein schon mit jemandem darüber zu sprechen, helfe. – Wochen später, am Tiefpunkt einer existenziellen Krise, ist ihr, als sei der Vater wieder da. „Es ist erneut wie damals – die Wärme in der Brust, das Gefühl des Begleitet-Seins – und doch ist es neu."

Einer von Carlas Träumen soll hier publiziert werden. Er erinnert in vielem an Engelträume anderer Hinterbliebener: „Ich bin in meiner Wohnung, die größer und heller ist als in Wirklichkeit, und doch ist es nicht meine Wohnung. Es ist mir sehr wohl hier. Mein Vater ist bei mir zu Gast und doch ist es, als wäre ich bei ihm in einer himmlischen Wohnung zu Gast. Er sieht anders aus und ist doch unzweifelhaft mein Vater. In Wirklichkeit war er dunkelhaarig und braunäugig, jetzt hat er blonde Haare und blaue Augen. Und sein Gesicht leuchtet. Es ist ein Leuchten von innen heraus. Er ist mir zugewendet."

3.1.4 Die Frage nach der Einwilligung in den Tod im Rahmen des Forschungsprojektes

Die Frage, ob schwerkranke Menschen in ihre Endlichkeit einwilligen können, hat mich zentral beschäftigt im Rahmen meines Projektes. Nicht nur ahnte ich, daß Nebenerscheinungen wie Schmerzen und Unwohlsein Linderung erfahren können durch das Finden zum Ja. Auch vermutete ich, daß sich der Sterbeprozeß dadurch nicht unnötig in die Länge ziehen würde.

Unter **Einwilligung** verstehe ich hier **das über Trauerprozesse gefundene Ja** zur eigenen Endlichkeit, zum unerwarteten Schicksalsschlag und baldigen Tod. Um es zu wiederholen: Aufbäumung, Widerstand und Wut als anfängliche Reaktionen auf die Diagnose ‚tödliche Krankheit' sind normal, ja wichtig für einen gesunden seelischen Prozeß. Sie sind Bestandteil jedes Trauerprozesses und Ausdruck einer gesunden Aggressivität und Lebendigkeit. Einwilligung darf gerade nicht oberflächlich oder altruistisch sein, sonst ist sie nicht echt und sind Aggressionen unterdrückt. Und dies kann nur eine erschwerende Wirkung auf den Sterbeprozeß haben. Die hier gemeinte Einwilligung ist Produkt eines inneren Prozesses und/oder Geschenk einer großen Reife. Sie entsteht im Zusammenwirken von Innen und Außen, eigener Bereitschaft und Gnade. Und durch Hilfe von Nächsten.

Innerhalb der Studie war Einwilligung – ausgesprochen oder indirekt – bei 55 der erfaßten Menschen ein Thema. Bei den übrigen 25 ist mir keine Aussage möglich, weil beispielsweise der Sterbeprozeß schon sehr weit fortgeschritten oder weil meine Hilfe nur in einer spezifischen Situation nötig war. Bei drei Personen war Einwilligung nach ihrer Einschätzung kein Thema; mir schien aber, als würden sie sich Gefühle der Wut und Trauer verbieten.

Von den obigen 55 durchliefen die meisten (24) einen normalen Trauerprozeß mit Aufbäumung, Wut, chaotischen Gefühlen und bewußter Trauer, bis hin zur echten Einwilligung. Bei weiteren 13 spreche ich, angesichts etwa einer anhaltenden Verbitterung, von Verweigerung. Einige dieser in ihrer Verweigerung Gefangenen kämpften in Todesnähe äußerst eindrücklich gegen Verbitterung und dahinter wohl Prägung. Weitere 6 Sterbende verdrängten ihren Tod noch auf dem Sterbebett. Die verbleibenden 12 (davon 10 ältere, 2 jüngere) beeindruckten durch große Reife, aus der heraus sie ihren Tod bejahten. Frühere Leidenserfahrung einerseits und das Gefühl, reich und satt an Lebenstagen und -fülle zu sein, mögen Hintergründe solcher spontaner Einwilligung gewesen sein.

3.2 Sterben als Machtfrage

3.2.1 Verweigerung

Sich loszulassen und ins Sterben einzuwilligen ist in sich schon schwierig genug. Beinahe unmöglich wird Einwilligung für einen Menschen, der in eigentlicher Verweigerung fixiert ist. Sein Nein-Sagen ist ihm zur Selbstbestätigung und Lebenshaltung geworden. Im tiefsten Wesen, tiefstem Grund sagt etwas Nein: Nein zu den Zumutungen des Lebens, nein zum Sterben, nein zum Schicksal. **Verweigerung ist das Nein über die Zeit hinaus.** In der Verweigerung kann kein Prozeß mehr stattfinden, auch kein wirklicher Trauerprozeß. Der Betroffene ist selbst in seinem Nein gefangen, unfähig am Nein zu rütteln, unfrei, es loszulassen.

Wie zeigt sich Verweigerung? Einige sprechen ihre Verweigerung offen und unüberhörbar aus. Andere lehnen jegliches Gespräch über den Tod ab, wollen keinesfalls vom Arzt ihre Diagnose hören. Eine Frau tat, als gäbe es den Tod nicht und meldete sich noch an ihrem Todestag beim Zahnarzt an. Eine andere machte bis zum

Schluß ihre Fitnessübungen. Eine dritte regredierte und wurde bedürftig wie ein Kleinkind, verstand es aber gleichzeitig, sobald das Stichwort Tod fiel, gezielt das Thema zu wechseln. Ein Mann, obgleich bereits terminal, wendete sich jedesmal jäh ab, wenn das Stichwort Tod fiel; auf die Worte seiner Frau hin, daß er bald sterben würde, schüttelte er den Kopf. Diese Menschen wehrten sich bis zum Letzten gegen den Tod. Doch auch das gegenteilige Verhalten, Menschen, die den Tod gleich jetzt nicht nur wünschen, sondern ‚haben wollen‘, verweist auf Verweigerung.

Hinweise auf eine Haltung von Verweigerung sind etwa folgende Aussagen: *„Ich kann nicht ja sagen, wissen Sie, ich will nicht, ich will nie."* – *„Ich sage einfach nein, obwohl alle Ärzte vom Tod sprechen; ich bin doch stärker als der Krebs. Es gibt das positive Denken."* – *„Wissen Sie, zum Tod sage ich ja, aber Schmerzen, das gibt es bei mir nicht."* – *„Ich kämpfe, solange man medizinisch betrachtet kämpfen kann. Danach muß man mich erschießen."* Man beachte die genauen Formulierungen, diese Personen sagen nicht: *„Danach hoffe ich, es gehe rasch",* oder: *„Ich wünsche mir möglichst wenig Schmerzen."* Damit wäre ausgedrückt, daß sie sich hoffenderweise in ihr Schicksal hineingeben. Die eigentlichen Verweigerer befehlen: *„Danach bitte den gewaltsamen Tod"* oder: *„Bei mir nicht!"* und wollen sich damit dem ‚Schicksal Mensch‘ entziehen.

Es sind Nuancen und darin vor allem der Stimmtonfall, aus denen ersichtlich wird, ob ein Mensch in Trauer oder in der Verweigerung ist. Im einen Fall ist die Stimmung traurig und nimmt auch uns Umstehende in die Trauer mit hinein. Im anderen Fall spüren wir vorab das Nein und dahinter einen unausgesprochenen Stimmungsterror. Überhaupt das Thema Macht. Verweigerung ist im Kern ein Machtproblem! Verweigernde sind nicht bereit, sich dem Fluß des Lebens als Stirb und Werde anheimzugeben. Die Rede von Lebensverlängerung oder -verkürzung ist dann nur eine schönere und bequemere Formulierung. Dahinter steckt ein Anspruch, sich selbst, sein Leben, seinen Partner zu besitzen, als hätte man Anrecht auf ein langes, glückliches Leben. Aus solcher Machthaltung heraus wird jegliche Änderung im ‚Besitzstand‘ verweigert.

Was dies bewirkt, ist für solche Menschen tragisch. Ich wage zu behaupten, daß ihre Hartnäckigkeit, die stärker ist als sie, den Sterbeprozeß verlängert und ihre Schmerzen verstärkt. Patienten in der Verweigerung verbauen sich und ihren Angehörigen die Chance, die letzte Zeit bewußt, auf ihre Weise ‚schön‘, und damit sinnvoll zu leben. Sie verbreiten Unfrieden und eine Unfreiheit, in welcher sich andere wie beherrscht fühlen. Diese Patienten werden zum Problem für Pflegende, die meist unbewußt darauf reagieren. Nur Vereinzelten gelingt ein bewußtes Aushalten im Schwierigen. So werden solche Sterbende bisweilen verständlicherweise gemieden und leiden damit nicht nur an ihrer Krankheit, sondern darüber hinaus an Einsamkeit.

3.2.2 Sich loslassen – sich besitzen? Haben oder Sein

Wie schwierig es uns westlichen Menschen fällt loszulassen, erkennen wir an der Gier im Festhalten, im Haben- und Besitzen-wollen. Es scheint außerordentlich schwierig zu sein, sich dem fließenden Leben anzuvertrauen. Menschen möchten erhaschen und festhalten, was eigentlich durch offene Hände hindurchgehen will. „Leben heißt sich verbrauchen lassen." Als ich diesen Satz als Jugendliche zum ersten Mal hörte, standen mir die Haare zu Berg. „Das kann doch nicht sein", dachte ich, „ich bin doch nicht dazu da, um verbraucht zu werden, sondern um zu genießen". Ich wollte genießen. Bisweilen gelang das, und doch verlor ich gerade darin jede Freude. Ich nahm auch die vielen Zeiten dazwischen wahr, die alles andere als genußreich waren, sondern hektisch, langweilig, traurig, sinnlos. Und ich fragte nach Sinn. Erneut kam mir der Satz entgegen, diesmal differenzierter: „Leben heißt, sich verbrauchen lassen, die Frage ist nur wofür." Und ich begriff: Leben bedeutet Aufgabe (im doppelten Sinne des Wortes). Es heißt: zu lernen, am richtigen Ort nein und am richtigen Ort ja zu sagen und in letzterem mich bewußt zu verschenken. Nie erfuhr ich so viel Lebendigkeit, Sinnlichkeit, Arbeitsmotivation und Freundschaft wie im Zeichen dieses Lebensverständnisses. – Immer wieder holt mich die Angst ein und ich ertappe mich im Gefühl, haben, festhalten und genießen zu müssen. Bis ich mich wieder erinnere: Leben heißt, sich hineingeben. Ein Mutsprung – und wenn er gelingt, ist die Qualität von Sein und Lebendigkeit wieder da.

Einfach zu sein und in der Haltung des Seins tätig zu werden, ist nur möglich auf dem Boden des Vertrauens. **Haben müssen baut auf einer tiefen Angst auf.** Urangst oder Urvertrauen, das ist die Frage. Warum aber leben wir die meiste Zeit unseres Lebens in der Existenzweise des Habens (Fromm 1979), des Leisten- und Scheinen-Müssens? Dahinter steckt mehr als nur Bequemlichkeit oder Freude am Materiellen, sondern auch Not und Angst.

Frau Hermann hat sich darin versteift, ihren Mann nicht hergeben zu können. Ich versuche mit ihr ins Gespräch zu kommen. Sie reagiert vorerst nur mit Widerstand und kindlichem Anspruch. Dennoch ist die Diagnose ihres Mannes eindeutig. Sein Tod rückt nahe. Plötzlich erlebe ich sie inmitten einer ernstzunehmenden Angst aus der Kindheit. Bei dieser nackten Angst und damit auch bei den Hintergründen ihrer Anspruchshaltung angekommen, beginnt es in ihr – und auch in mir –, mit diesem inneren Kind zu fühlen.

Bei anderen wird die Angst hinter der Angst, die Not hinter den Ansprüchen nie bewußt. Für sie bleibt ein Leben ohne schützenden Partner/ohne umsorgende Partnerin unvorstellbar. Die Sterbenden können nicht ins Sterben hinein entlassen werden. Der Blick, die Angespanntheit, die Heftigkeit oder scheinbare Gefühllosigkeit solcher Angehörigen verraten Angst. Angesichts existenzieller Ängste wird verstehbar, daß Menschen nicht anders können als festhalten an dem, was sie haben. Was soll daran nicht gut sein? Das nachfolgende Beispiel zeigt eindrücklich, daß der Mensch dort, wo er verlängern, ja das Leben ‚haben' will, sich selbst um die Gegenwart – und damit um das, was er wirklich hat – betrügt. Und daß er sich findet, wo er lebt, was ‚ist'.

Herr Häne *wird mir zur Betreuung angemeldet, weil er trotz klarer Einsicht in die Unumgänglichkeit des baldigen Todes von seinen Widerständen nicht loskomme und dadurch unter erhöhten Schmerzen leide. Eigentlich könnte es mit ihm bald zu Ende sein, und doch sterbe er nicht. Bei unserer ersten Begegnung äußert er offen: „Ich kann schon sterben, alles ist geregelt, aber ich mag nicht." Er würde doch gerne mit der Familie noch einige schöne Jahre verbringen. Beim Gedanken an seine zwei Töchter und die Enkel kommen ihm Tränen. Von Beruf Bauleiter, hatte er sich Ansehen und Erfolg erarbeitet. „Gefühlsduselei gab es nicht." Im privaten Bereich kennt Herr Häne Gefühle: Auf seine Familie angesprochen, strahlt er über das ganze Gesicht. Er habe eben Glück gehabt, im Beruf und mit der Familie. „Und das läßt man nicht einfach so fahren, jetzt, wo ich für alles Zeit habe." Er erzählt und erzählt, wer alles wie viel erreicht habe. Erfolg haben ist für ihn Glück. Ich spüre Besitzen-wollen und dahinter Angst und versuche, zwischendurch herauszuhören, was ihn glücklich macht. Auf der einen Seite spüre ich Hunger, fast Gier, nach einem Leben, das zu leben er nie richtig Zeit hatte, daneben auch Sehnsucht nach etwas, was tief glücklich macht. Das Gespräch über seine Töchter und Enkel bringt uns an diesen Punkt. Jetzt beginnt es in ihm zu strahlen.*

Bei meinem zweiten Besuch frage ich: „Haben Sie immer noch Ihren Hunger nach Leben?" „Ja natürlich", meint er, „aber heute sehnt es sich auch nach einem baldigen Tod. Das ist kein Zustand mehr." Ich horche auf. Wir sind beide irgendwie bei uns. Das erkenne ich als Chance: „Spüren Sie nach in Ihrem Körper. Gibt es da eine Stelle, die besonders gerne leben möchte, und eine andere, die gerne sterben möchte?", frage ich. Herr Häne spürt nach: **„Ja, in der Brust will es sterben, im Kopf will es leben."** *Er scheint genauso gut wie ich zu wissen, was er mit diesem Satz ausgesagt hat. Wir schauen uns an. Ich schlage ihm vor, diese Einsicht durch eine Musikerfahrung zu vertiefen. Zu Harfenmusik sage ich abwechselnd die Worte: Ich möchte leben – ich möchte gerne sterben. Er soll einfach in sich hineinhorchen. Die Gesichtszüge von Herrn Häne entspannen sich, er schnarcht kurz und* *gleich danach ist er wieder angespannt da, als würde etwas ihm die Ruhe verbieten. Nach der Übung freut er sich über eine „angenehme Müdigkeit". Hat er etwas von der Schönheit der Ruhe entdeckt?*

*Bei unserer nächsten Begegnung formuliert Herr Häne: „Sie haben schon Recht, das Herz sehnt sich danach zu sterben. Der Kopf ist auch langsam auf dem Weg dorthin." Der Weg hin zur letzten Ruhe scheint, wie die folgenden Tage zeigen, darum schwierig zu sein, weil er durch **namenlose Angst** hindurchführt. Er könne die Angst selbst nicht verstehen, meinte er, und doch sei sie da. Körperlich reagiert Herr Häne mit extremen Schweißausbrüchen. Meine formulierte Gewißheit, daß Angst nicht das Letzte sei, hilft ihm. Klangreisen schließlich führen ihn an Ahnungen eigentlichen Glücks, an gefühlte Tiefe heran. Immer wieder findet er so zu Ruhe und Schlaf. Der Weg in Richtung einer letzten Ruhe scheint mehr und mehr offen zu sein. Er lernt, einfach zu sein.*

Herr Häne wird terminal. „Das Herz ist drüben, der Kopf auch bald." Diese Abschiedsworte gebe ich ihm am Vortag seines Todes mit. Er reagiert nicht mehr. Doch er strahlt Friede und Gelassenheit aus. Vom ‚Kopf' hat er zum Fühlen, vom Glück des Habens zum tiefen Glück im Sein gefunden.

3.2.3 Beherrschen oder Räume der Freiheit

Angst oder Verweigerung? Diese Frage muß ich in der Arbeit am Sterbebett sehr ernst nehmen. Wo ich den einzelnen Menschen in seiner Angst vor mir sehe, wird es in mir weich und empathisch. Ich höre den Schrei der Verzweiflung heraus, spüre, wie unaushaltbar sich eine Not anfühlt, und ich verstehe. Was aber, wenn mehr als nur Angst im Raum ist, namentlich Demonstration von Macht bis hin zur Zerstörungswut, mit der auf mein Monochord eingeschlagen wird? Um hier klarer unterscheiden zu können, muß ich im Gegenüber zum einzelnen Patienten auch auf mich selbst, meinen Atem, meinen Muskeltonus, meine Phantasien achten. Fühle ich mich als sein Gegenüber frei, entspannt oder fühle ich mich unfrei, von ihm beherrscht? Und im letzteren Fall, wie reagiert es in mir darauf? Antworte ich mit Gegenmacht und Kampflust? Verdränge ich solche Tendenzen gleich wieder in falscher Solidarität oder Naivität? Bin ich wie gelähmt? Oder gelingt es mir, mich still abzugrenzen, mir treu zu bleiben und meinen Freiraum zu wahren?

Mag sein, daß es manchmal richtig ist zu konfrontieren, der Wahrheit und der Chance zum Prozeß zuliebe. Häufig erlebe ich es besser, zu schweigen. Immer aber muß ich mich fragen, ob ich den anderen – in der Konfrontation wie im Schweigen – innerlich freigebe, ohne ihn aufzugeben. Konkret: **Kann ich einen Patienten selbst in der Verweigerung einfach ‚lassen'?** Wenn mir dies gelingt, beantworte ich seine Macht nicht mit Gegenmacht, sondern mit Freiheit. Und nur in dieser Sensibilität bin ich gefeit vor Manipulation (der meinen wie der seinen). Daß ich selbst an diesem Grundsatz bisweilen scheitere, ist menschlich und wird auch in einem der nachfolgenden Beispiele deutlich. Dennoch, als Grundsatz gilt für jede therapeutische Arbeit: Prozesse der Wandlung gelingen nur in Räumen der Freiheit. Solche entstehen dort, wo zwischen Ich und Du „kein Zweck, keine Gier und keine Vorwegnahme" ist (Buber 1995, 12). Auch nicht das Drängen meiner Ungeduld oder der heimliche Versuch, mein Gegenüber zu beeinflussen. Selbst wo mir Macht entgegenkommt, versuche ich (soweit mir dies im Einzelfall gelingt), mit Freiheit zu antworten. Freiheit ist Raum echter Begegnung zwischen Ich und Du und meint Freiheit für das Gegenüber wie für mich (= erlaubte Abgrenzung). Räume der Freiheit geben uns beiden die Möglichkeit, auch in der Kommunikation ganz uns selbst zu sein.

__Herr Rosenbaum__ spürt noch in seinen letzten Tagen, ob ihm dieser Raum gegeben ist oder nicht. Er reagiert entsprechend. Während der Arztvisite ist er gar nicht mehr fähig, Worte hervorzubringen. Er sei verwirrt, unansprechbar. Hirnmetastase? Er selbst sagt später, die Ärzte hätten eh keine Zeit. Meine Arbeit als Therapeutin gibt mir die Chance, eine ganze Stunde bei ihm zu verweilen. In diesem ihm geschenkten Raum kommt er aus sich heraus und spricht mit mir normal und fließend über Gott und die Welt. Vom alten Volk Israel und seinen Propheten. Ein gebildeter und liebenswürdiger Mann! Zum Schluß bedankt er sich verbindlich: So schön sei das Gespräch gewesen. Grund: Zeit – Interesse – Freiraum. Mir scheint, als wäre dieser Mann frei zu leben und frei zu sterben.

Um so schwerer fällt es mir danach, ins Zimmer von **Frau Arnet** zu treten. *Ein eiserner Wille und die unerbittliche Konzentration auf Gesundung zeichnen diese alleinstehende, einst berufstätige Frau bis heute aus. Schon ihre Ausstrahlung bewirkt, daß über ihre Krankheit und das Sterben in ihrer Gegenwart nicht gesprochen wird. Auf pflegerische Unterstützung will sie nicht angewiesen sein. Völlig abgemagert liegt sie im Bett. ‚Wie magersüchtig', fährt es mir durch den Kopf. In mir selbst nehme ich einen seltsamen Zwang wahr, mir nichts von meinem Eindruck anmerken zu lassen. Mich beherrschen und beherrschen lassen! Das scheint im Gegenüber von Frau Arnet Thema zu sein, auch für die Pflegenden. Sie selbst ahnt nicht, welch beklemmende Stimmung sie um sich verbreitet. Für sie ganz normal! Immer wieder macht sie Pläne, was alles sie tun werde, wenn sie wieder fit sei.*

Und doch gibt es etwas, das uns tief verbindet: Musik. Auf Klangreisen reagiert sie erstaunlich, ist ergriffen und weint. Tiefer führende Gespräche meidet sie und möchte lieber über alternative Heilmethoden diskutieren. Etwas in mir scheut sich davor, ideologische Kämpfe mit ihr zu führen. Ich suche sie einmal wöchentlich auf, spiele für sie Musik und stehe des öfteren vor der Frage: Soll ich sie in ihrem Glauben ans Gesundwerden belassen oder sie an ihre reale Situation erinnern? Einmal entscheide ich mich innerlich klar fürs Belassen, worauf prompt das Seltsame passiert: Sie schafft es, den Gedanken des Todes selbst zu formulieren: „Muß ich bald sterben?" Wir schauen uns an. „Ja!" Erneuter Blickkontakt. Mir ist, als wären wir uns zum ersten Mal über Worte begegnet. Warum fragt sie dies genau jetzt? Hat sie Freiraum erlaubten Seins, erlaubter Abwehr gefühlt? Hat sie gerade so den Mut gefunden, das Thema Tod anzusprechen?

Um so ernüchternder ist der nächste Besuch: „Guten Tag, Frau Renz, bald werde ich wieder schwimmen gehen. Der See ist warm genug dafür." – Die Stimmung im Raum ist aufgeladen, Frau Arnet hört Popmusik. Ich fühle mich unwohl, bringe dies aber nicht über die Lippen, sondern spreche nur die Worte: „Frau Arnet, es ist jetzt nicht gut, für Sie zu spielen. Ich komme morgen wieder." Draußen frage ich mich: ‚Was macht mich so unfrei? Wie schafft sie es, mich derart zu beherrschen?' Das Hin und Her zwischen besinnlichen Stunden des Bei-sich-seins mit Monochordspiel und leisem Gesang und Stunden, die von Widerstand und Macht beherrscht sind, dauert an. Verweigerung, Gewalt und Vermeiden von Ohnmacht scheinen aus unbekannten Gründen Grundthema dieses Lebens zu sein. **Musik vermag diese wohl sehr frühe Prägung bisweilen zu unterwandern.**

Drittletzter Besuch: Frau Arnet entdeckt orthodoxe Choralmusik, Klänge, welche in ihr wie kaum eine andere Musik innere Räume guten Seins öffnen. Frau Arnet entspannt sich tief und wird danach terminal. Gelingt es ihr, sich loszulassen? – Zweitletzter Besuch: Frau Arnet sitzt im Bett mit gespreizten Beinen. Dazu Pop-Musik. „Ich komme ein andermal." Draußen bin ich wütend auf mich und mein Versagen. Schaffe ich es nicht, diese Frau trotz der Stimmung, ja genau in dieser Stimmung anzusprechen?

Letzter Besuch: Frau Arnet, wieder terminal, liegt da, als wäre sie weit weg. Ich begrüße sie und spiele Monochord, ihr Atem beginnt, mit meinem Spiel mitzugehen. Offensichtlich hört sie! Und wieder wird sie auffallend ruhig. Ob sie wohl im Hören von Musik sterben könne, frage ich mich. Musik als Raum zum Sterben! Am Abend – sie liegt im Koma – wird ihr eine CD mit Choralmusik aufgelegt. Während dieser Musik ist sie entschlafen. Diese Nachricht macht mich glücklich.

Als mir im Nachhinein nochmals verschiedene Szenen dieses Hin und Her zwischen Aufbäumen und Ergebung durch den Kopf gingen, neigte ich zur Schlußfolgerung, daß ein bewußteres Ja angesichts dieser massiven Prägung wohl kaum möglich gewesen wäre, selbst wenn der Todeskampf sich noch länger hingezogen hätte. Ich verstand ihr Eintauchen in die Weite einer Ur-Musik als das für sie bestmögliche innere Zurückgehen, ja Heimkehren. Heim zu Urahnungen guten und erlaubten Seins, die älter sind als alle Erfahrung von Ambivalenz und atmosphärischer Gewalt.

Eine Haltung des Friedens und der Versöhnlichkeit ist wichtig im Gegenüber aller Sterbenden, auch wo sie vermeintlich in ihrer Verweigerung bleiben. Nichts ist so endgültig wie der Tod, nirgends eine Atmosphäre endgültiger als hier. Wo mir Versöhnlichkeit und Achtung in Ehrlichkeit nicht gelingen, ist mir vielleicht Demut möglich: Was weiß ich schon über diesen Menschen und seine Geheimnisse? Wer wagt zu (ver)urteilen? Wer weiß, was in den letzten irdischen Stunden/Minuten oder danach noch möglich sein wird?

3.2.4 Selbstbestimmung oder Einordnung

Das Wort Freiheit wird häufig mißverständlich verwendet und gleichgesetzt mit dem Wort Selbstbestimmung. Wie an der Beziehung zwischen Frau Arnet und mir ersichtlich, ist Freiheit ein wesentlicher Gegenpol zu Macht. Freiheit gewährt Raum zu Wachstum, Wandlung und Einwilligung ins Sterben. Daß ich dieser Frau in meinen Gedanken die Freiheit ließ, bei ihrer Illusion zu bleiben, weichte ihre inneren Widerstände auf. Sie konnte sich und ihre Bewältigungsmuster zumindest für kurze Zeit loslassen und genau so in tieferen Seelenschichten – jenseits von Macht und Angst – ankommen. In solcher Tiefe befindet sich der Ort (jener archimedische Punkt!), wo ein Mensch auf neue Weise autonom wird, frei im Gegenüber von Menschen und ihren Manipulationen und gleichzeitig hineingestellt in eine letzte Verbindlichkeit. Der religiöse Mensch spricht von einer Verantwortlichkeit im Gegenüber Gottes. Er wird fähig, sich in etwas Größeres hinein loszulassen, sich dranzugeben, sich einzuordnen in ein Ganzes.

Das Ankommen in solcher Tiefe und ***letzter innerer Freiheit*** gehört zum Großartigsten, was uns von Sterbenden bezeugt wird. Als bewußt begangener Weg ist es uns vorgelebt etwa von Sokrates[18] oder Dietrich Bonhoeffer (Schwarz 1998). Es geschieht auch vielerorts im Stillen einer Sterbekammer, in Spitälern und Pflege-

---

18) Vgl. Platon: Phaidon

heimen. Sichtbar z.B. dort, wo ein Sterbender sich nicht länger durch falsche Rücksichtnahme auf Angehörige abbringen läßt von etwas für ihn Wesentlichem: *"Ich bitte Dich, nicht mehr zu kommen"*, *bat ein Sterbender seine einzige Tochter, "ich möchte im Sterben mit Gott allein sein." Ein anderer erlaubt sich plötzlich seine eigenen letzten Gedanken über einen Menschen, den seine Familie nur verurteilt. Ein dritter sagt in großer Ruhe und innerer Freiheit zu seiner Frau: "Ich sterbe, auch wenn Du mich nicht gehen läßt. Es gibt eine Zeit, da ist aller Egoismus vorbei."*

Letzte Autonomie und Freiheit müssen in einem Spital auch gewährleistet sein von Seiten der Ärzte. Ein solcher Schutz bietet beispielsweise **die individuelle Patientenverfügung**, die nicht verwechselt werden darf mit direkter aktiver Sterbehilfe. Die Patientenverfügung soll den Betroffenen helfen, ihr Selbstbestimmungsrecht geltend zu machen, selbst wenn sie sich nicht mehr äußern können. Die Verfügung wird in einem aufklärenden Gespräch mit dem Arzt erörtert und schriftlich abgefaßt. Wesentliche zu fällende Entscheidungen betreffen Themen wie: Reanimation/Therapie/Autopsie. Ferner Stellvertretung in Entscheidungsnotständen, therapeutische oder seelsorgerliche Begleitung, pflegerische Gestaltung der Sterbephase. Bestattung. Eine Patientenverfügung schützt vor Lebensverlängerung und -rettung, die nicht im Sinne des Sterbenden ist, und vor einem mutwilligen Verfügen über Leib, Leben und Tod des Sterbenden. Sie plädiert aber nicht für eine Selbstbestimmung des Menschen über Leben und Tod.

3.2.5 Zur Euthanasie[19]

In Fragen um Leben und Tod auf Selbstbestimmung zu pochen (etwa auf ein Recht, lange und glücklich zu leben, oder das Recht, sich Zeit und Art seines Todes zu wählen), hat nichts mit Freiheit, sondern mit Macht und Besitzen-Wollen zu tun. „Der Mensch soll frei und würdig sterben dürfen" (vgl. Jens & Küng 1995). Wer kann diesen Wunsch, so formuliert, nicht verstehen? Mit Blick hinter die Kulisse muß allerdings die Frage gestellt werden, was denn Freiheit und Würde beinhalten? „Wenn jemand argumentiert, er wolle nicht unwürdig, ‚als sabbernder Greis' sein Leben beenden und darum für die aktive Sterbehilfe eintritt, so macht er die Würde des Menschen fest am Funktionieren unserer körperlichen und rationalen Fähigkeiten"

---

19) In der Präzisierung der nachfolgenden Gedanken verdanke ich Wesentliches Gesprächen mit und Seminarien bei Prof. Dr. Adrian Holderegger, Fribourg.

(Hermann 1997, 96). Würde und Leistungsfähigkeit sind zweierlei, Freiheit und Selbstbestimmung ebenfalls. Hinter dem sogenannten Recht auf Würde und Freiheit verbirgt sich oft der unausgesprochene Anspruch auf Macht. Oder ist es Angst? Wie zeigt sich dies in den Realitäten eines Spitals? Und wie soll Stellung bezogen werden in der Euthanasiedebatte?

Den Einzelnen in seinem Notschrei nach der Todesspritze kann ich sehr wohl verstehen! Wer weiß, ob es uns / mir nicht ähnlich erginge?! Zustände äußerster Verzweiflung sind Bestandteil des Sterbeprozesses (vgl. Stadien des Davor und des Hindurch, Kap. I.2.5.4). Alles wird dem Sterbenden scheinbar genommen, bis hin zum Punkt, wo ihm nur noch geschieht. Die hereinbrechende Katastrophe ist aber, wie der Begriff sagt, Wendung, Wendepunkt – so auch erlebt von Sterbenden. Denn erst in der Katastrophe werden das Ich und damit die Angst in ihrer Abgründigkeit losgelassen. So darf es trotz des Schrecklichen dieser Zustände und der Demütigungen im Davor nicht darum gehen, abzukürzen oder zu umschiffen und den Sterbenden dadurch um den Prozeß von Wandlung bis hin zu einer meist eindrücklichen Öffnung zu bringen. Nicht selten erlebe ich, daß Patienten im Davor den baldigen Tod wünschen, im Hindurch danach schreien und überhaupt nur noch schreien, schwitzen, agieren oder verstummen. Und dann – nach der für uns unsichtbaren inneren Schwelle – sind dieselben Menschen dankbar, daß man ihnen das Leben gerade nicht genommen hat. Ihnen sind Minuten, Stunden, bisweilen Tage des Seins und bisweilen wunderbaren Zusammenseins geschenkt. Auch Angehörige, die eben noch formuliert hatten, noch nie im Leben so überfordert gewesen zu sein wie in diesen Tagen, sind jetzt tief berührt und dankbar. Dieses Glück greife tiefer als alles zuvor. Darf man Sterbenden und ihren Angehörigen solche Erfahrungen vorenthalten? Dies meine erste Antwort: ***Euthanasie einzufordern, ist Selbstbetrug***.

Damit ist die nächste Frage gleich zur Stelle: Was ist mit jenen Sterbenden, bei denen kein letzter Friede solcher Art, kein Ankommen in dieser andern Wahrnehmung sichtbar ist? (vgl. 10 häufigste Fragen und Antworten.) Ich frage zurück: Findet Wandlung nicht statt, wo nichts davon sichtbar wird? Oder sehen unsere Augen nicht? Wissen wir je mit Sicherheit, was sich in einem Sterbenden innerlich ereignet? Mir sind die vielen Sterbenden, die mit äußerster Anstrengung eine Botschaft von letztem Frieden übermitteln möchten, Ausdruck genug. Was hindert mich, ihnen zu glauben und einen solchen Frieden auch anzunehmen für all jene, die unscheinbar sterben? Ist ein Zustand jenseits von Angst nur denen vorbehalten, die uns sichtlich davon künden, oder ist ein solcher nicht vielmehr „erste und letzte Realität" von Kreatur schlechthin? Womit deutlich wird, daß wir hier einen Bereich äußerster Ehrfurcht betreten.

Euthanasie ist Ausdruck mangelnder Ehrfurcht, so meine zweite Antwort. Persönlich unterscheide ich zwischen dem Einzelfall des noch so verständlichen Schreis nach dem Todesgift oder der Verzweiflungstat des Suizides einerseits und der direkten aktiven Sterbehilfe als Grundsatz andererseits. Aktive Sterbehilfe als Grundsatz ist Vorwegnahme, eine Demonstration von Macht an einem Ort, wo der Mensch das Fürchten verlernt hat. Euthanasie ist ein Versuch, sich dem letzten Abschnitt von Leben und dem Leiden gar nicht auszusetzen.

Was sagen dazu die Leidenden selbst (sofern sie noch sprechen können)? Wie erleben sie den Ausdruck „menschenwürdig sterben"? Wer so argumentiert wie die Befürworter der direkten aktiven Sterbehilfe, befindet aus der Perspektive des Ichs darüber, was als menschenwürdig respektive menschenunwürdig zu qualifizieren sei. Damit wird all jenen, die ihr Leiden schlicht und heroisch auf sich nehmen, ihre Würde und Größe gerade abgesprochen! Leidende wissen um diese Qualifikation der Moderne und sagen etwa: „Ich bin nur noch containerwürdig! Man würde mich jetzt eigentlich umbringen." Würde ist kein Attribut oder Besitztum des Ichs, sondern ein letzter menschlicher Wert, der den Menschen über sein Ich und dessen Sichtweise hinaushebt. In den Worten einer weitgehend gelähmten Patientin: *„Würde kann ich nicht haben, sondern in der Würde kann ich nur sein. Ich kann mich zu mir selbst verhalten. Und wo ich auch dies eines Tages nicht mehr kann ... bitte, hören Sie dann nicht auf, mir meine Würde zuzudenken."* **Dürfen wir den Leidenden ihren Wert und dem Leiden seine Größe, ja sein Reifungs- und Wandlungspotential absprechen** (dritte Antwort)?

Ungeachtet aller Vorbehalte und Kritik verdanken wir der Euthanasiedebatte viel. Ärzte und Öffentlichkeit sind heute viel sensibler für das, was Betroffene sich selber wünschen würden, etwa ein natürliches Sterben statt ein medizinisch verlängertes Leben. Die Praxis in Spitälern und Heimen ist menschenfreundlicher geworden, der Ruf nach qualifizierter Sterbebegleitung groß. Die Ärzte und Ärztinnen sind bemüht, ehrlich über Lebenserwartung und medizinische Maßnahmen zu informieren. Zwischen den verschiedenen Formen von Sterbehilfe wird unterschieden:

1) ***Direkte und aktive Sterbehilfe:*** die gezielte Tötung eines andern Menschen zur Verkürzung von dessen Leiden. Nur diese Form ist gemeint, wenn im Volksmund von aktiver Sterbehilfe oder von Euthanasie die Rede ist.
2) ***Indirekte aktive Sterbehilfe:*** Zur Linderung von Schmerzen werden auch Schmerzmittel eingesetzt mit lebensverkürzenden Nebenwirkungen. Die indirekte aktive Sterbehilfe gilt – wenn auch nicht explizit geregelt – als zulässig. Das Ziel des Handelns gilt der Leidensverminderung und nicht der Lebensbeendigung.

3) ***Passive Sterbehilfe:*** Hier wird auf lebenserhaltende Maßnahmen bewußt verzichtet. Passive Sterbehilfe ist heute auch in vielen Abteilungen der Spitäler selbstverständliche und häufige Praxis.

Im Umgang mit Patienten, die nach Sterbehilfe rufen und erwägen, einer entsprechenden Organisation beizutreten, erlebe ich oft, daß sie die Unterschiede zwischen diesen drei Formen nicht wirklich kennen. Meistens sind sie in ihren Ängsten beruhigt, wenn sie – etwa in einem Gespräch über die Patientenverfügung – hören und dann auch erleben, daß ein Spital die passive sowie die indirekte aktive Sterbehilfe gemäß den Patientenbedürfnissen anwendet. ***Passive Sterbehilfe schützt die Patienten vor der Manipulation durch Menschen!*** Damit erübrigt sich in vielem die Forderung nach Euthanasie (vierte Antwort).

Im Konkreten ist die Gratwanderung nicht immer einfach. Welches sind im Falle von komatösen oder verwirrten Menschen Patienteninteressen? Wie wird auf einer Intensivstation entschieden, wenn ein Mensch vermutlich in ein paar Tagen sterben würde, unter Umständen aber auch noch Jahre vor sich hat? Wird hier auf ein Weiterleben gesetzt, allenfalls mit dem Risiko einer Hirnschädigung? Oder wird ein Patient „aufgegeben", wo noch eine minimale Chance auf ein Leben mit Lebensqualität bevorstünde? Wer wagt zu (ver-)urteilen? Die Komplexität in der Entscheidungsfindung und die diesbezügliche Verantwortung von Ärzten kann kaum hoch genug eingeschätzt werden.

Die Frage der Euthanasie ist eine Grundsatz-Frage und kann nur als solche eindeutig verworfen werden. Konkrete Situationen lassen immer Interpretationen offen. Die Absicht muß befragt werden, sie trügt nicht. Abzulehnen ist hier der *Grundsatz*: Macht wider Leben, respektive die bewußte Negation von Leiden als Lebensbestandteil. Die Frage: Was ist Macht? Wem gehört die Macht? stellt sich nie so radikal wie im Angesicht des Todes. Ich kann nur im Sinne eines Bekenntnisses antworten: Genau diese Frage zu stellen, Macht loszulassen und Machtansprüche zu übergeben, ist / wäre Kern wahrer Religiosität, sei man nun nach außen Christ, Jude, Moslem, Buddhist oder Atheist.

3.2.6 Jenseits von Macht: Frau Jürgensen

Das Loslassen von Macht und Selbstbestimmung kann auch zum Gewinn werden. In der Einordnung in den Lauf des Lebens, in etwas Umfassendes finden Menschen zu neuer Freiheit und innerer Unantastbarkeit. Rückbindung (religio) macht frei im Gegenüber von menschlicher Manipulation. Frei von inneren Zwängen und Narzißmen. Denn in solcher Nähe zum Ganzen sind letzte Sehnsüchte gestillt und Ängste um das eigene Wohl überwunden.

Frau Jürgensen *war nicht speziell religiös. Das Geheimnis ihres Wesens schien darin zu liegen, daß sie, ohne sich darüber zu verlieren, sich einfach einordnen und hineingeben konnte in den Fluß des Lebens. Darin wurde sie zu einer echt Liebenden. Sie lag immer in derselben Körperhaltung mit leicht geneigtem Kopf da. Ob sie Schmerzen habe? „Nicht sehr viel im Moment, danke. Und wie geht es Ihnen?", lautete fast regelmäßig ihre Antwort. Daß sie sterben müsse, wußte sie. Die Drogerie hätten sie schon vor einer Weile verkauft. So sei halt der Lauf der Dinge. Auf Musik reagierte sie gut: „Wunderbar, einfach wunderbar." Einmal präzisierte sie: „Als würde ich fliegen", ein andermal: „Es entspannt mich ganz einfach, da vergehen alle Schmerzen." Also doch Schmerzen? Ich schaue sie betroffen an, sie schaut bewußt zurück: „Wissen Sie, so ist doch das Leben, jedem tut es einmal weh, warum nicht auch mir? Wenn Sie Schmerzen haben, ist das etwas anderes. Sie sind noch so jung, aber ich bin alt. Jeder stirbt einmal. Doch jetzt erzählen Sie von sich. Wie geht es Ihnen?"*

Die Anteilnahme, die verströmende Liebe und Wärme dieser Frau waren einzigartig. Nicht nur für ihre Bettnachbarin, für welche sie zur ‚Spitalmutter' geworden war, die ganze Station wurde durch Frau Jürgensen bereichert. Allen war es wohl bei ihr. Alle empfanden um sie herum eine friedliche Atmosphäre. In all dem war sie nicht einfach selbstlos oder unkritisch. Frau Jürgensen konnte sich mit Nachdruck wehren, etwa gegen (wie sie formulierte) übertriebene medizinische Maßnahmen. „Lassen Sie mich doch sterben", fuhr sie fort. Auch setzte sie sich dafür ein, daß sie zu Hause sterben konnte. Einmal, als Frau Jürgensen meinem Gesicht entnahm, daß ich wohl in Sorge sei, äußerte sie: „Ich war zwar nie gut im Beten. Ich weiß eigentlich nicht, was das ist. Ich war nie ein besonders guter Mensch. Aber ich werde an Sie denken. Vielleicht ist das Beten." Solche gedankliche Anteilnahme schenkte sie allen und blieb dabei doch tief bei sich selbst.

Frau Jürgensen hatte ein ausgeprägtes Gespür für Stimmungen. Mit Treffsicherheit nahm sie wahr, wer von ihren Begleitern und Betreuern innerlich da war oder nicht, wem man ein Geheimnis anvertrauen dürfe und wem nicht, wo Ungeist sei und wo Bekömmlichkeit. Viele Sterbende sind besonders hellhörig und stimmungssensibel. Sterbestunden sind Stunden der Wahrheit!

3.2.7 Die Atmosphäre am Sterbebett lügt nicht

Karl Rahner stellt in seinen Ausführungen zu Tod und Ewigkeit der Radikalität von Zynismus, Hoffnungslosigkeit und Todesangst die **Atmosphäre, die „alle großen Liebenden" um sich verbreiten**, gegenüber. „Warum sind alle großen Liebenden demütig und fromm, wie überglänzt vom Glanz eines unausschöpflichen, unzerstörbaren Geheimnisses, dem sie in den großen Augenblicken ihrer Liebe auf den Grund blicken?" Warum kann all das Negative dem Menschen dort nichts mehr antun, „wo er ganz sein Eigentliches gefunden hat? Ist dies nicht die große Weisheit, die wir ersehnen und verehren, der stille Glanz jenes angstlosen Friedens, der nur in jenem walten kann, der sich nicht mehr zu fürchten hat? Zeigt nicht gerade derjenige, der wirklich gelassen seinem Ende entgegenblickt, daß er mehr ist als Zeit, die ihr Ende fürchten müßte ..." (Rahner 1984, 419f).

Die Arbeit in einem großen Spital, wo viele Menschen im Sterben liegen, erinnert mich immer wieder an diesen Text. Es gibt jene großen Liebenden wie etwa Frau Jürgensen. Es gibt den stillen Glanz angstlosen Friedens, wie er von Herrn Rosenbaum ausging und der selbst seinen Bettnachbarn ansteckte. So konnte dieser andere zur Einsicht finden: *„Eigentlich haben Sie Recht, Herr Rosenbaum. Warum soll es nicht auch uns zwei treffen? Überleben wir, so freuen wir uns. Sterben wir, so sterben wir. Warum eigentlich nicht?"* Es gibt jenes gelassene dem Ende Entgegenblicken, jene seltsam unbestechliche, in der Atmosphäre liegende Wahrheit. Bald wahrnehmbar als tiefes Bei-sich-sein oder als etwas Unbedingtes, Ehrfurchtgebietendes. Ich selbst erfahre mich an solchen Sterbebetten wie neu belebt, tiefer geortet im Eigentlichen, dankbar, einfach sein zu dürfen.

Oft und tragisch drückt sich die in der Atmosphäre liegende Wahrheit auch aus im Unguten und Unerlösten. Etwa im Leiden an dem, was (noch) nicht zu seinem Eigentlichen gefunden hat. Auch das ist Spital-Realität. Die Atmosphäre lügt nicht. Für die Begleitung ist es wesentlich, atmosphärische Botschaften zu spüren und sie ernst zu nehmen. Im Unerlösten kann dies sehr schwierig sein. So gibt es immer wieder Sterbende, in deren Umfeld ich mich ständig körperlich oder seelisch unwohl fühle. Ich bin dann vielleicht selbst gehässig oder wie ‚abgelöscht' oder habe Kopfschmerzen nach einem solchen Besuch. Noch muß meine Reaktion nicht zwingend etwas über diese Menschen und ihr Inneres aussagen. Alle Empfindung ist subjektiv und kann auch mit mir, meiner gegenwärtigen Verfassung und meinem eigenen Schatten zusammenhängen. Und doch sind Wahrnehmungen, insbesondere wo sie sich vermehren oder gar bei mehreren Bezugspersonen aufdrängen, nicht nur Zufall.

Wie damit umgehen? Jeder Einzelfall ist verständlich. Alles Gewordensein hat seine Geschichte, die am Sterbebett bisweilen in ganzer Tragik offen da liegt. Es ist mehr als Berufsethos, daß ich im Einzelfall für Verstehen und Toleranz plädiere. Ich muß versuchen, meinem Gegenüber den Zeit-Raum zum Prozeß und den Frei-Raum zur Wandlung zumindest gedanklich zuzugestehen. Konkret heißt das: Ich muß mit ihm aushalten im Unerlösten, ja meine Einschätzung des Atmosphärischen, Schwingungsmäßigen selbst relativieren.

Andererseits darf ich vor lauter Toleranz nicht meine eigene Sensibilität für gut versus ungut verleugnen. Alles andere wäre Naivität, Verdrängung oder Kleinmut. Im Hinwegsehen über sein Umgetriebensein und dessen Hintergründe erweise ich dem Sterbenden keinen Dienst. Der Versuch, Themen zu umschiffen, verlängert häufig den Sterbeprozeß und damit das Leiden des Sterbenden. Im Sinne einer Grundhaltung kann ich darum nicht anders als dazu zu stehen, daß ich gerade am Sterbebett hellhörig sein muß für Geist und Ungeist, Hoffnung oder aber Nihilismus, Zynismus, Zwang zum ‚Anti'. Zwischen dem Sich-Einlassen einerseits und dem Festhalten an Ego und Narzißmus andererseits gibt es nur ein Entweder-Oder. Die Nähe zu Sterbenden lehrt uns, hellhörig zu werden für letzte Alternativen wie Macht oder Liebe – Einordnung oder Verweigerung – Fühlen oder (Be)Herrschen.

Wie aber mich verhalten in solchen Spannungsfeldern? Das erste Wort, das mir im Einzelfall häufig hilft, heißt: Respekt. Respekt vor der Frage nach Geist und Ungeist, Respekt vor meinem Gegenüber, seiner personalen Würde und dem Prozeß seines Reifens und Sterbens. Respekt nicht zuletzt vor mir selbst und meinen Gefühlen. Der zweite Impuls lautet: Festigkeit, Abgrenzung, Schweigen. Ein dritter Gedanke, der eigentlich zur Daueraufgabe wird, heißt: Selbst immer neu ankommen bei mir, in meinem Vertrauen und bei meiner Hoffnung. Ich darf nicht aufhören, daran zu glauben, daß es Erlösung und Wandlung noch in den letzten Stunden, ja über den Tod hinaus gibt, auch wenn unsere Patienten – und wir mit ihnen – es mit unseren Kräften nicht schaffen. Wandlung ist letztlich Gnade.

Frau Rudolf *macht es mir nicht leicht: Ich könne grad wieder gehen, sagt sie mir schon bei der ersten Kontaktnahme. Die Stunden mit ihr sind häufig so dürr wie sie selbst. Ihr Stimmtonfall ist eisern, ebenso hart und kalt ist die Atmosphäre. Einige wenige Lichtblicke, namentlich erweichende Reaktionen auf Klangreisen, geben mir Mut weiterzumachen. Besuche ihres Sohnes aus erster Ehe lehnt sie strikt ab. Trotz ihrer großen Aufbäumung rückt der Tod immer näher. Wir verabschieden uns endgültig. „Hatte mein Bemühen einen Sinn?", frage ich mich. Ihre Schwester verbringt die letzte Nacht mit ihr. Sie erzählt mir im Nachhinein: die Sterbende habe stundenlang gezittert, inständig, aber unverständlich geredet. Sie habe den*

Eindruck gehabt von einem großen Bereinigen: "Da geschah Läuterung!", sagte sie wörtlich. Am Morgen wurde auf Wunsch der Sterbenden der bis zum letzten Tag abgelehnte Sohn gerufen. Sie starb in Ergebenheit und Weichheit, in seiner Gegenwart.

3.3 Sehen Sterbende Dinge, die wir nicht sehen?

3.3.1 Sterben als apokalyptischer Kampf

Die apokalyptische Literatur im Alten und Neuen Testament ist voller Schreckensbilder von Endzeit und Weltuntergang, von Schauplätzen apokalyptischer Kämpfe zwischen Mächten der Finsternis und Mächten des Lichtes. Die Not ist total, die Situation des Menschen ausweglos, Rettung vorerst nicht in Sicht. Die verschiedensten Kulturen haben ihre Bilder und Vorstellungen vom Kampf zwischen Licht und Finsternis, Verdammten und Berufenen, Himmel und Hölle. Nahtoderfahrungen – obwohl längst nicht so einheitlich wie vielfach angenommen (vgl. Knoblauch 1999) – bezeugen auf ihre Weise, daß es bisweilen höllisch-schreckliche neben himmlisch-wunderbaren Szenarien gibt.

Was sollen wir von solchen Beschreibungen halten? Geht die Menschheit irgendwann, gehen einzelne Sterbende durch solche Schreckensszenarien hindurch? Oder sind sie Phantasieprodukte, entstanden in Zeiten äußerer wie innerer Bedrohung oder an Wendepunkten der Geschichte? Sind sie Ausdruck von Delirium und Psychose? Neuere Forschungen über Psychosen und spirituelle Krisen würden letzteres widerlegen (Scharfetter 1994, Grof 1990). Oder sind es Seelenbilder, die als solche ernst genommen werden wollen und einer Interpretation bedürfen?

In der Tat tauchen solche inneren Szenarien bei nicht wenigen Sterbenden auf. Sie verweisen auf ein Hindurch durch äußerste Bedrohung, auf Entscheidungsnotstand und Untergang im Ich. Sie lösen sich aber in den allermeisten Fällen auf (im Rahmen des Projektes bei sämtlichen Betroffenen) in Richtung eines letzten Friedens jenseits aller Ich-Bezogenheit. In der Studie gab es im Erleben von 24 Sterbenden das wirklich Apokalyptische. Einige bestätigten explizit, daß sich in ihnen jetzt ein *"Kampf"*, *"Todeskampf"* oder *"Geist-Kampf"* abspiele. Andere durchliefen Ähnliches auf der Ebene des Symbolischen, Analogischen und sprachen vom Gehörnten, von Maschinen, Hexen, von Feuer oder schrecklicher Hitze. Und wenn es der Auflösung entgegenging: von der Ordnung schaffenden Polizei oder vom Licht, welches das Grau besiegte. Zu hören, daß selbst solche Endkämpfe normal seien, entlastete Betroffene und Angehörige.

Im Apokalyptischen geht es in der Tat um Untergangserfahrung (Untergang im Ich), zugleich aber auch um Geist und Ungeist in deren kollektiver Dimension. Auch hier nochmals um die Frage: „Wem gehört die Macht?" Darum treten die Mächte (irrational spürbare Kräfte, ferner Bilder von Dämonen, Geistern, Engeln) auf: als Versuchung, als Kristallisationspunkt auf eine Scheidung hin drängend und schließlich als Rettungsanker. Viele solche Erfahrungen mit Geist und Ungeist am Sterbebett lehrten mich, daß wir die Frage nach den Mächten nicht aus unserem Welt- und Menschenbild ausklammern können, auch wenn wir nie genau wissen werden, wer/was diese Mächte sind.

Des öfteren taucht die Frage auf, ob apokalyptische Szenarien Produkte von Erziehung und Über-Ich, von kultureller Tradition seien? Mag sein, daß bisweilen in Höllenbildern und Strafphantasien eine autoritäre Erziehung und angsterzeugende religiöse Unterweisung ihren Niederschlag finden. Vor allem dort, wo Hohn und Drohung tatsächlich zum erzieherischen Alltag gehörten! Solche Prägungen erkennt eine Therapeutin aber bereits im Normalzustand, im normalen Gespräch. Der Großteil der Sterbenden, welche in todesnahen Zuständen plötzlich von Engeln, Dämonen, himmlischer Musik, beißendem Feuer, Licht und Dunkel zu erzählen beginnen, fällt nicht in diese Kategorie. Im Gegenteil: Wo man Sterbenden zu verstehen gibt, daß man ihre Bilder als Phantasieprodukte oder Erziehungsüberbleibsel betrachtet, antworten diese mit Signalen von Enttäuschung, Abwendung oder Nachdoppelung. Ein für solche Signale sensibilisierter Mensch spürt, wie der Sterbende in sich zusammenfällt, wie sein Blick nachläßt, wie er den Kopf unmerklich wegdreht. An der Angst, am inneren Bild des Patienten ist nichts relativiert (= das Problem dahinter ist nicht erfaßt) worden. Die Schmerzen werden größer statt kleiner. Bisweilen wird Angst vor einem Gericht vorschnell mit persönlicher Schuld im Leben des Sterbenden zusammengebracht. Auch damit tun wir dem Betroffenen Unrecht an.

Aufgrund meiner Erfahrungen komme ich zu einer **dreifachen Interpretation des Apokalyptischen am Sterbebett**: Es ist des öfteren **Ausdruck extremer frühkindlicher Traumatisierung**, deren Erinnerungsspuren in Todesnähe nicht mehr verdrängt oder in Schach gehalten werden können. Was damals schon in der Qualität des Totalen erlebt wurde (Ausweglosigkeit, Kampf, Ohnmacht), findet jetzt erneut so statt. Nicht zu unterschätzen ist zweitens die **Konfrontation mit dem Geist/Ungeist des Kollektivs** und dessen Schattenthemen, für welche Sterbende erhöht sensibel sind. Und drittens hat Todesnähe an sich zu tun mit **letzten geistigen Entscheidungen bis hin zum letzten Ja**.

3.3.2 Nebeneinander von schön und schrecklich

Warum die Zerreißprobe zwischen äußerst schrecklich und verklärt? Warum gibt es häufig eine Zuspitzung bis zum Punkt der Kapitulation? Und warum verliert das Szenario genau dann seinen Schrecken? Antwort: Der Sterbende befindet sich in einem Bereich äußerster Scheidung und Entscheidung. Genau in solcher Zuspitzung auf ein Letztes hin will Gesetzmäßigkeit erkannt werden. Hauptcharakteristikum solcher Zustände ist das Nebeneinander von schön und schrecklich. Schmerzen und gleich darauf friedliches Schweben. Szenerie von Untergang und gleich darauf heiles Sein. *„Etwas dazwischen gibt es nicht"*, sagte Herr Aeppli. Zu sterben wird für viele zur Erfahrung extremer Ambivalenz, sei dies im Fühlen, im Empfinden oder in den geschauten Bildern. Genau dieses dualistische Nebeneinander charakterisiert auch die Apokalyptik. Der Mensch / das Ich ist darin ausweglos gefangen, ohnmächtig, denn die Mächte sind stärker.

Die zentrale Frage lautet: **Ist dieses Nebeneinander letzte oder vorletzte Erfahrung?** Gibt es im letzten himmlisches Glück neben höllischer Pein oder nur noch Sein? Dualität oder nur noch Gott? Die Geheime Offenbarung des Johannes legt nahe, daß wir inmitten des Kampfes schon die Geretteten sind (vgl. I.3.3.5), daß schon im Hindurchgehen das Angezogensein vom Ziel her spürbar wird (vgl. I.3.4.1). *Der ‚Gehörnte' sei da gewesen, wußte ein Sterbender zu berichten, und wenig später waren dort schräg oben auch himmlische Gestalten und griechische Götter. Eine Frau beschrieb: „Da waren Dämonen wie ein Sog, dem ich fast nicht widerstehen konnte und danach Lichtgestalten wie Nebelschwaden."*

3.3.3 Sterben im Spannungsfeld von kollektivem Geist und Ungeist

Gefragt oder ungefragt, der Mensch ist hineingestellt in Dimensionen, die mehr beinhalten als sein Persönliches. Als Glied im Kollektiv ist er nicht nur eingebunden in das, was dieses lehrt und weiß, sondern auch bestimmt durch das, was sein Kollektiv ausstrahlt, fürchtet und tabuisiert. Jedes Tabu ist nicht nur Inhalt, sondern auch Energie. Tabuisierte Energie wird zu einer Form von Ungeist. Ich spreche auch vom atmosphärisch Verschatteten (Renz 1996). Für uns unsichtbare Spannungen werden für Sterbende anschaubar, fühlbar.

Darum erleben sich Menschen im Sterben mehr als zuvor eingebunden in ein kollektives Schicksal, theologisch gesprochen, in Fluch, Segen und Erlösung. Was ist der Anteil des einzelnen Sterbenden an diesem Ganzen? Er leistet noch im Sterben seinen Beitrag zur Bewußtwerdung, Aufarbeitung, Erlösung innerhalb von Familien, ja Generationen, Kulturen. Ängste, die nicht nur die seinen waren, werden von ihm durchgestanden. Im konkreten Erleben können sich Vergangenheit und Zukunft verbinden: Ahnen, mit denen noch etwas zu erledigen ist, können am Bett eines Sterbenden ebenso gegenwärtig sein wie die in der Zukunft liegende unbekannte Lösung. Tabus, welche ganze Kulturen geprägt haben, machen dem Einzelnem den Todeskampf schwer. In Geist und Ungeist, Mächten und Dämonen nimmt das, was die Welt regiert und ihren Strukturen innewohnt, Gestalt an. Nicht nur wird jetzt bei manchen sichtbar, wovon der Einzelne ein Leben lang geprägt war/ist. Darüber hinaus **finden letzte Entscheidungen statt**, die energetisch wiederum für ein größeres Ganzes wegweisend sind: *Wider das ausgegrenzte Drogenkind oder für. Wider eine Aufweichung zwischen zwei Fronten oder Versöhnung und Friede.* Letzte Entscheidungen laufen meist fern des bewußten Wollens ab: Das innere Erleben zeigt, daß es zwei Lager gibt, daß hier Kampf und Ent-Scheidung stattfinden.

Von welch großer Wirkung solche letzten Entscheide für eine Nachwelt sein können, bezeugen Angehörige. *Eine Gattin: „Was an Schrecklichem zuvor war, habe ich wie vergessen. Ich sehe nur noch, wie mein Mann plötzlich so gelassen wurde, als sähe er eine Lösung für die Welt. Ich habe selten in meinem Leben etwas so Schönes erlebt." – Eine Tochter: „Reue wäre ja unecht gewesen, so schnell kann ich meinem Vater nicht verzeihen. Aber diese Weichheit plötzlich, als wäre eine Bitte darin, die werde ich nicht so schnell vergessen."* Am Sterbebett werden Machtpositionen und Ängste losgelassen und Weichen für Zukunft und Frieden gestellt. Dasselbe energetische, das zunächst unausweichlich zum Kampf, ja zum Ent-Scheid zwingt, ist, wenn gewandelt, Ort und Anstoß zum Frieden.

3.3.4 Apokalyptische Frage schlechthin: Wem gehört die Macht?

Tod ist Erfahrung von Untergang in der leiblichen Existenz. Die Todesstunde stellt den Sterbenden vor eine letzte Entscheidung: Ja oder nein, Einwilligung oder durchgehaltene Verweigerung[20]? Es beeindruckt zu sehen, wie zäh bisweilen der Widerstand ist, bis ein Sterbender mit gebrochener Körperkraft endlich zu seinem *„Ja, es darf sein"* findet. Er kämpft dabei nicht etwa um Luft für den nächsten Atemzug oder um die Kraft, sich noch einmal aufzurichten. Häufig geht es um einen **inneren, geistigen Kampf**, vom Ich her betrachtet um eine äußerste Demütigung, die der Mensch letztlich noch einmal in Freiheit und Würde annehmen kann, ja muß. Zu die-

---

20) Grof weist auf den mittelalterlichen Glauben hin, wonach teuflische Mächte zum Zeitpunkt des Todes einen letzten verzweifelten Versuch unternehmen, die Seele von ihrem wahren Weg zum Himmel abzubringen (1984, 21).

ser Entscheidungsstunde treten, bildlich gesprochen und von manchem Sterbenden auch so gesehen und erlebt, die Mächte und Geister an. Als Einzelner ist er in Spannungsfelder hineingestellt, die ihn übersteigen. Es ist, als würde in ihm und seiner letzten Auseinandersetzung ein **Kampf zweier Prinzipien** konkret. Im Nein zum Tod siegt die Hybris menschlicher Machbarkeit, im Ja zum Tod das Prinzip „Leben als stirb und werde". Der einzelne Sterbende, ob in seiner Verweigerung oder seinem Zynismus, in seinen selbstgebastelten Prinzipien oder einer kollektiven Weltanschauung fixiert, ist Gefangener solcher „Mächte" wie auch Gefangener seiner selbst. Daß Menschen noch im Tod aus solchen Gefangenschaften hin zu einer letzten Freiheit und Autonomie aufbrechen, ist mir des öfteren begegnet. Noch häufiger: Einwilligung gelingt zu gegebener Zeit unbewußt und unsichtbar. Was dann im Raum steht, wird am ehesten umschrieben als Frieden.

Im Grimm-Märchen vom Gevatter Tod ist selbst der Arzt mit einbezogen in den Schauplatz zwischen Geist und Ungeist (Deutung: Drewermann 1990). Er versucht, den Gevatter Tod, den er am Kopfende des Bettes seiner Patienten erscheinen sieht, zu überlisten, indem er die Todkranken umgekehrt lagern läßt. Diese erhalten eine Gnadenfrist. Er selbst verwirkt sich mit seinen (egozentrischen) Machenschaften sein eigenes Leben. Seine Sünde ist die mangelnde Ehrfurcht im Gegenüber zu den Mächten. Was ist Dienst, was egoistische Machenschaft? Im konkreten ist die Frage nach Lebensverlängerung schwierig zu beantworten. Ärzte stehen ihrerseits im Druck kollektiver und bisweilen individueller Erwartungen. Betroffene und Angehörige erhoffen medizinische Wunder. Ein Arzt formulierte in einem persönlichen Gespräch: „Bei lebensverlängernden Maßnahmen stelle ich mir die Frage: Diene ich dem Leben, bringt die Maßnahme dem betroffenen Patienten wirklich Lebensqualität, ist das im Sinne seines Lebens? Oder stehe ich unter dem Zwang, keine mögliche Maßnahme übersehen zu haben, korrekt zu sein? Oder erliege ich gar der Faszination des für die Forschung interessanten Falles?"

3.3.5 Herr Aepply: „Jesus Christus kommt"

Nicht alle Menschen müssen sterbend durch etwas Apokalyptisches hindurchgehen. Doch wo immer so etwas durchlebt wurde / wird, bezeugen Sterbende verbal oder über Ausstrahlung und Gebärden, daß dies nicht das Letzte sei. Kampf und Angst sind Erfahrungen von etwas ‚Vorletztem'[21]. Wie auch immer: Im Letzten

---

21) Formulierung: Oberforcher, R. (1999): Christliche Apokalyptik und messianische Utopie, Graz. Mündliche Aussage. Vgl. auch Kehl, M. (1986).

kommt es gut. Der Kampf ist durchgestanden. Ein Sieg lichter oder rettender Kräfte zeichnet sich ab oder sie tauchen einfach still ein in einen unbeschreibbaren Frieden. Bisweilen kommt es – wie bei **Herrn Aepply** – sogar zur Erfahrung, dass Gott in Jesus Christus als Retter innerlich entgegenkommt.

Herr Aepply ist ein gebildeter und abgeklärter Mann. Er leidet an der Sorge um eine Enkelin und weint des öfteren. Einmal kommt mir der Impuls, beten könnte jetzt die richtige Antwort sein. Ob ich dies dürfe, frage ich seine Frau. „Ja, tun sie das. Mein Mann ist gläubig, aber aus der Kirche ausgetreten. Einen Pfarrer möchte er nicht am Sterbebett haben." Ich bete: „Vater, Mutter, wer immer Du bist, hier liegt Herr Aepply. Er macht sich Sorgen um seine Enkelin." Sogleich weint Herr Aepply bitterlich. „Vater, Herr Aepply möchte sterben. Sorge Du für die Enkelin und vermittle Du dem Großvater diese Gewißheit." Sofort beruhigt sich der Sterbende. – Am selben Tag suche ich ihn nochmals auf. Wir sind allein und schweigen. Die Atmosphäre wird zunehmend andächtig. „Frau Renz", sagt er nach einer Weile. Ich staune, daß er mich in seinem derzeitigen Zustand kennt. Dann folgen ein paar unverständliche Laute. Erneut Stille. – Jetzt verstärkt sich das Strahlen im Gesicht des Sterbenden. „Rrrrrr". Eine Weile später: „Schöööö" Ich schweige aus Scheu. Noch später klar folgende Worte: „Jesus Christus. Rrrr". Nun frage ich zurück: „Ist es schön?" Deutliches, nachdrückliches „Ja-a". Mit strahlendem Gesicht schaut er mich eindringlich an. „Möchten Sie mir etwas bezeugen, das Sie sehen?" „Ja-a." Und wenig später, wieder ganz in sich gekehrt, sagt er: „Jesus Christus kommt! So schön. Rrrrrr." Tief ergriffen wiederhole ich seine Worte und danke: „Ihre Botschaft ist bei mir angekommen." Sein Kopf sinkt ins Kissen zurück. Er ist wie weg …

Tà éschata (griechisch) sind ‚die letzten Dinge'. Eschatologie ist die Lehre davon; jede Religion hat dazu ihre eigenen Vorstellungen. Dem Christentum ist im letzten Buch der Bibel, in der Offenbarung des Johannes, ein besonders eindrückliches Dokument voller apokalyptischen Szenarien und Endzeitbilder geschenkt. Und darin vor allem Aussagen über Gott, für welche auch Sterbende unserer Tage hellhörig sind: Er ist ein **Gott der ist und der war und der kommt**, Alpha und Omega (Offb. 1.4–8). In den Visionen des Sehers Johannes wüten die Mächte des Bösen aufs Schrecklichste, und doch ist der Sieg Gottes gewiß. Im Symbol des Lammes sind Machtkonstellationen überwunden. Jesus Christus kommt der bedrohten Welt Recht schaffend und Beziehung stiftend (Symbolik der ewigen Stadt, von Braut und Bräutigam) entgegen. Darin liegen der Trost und die Ermutigung, die Johannes den sieben bedrängten Gemeinden zusprechen will.

Auch Sterbende unserer Tage sind bisweilen in ihren spirituellen Erfahrungen in ähnliche Bilder hineingenommen und erfahren darin Trost und Stärkung. (vgl. Renz

2003). Herr Aepply ist kein Einzelfall. Er kam zur Ruhe im Gedanken an den Gott des Vertrauens, der alle Zeit und menschliche Not (selbst um sein Enkelkind) nochmals umfängt. Der Gott, der ist (gegenwärtig ist auch im Leiden), wird von Sterbenden am eindrücklichsten inmitten von größter Not und Ohnmacht erfahren (vgl. ‚Der Gott inmitten' in: Renz 2003). Der Gott, der kommt ist Grund unserer eschatologischen Hoffnung: *„Jesus Christus kommt",* schaute Herr Aepply und war zutiefst erschüttert ob dieser inneren Erfahrung.

Sterbende in ihren Kämpfen zu unterstützen, ihnen Mut zu geben, kann bisweilen not-wendend sein. Es gibt Sätze, die bei Sterbenden noch ankommen, wenn kaum etwas anderes mehr ankommt. So etwa: *‚Gehen Sie hindurch, es kommt Licht!',* oder: *‚Urvertrauen greift tiefer als Angst',* oder: *‚Christus ist stärker',* oder: *‚Rettung kommt Ihnen entgegen', ‚Gott als der Eine ist letztgültiger als aller Kampf'* – oder wie immer ich dann spontan und in eigener Innigkeit formuliere. *Eine in Angstposition erstarrte Sterbende konnte sich nur wegen des einen Satzes ‚Gott ist stärker' beruhigen. „Ist er das wirklich?" fragte sie vorerst zurück. Ich antwortete: „Das ist Erfahrung, etwa von Folteropfern und Märtyrern." Und weil ich ein Kreuz auf ihrem Tisch liegen sah, fuhr ich fort: „Das ist eine wichtige Aussage Ihrer und meiner Religion: In Christus sind die Mächte besiegt. Christus ist stärker."*[22] *Jetzt entspannte es sich in ihr und sie schlief ein.*

In Stunden solch eindrücklicher Erfahrungen – schlimmer wie großartiger – stelle ich mir des öfteren die Frage: **Welchen Menschen ist ein Tod in derartiger Herausforderung und Gnade zugedacht und zugemutet?** Warum genügt es bisweilen nicht, Abschied zu nehmen und sanft hinüberzuschlafen? Wege des apokalyptischen Hindurch können verstanden werden als Wege letzter Bewußtwerdung und Reifung. Vielleicht haben genau jene Menschen Einblick in den Kampf der Geister, die, wenn auch von schlichtem Wesen, fähig, ja berufen sind zu großer Bewußtheit. Dieselben Persönlichkeiten sind fähig zum großen Nein, aber auch zum großen Ja; zum exemplarischen Machbarkeitswahn, aber auch zu großherzigem Verzeihen, konsequenter Reue und bejahter Ohnmacht. Ohnmächtig treten sie zum Endkampf an, um die Erfahrung zu machen, daß ihnen, unterliegend, Sieg zuteil wird. Haben sie gerade so Anteil am Göttlichen? Viele der auf solche Weise Sterbenden hinterlassen in der Art und Weise genau ihres Sterbens eine letzte Aussage.

---

22) Zur Überwindung der Mächte in Christus (Paulus): vgl. Boros 1974.

3.3.6 Frau Peter : Endkampf, Scheidung der Geister

Der folgende Sterbebericht holt uns hinein in den Weg einer Frau, der in ihrem Sterben nichts erspart zu sein schien. Die Begleitung am Sterbebett dauerte nur einige Wochen. Und doch erhalten wir beim Lesen den Eindruck eines langen, zäh abgeschrittenen, meilenweiten Weges.

Frau Peter ist eine religiöse Frau, hat früher schon eine Nahtoderfahrung gemacht und weiß, daß es Gott ist, der über Leben und Tod bestimmt. Dennoch wirkt sie nicht nur beherrscht, sondern auch beherrschend auf mich. Eines Tages ist klar, daß sie bald sterben wird. Sie sei froh, dies endlich zu wissen, meint sie beherrscht und mit blitzenden Augen. So viele Schmerzen, das sei kein Zustand. „Sind Sie wütend, ich könnte das begreifen," frage ich. „Nein!" Ich schweige, lasse ihre Aussage stehen und versuche einen Zugang über das Fühlen. Ich lade sie ein, sich ganz bewußt tragen zu lassen vom Bett, vom Boden, letztlich von Gott. „Versuchen Sie einfach zu spüren, wie sich dieses Getragensein anfühlt, im Kopf, im ganzen Leib." Schweigen. Und etwas später: „Wir bestimmen den Zeitpunkt des Todes nicht, sondern Gott." „Stimmt! antwortet sie beherrscht, kann sich aber allmählich entspannen. Klangreisen liebt sie.

*Das Pflegepersonal beklagt sich bei mir, Frau Peter sei so ambivalent. Sie fordere etwas, und wenn es nicht sogleich gebracht werde, weise sie es zurück. Sie übe Macht aus. Ich rate den Schwestern, sich sachlich zu wehren und sich nicht auf Machtkämpfe einzulassen. Und ich versuche, Frau Peter darauf anzusprechen. Sie lehnt ab. Am nächsten Tag kommen wir der Sache näher. Frau Peter vertraut mir an, daß sie **nachts große Angst** habe. Sie träume, daß sie verfolgt werde und wegrennen müsse. Sie kenne solche Träume von früher. Damals seien sie selten gewesen, jetzt Nacht für Nacht, berichtet sie in ihrem anklagenden Stimmtonfall. Auf meine Frage, ob es ähnliche Gefühle oder Träume gegeben habe in ihrer Kindheit, winkt sie energisch ab: „Nein, es war immer alles o.k.!". Ihr falle nur ein, daß der Tod sie einholen wolle und sie davon renne." „Mag sein", denke ich und doch scheint mir, als ob hier eine längst vergangene Not einfließe, sonst wäre so viel Beherrschung nicht nötig. Ich erinnere mich, daß ihr der Glaube viel bedeutet und frage darum: „Möchten Sie, daß wir jenen Teil in Ihnen, der nachts so in Not ist, jetzt in einem Ritual unter Gottes Schutz stellen?" „Gerne, bitte machen Sie das!" Ich erwidere: „Ich kann mit Ihnen beten, ich kann ein Zeichen setzen. Doch das Wesentliche können wir nur geschehen lassen." „Schon wieder diese Ohnmacht!" fährt sie auf. „Ja, Ohnmacht, Frau Peter, jetzt sind Sie am wesentlichen Punkt angelangt. Ohnmacht ist für Sie etwas sehr Schlimmes, ein Punkt, wo Sie sich nicht mehr wehren können! Und doch, das verstehen Sie vielleicht im ersten Moment nicht: Genau diese*

Ohnmacht ist Ihr Einfallstor für Gott. Atmen Sie einfach in Ihr Ohnmachtsgefühl hinein und denken Sie: So kommt Gott zu mir. Dann hört es vielleicht in Ihnen auf, davonzurennen." Frau Peter nickt. Ich lade sie zu einer Entspannung ein und frage bei jeder Körperstelle neu: „Wünschen Sie, daß wir Ihre Hände, Ihre Arme, Beine, Füße, Ihren Brustraum, Bauchraum, Ihre Stirn etc., Ihren Leib als Ganzen in den Schutz und Segen Gottes hineinstellen?" Jedesmal nickt sie. Ich formuliere fortfahrend: „Gott, unser Vater, segne Frau Peter. Maria, Mutter Gottes, Frau Peter liebt Dich, stehe Du ihr bei in der Nacht, daß sie nicht mehr davonzurennen braucht, sondern sich geschützt erfährt." Frau Peter verbindet diese Erfahrung mit einem Umgebensein von **Licht**. *Danach spiele ich etwas Monochord-Musik und sie schläft ein. Seit dieser Erfahrung ist das Problem der nächtlichen Angst gelöst.*

Zwei Tage später melden mir die Schwestern, Frau Peter sei in **Panik: sie sei „durcheinander"**, *finde nicht mehr heraus. Für mich heißt das: Sie verliert ihre Beherrschtheit, die Kontrolle über sich. Sie läßt Ohn-Macht zu. Für sie muß das schlimm sein, für den Prozeß des Loslassens eine Chance. Sie müsse nichts mehr begreifen, sage ich, solle ihren (erneut verspannten) Kopf einfach niederlegen, sich tragen lassen. Dies gelingt ihr. Ich verdeutliche: „Lassen Sie sich tragen von Gott, lassen Sie sich lieben von Gott." Noch will sie mich fest halten – festhalten! Ich fahre fort: „Sie dürfen sterben, müssen nichts mehr begreifen. Sie haben es gut gemacht." Sofort schnellt ihr Körper hoch: „Was heißt ‚Sie haben es gut gemacht'?" Meine Antwort: „Das heißt: Gott wird Freude haben an Ihnen, wenn Sie heimkommen. Er wird Freude haben an allem, was Sie gut gemacht haben", und – weil ich in der Gegenübertragung spüre, daß Schuld im Raum ist, ergänze ich – „und er wird Sie verstehen in dem, was Sie nicht gut gemacht haben." Nun versinkt Frau Peter ein erstes Mal in einen komatösen Zustand.*

Am Nachmittag ist sie wieder voll da und enttäuscht. Sie empfängt mich mit den Worten: „Warum konnte ich nicht gehen?" Achselzuckend blicke ich sie an: „Wir können uns weder im Leben noch im Tod besitzen. Auch wenn ich Ihnen Ihre Erlösung noch so sehr wünsche, ein anderer bestimmt." „Ja", sagt sie stöhnend und verabschiedet sich intensiv von mir. – Tags darauf ist sie nicht nur verwirrt, sondern auch „böse". Niemand komme zu ihr, von allen werde sie im Stiche gelassen. Gerade kommt die Schwester zur Tür herein und sagt, sie sei nur schnell für fünf Minuten weg gewesen. Frau Peter wirkt beschämt. Offenbar kommt ihr in ihrem derzeitigen Zustand jede Minute Alleingelassen-Sein vor wie eine Ewigkeit. Eine Entspannung genügt, und Frau Peter schläft wieder ein. Etwas später werde ich gerufen: Frau Peter sehe überall **Spinnen**, *die Reinigungsfrau verzweifle. Ich lasse mir nun von ihr die Spinnen zeigen. Dann sage ich: „Später wird geputzt, jetzt machen wir zusammen eine Entspannung. Bitte legen Sie Ihre Brille beiseite, lassen Sie sich* tragen, Sie sind geschützt Und zeigen Sie mir, wo Sie innerlich sind." „Spinnen überall!" Schon wieder blickt Frau Peter mit wachem Blick auf. „Nein – Schauen Sie jetzt nach innen. Die Spinnen sind innen. Lassen Sie allen Dreck hinter sich, den inneren wie den äußeren Dreck." Dies gelingt. Jetzt wird Frau Peter erfaßt von **Würgereflexen** und äußert **„Tunnel"**. Die Zimmernachbarin bestätigt, schon nachts habe Frau Peter immer von einem Tunnel gesprochen und läßt uns dann allein. – „Dreck im Tunnel, Spinnen." Etwas später beginnt sie, obwohl sonst kaum mehr zu einer Bewegung fähig, kraftvoll ihre Arme und Beine abzustreichen. Als würde sie etwas von ihrem Körper abstreifen. Ich unterstütze: „Weiter, weiter, streifen Sie ab, lassen Sie allen Dreck und auch sonst alles zurück." So geht's immer weiter mit geschlossenen Augen. „Ich kann nicht mehr gehen, ich bin müde." „Können Sie rollen, Sie sind doch eine rassige Frau, rollen Sie!" „Ja, ich bin eine rassige Frau!" „Gut, dann einfach weiter, kehren Sie nur nicht um und blicken Sie nicht zurück!" „Genau." Langsam wird Frau Peter still. Nach einer Weile beginnt sie mit ihren Händen wie ins Leere zu tasten: „Nun wird es heller – **wunderschöne Farben**. Violett, blau, gelb. So schön." Ich staune und lobe sie. – Nicht lange, und schon blickt Frau Peter wieder auf, ist da und wünscht im alten unwirschen Ton aufzustehen, nein sich hinzulegen, nein aufzustehen, etc. …. Das Hin und Her zwischen „böse" und friedlich, Wollen und Loslassen dauert mehrere Tage und zeigt, wie „ambivalent" für sie die Welt noch immer ist.

Wie ich wieder zu ihr komme und ihr Musik spiele, äußert sie in abwesendem Zustand **„Nein"**. Ich frage zurück: „Möchten Sie keine Musik?" Ihre Augen sind geschlossen, „nein – nein". „So höre ich also auf zu spielen, ist das recht?" „Nein". Immer wieder kommt dieses Nein. Nein einfach so, nein zu allem. Zunächst unterstütze ich sie und sage: „Lassen Sie Ihr Nein heraus. Zu allem, was schlecht war, sagen Sie erlaubterweise nein." Deutlich kommt aus ihr heraus: „Nein, nein, nein!" Gemeinsam sagen wir: „Nein!" – Nach einer Weile in unmißverständlich deutlichem Tonfall: „Frau Peter, wir haben nun nein gesagt. Wenn Sie wirklich sterben wollen, dürfen Sie letztlich nicht nein sagen. Dann müssen Sie ja sagen!" Ich brauche weiter nichts zu erklären. Es folgt ein langgezogenes, murmelndes **„Ja"**. Erst jetzt weiß ich, daß Frau Peter mich tatsächlich gehört hat. Vom Lebens-Nein zum Lebens-Ja. Wie ich abends vor dem Heimgehen nochmals ins Zimmer schaue, bittet sie mich eindringlich, zu bleiben. **„Warum sind Sie heute mit dem Schirm da?"** fragt sie dreimal. Zunächst bin ich verwirrt, warum fragt sie nach dem Schirm, es ist ja ein herrlicher Sommerabend? Sogleich erinnere ich mich: terminale Sprache, gelebte Symbolsprache. Also antworte ich: „Aha, Sie erleben jetzt, daß Sie beschirmt sind, d.h. von Gott her beschützt?" „Ahhhh – geschützt, geschützt, geschützt. – Schirm." Ich bin beeindruckt.

*Nächste Begegnung: **„Lumpen"**. Ich muß mich ganz vornüber beugen, um sie zu verstehen: „Habe ich richtig gehört, Lumpen?" – „Ja, Lumpen. Wo ist der Lumpen? – Hände." „Ist der Lumpen bei den Händen?", frage ich. „Ja. – Lumpen." Ich: „Ist der Lumpen ein Leintuch?" Sie: „Lumpen ... die Treppe herunter." „Müssen Sie mit dem Lumpen die Treppe hinunter gehen? Und was müssen Sie unten machen?" „Putzen". Ich verstehe, was es mit dem Lumpen auf sich hat. Warum die Treppe, weiß ich nicht. „Frau Peter, Ihre Seele ist geputzt, Sie sind rein, Sie sind bereit, Sie dürfen sterben." Es folgt ein großer Seufzer. Der sich beruhigende Atem und die Darmgeräusche signalisieren mir die erlösende Wichtigkeit dieser Worte. Nach einiger Zeit wiederholt Frau Peter noch dreimal: „Meine Seele ist geputzt." – Dann: „Töff". Verwirrt frage ich zurück: „Was sehen Sie?" „Töff, viele Töff" (schweizerdeutscher Ausdruck für Motorräder). Ich: „Haben Sie Angst vor den Töffs?" „Ja". „Wo sind die Töffs?" „Da". Mir kommt ein eigener Traum in den Sinn, in welchem ein Motorrad für etwas Diabolisches, für eine geistige Gegenmacht stand. Geht es bei Frau Peter jetzt um dieses Thema? Ich will mich vergewissern: „Sind Sie in einem geistigen Kampf drin?" Sie sagt eindringlich: **„Ja – Kampf – Töff."** Ich fahre fort: „Dann ist es sehr ernst. Gehen Sie weiter, blicken Sie nicht um sich, gehen Sie vorwärts bis zum Licht." Meine Worte scheinen nicht anzukommen. Ich frage mich, ob der Impuls „weitergehen" nicht genügt in diesem Kampf. Sie unterbricht meine Gedanken: „Kampf – Töff." Offensichtlich genügt hier ‚Vorbeischauen' nicht. Vielleicht muß Frau Peter jetzt einer geistigen Macht klar absagen. Mir ist unheimlich. Dennoch müssen wir weitergehen. Ich frage: **„Wollen wir widersagen?** Wollen Sie widersagen? Widersagen ist etwas, was für Sie bei Ihrer Taufe getan worden ist und was Sie wiederholten bei Ihrer Firmung." Es folgt ein deutliches „Ja". Also sage ich laut: „Ich widersage, wir widersagen." – „Ahhhhh". Wieder folgen Darmgeräusche, der heftig gewordene Atem beruhigt sich.*

*Nach zwei Tagen besuche ich Frau Peter erneut. Sie habe von einem **weißen** und einem **schwarzen Kabel** geredet, berichten mir die Pflegenden. Das weiße sei größer geworden, das schwarze kleiner. Kabel – Strom – Frage nach den **Energien, denke ich: Energien des Lichtes versus Energien der Finsternis**? Ich bin froh, daß das Weiße allmählich die Oberhand gewinnt. Der Kampf dieser Frau ist zäh. Wie ich am Bett von Frau Peter stehe, äußert sie, sie sei gerade am Waschen. Sie müsse einen dicken Mann waschen, doch habe sie keinen Boden zum Stehen. Ich gebe Widerstand gegen ihre Fußsohlen. Jetzt scheint sie Boden zu haben. Später erneut Kampf, doch scheint es diesmal ein anderer Kampf zu sein. Andächtig sage ich: Frau Peter, Sie sind gewaschen, der Mann ist gereinigt (tief unbewußte Versöhnung mit dem eigenen Schicksal?). Sie haben getan, was getan sein mußte. Jetzt sind die guten Mächte stärker. Jetzt haben die Engel Oberhand." Und ich weiß nicht, warum ich das sage, es kommt einfach so: „Lassen Sie sich von den Engeln* besiegen." "Ahhhh." Gleich danach versinkt Frau Peter in einen komatösen Zustand. Ich wiederhole meine Worte, rufe nochmals die Engel an und schweige. Nach einer Weile wispert sie noch: **„Nun bin ich darüber."** Dann wird sie still und bleibt dies. In den letzten Tagen bleibt sie mit sich allein. Zunächst im immer wiederkehrenden mantrischen Dialog mit Gott: „Lieber Gott"... „Lieber Gott". Später ganz in sich versunken. Niemand, nichts mehr konnte sie von ihrem geistigen Sieg abbringen. – So mit sich und bei sich stirbt Frau Peter schließlich friedlich.

Der Weg mit Frau Peter war auch für mich eindrücklich und ergreifend. Selten wurde mir ein so tiefer Einblick in einen endzeitlichen Integrationsprozeß zuteil wie in der Begleitung ihrer letzten Tage. Sie weiß um mein Staunen und hat mir ausdrücklich erlaubt, darüber zu schreiben. Sie hat mich vieles gelehrt, vor allem, daß es Dinge gibt, die wir nicht verstehen können, und daß es uns nicht zusteht, zu richten. Was in letzten Läuterungs- und Entscheidungsprozessen geschieht, übersteigt die Ebene von Verstehen, Moral und persönlicher Schuld.

3.4 Vom Chaos zur Integration

3.4.1 Geistkraft ist Integrationskraft

*Wer/welche Kraft bewirkt, daß letztlich das Prinzip Leben über den Tod, daß Licht über die Finsternis **siegt**?* Als konkrete Frage in der Begleitung der einzelnen Sterbenden: Wie wird inmitten des Chaos ihrer Gefühle eine auf das Endziel hinwirkende Kraft erfahrbar? Woher kommt Erlösung oder umgekehrt gefragt: Worauf zielt eine chaotische Unruhe, ein letztes Umgetriebensein Sterbender? Woher beispielsweise die medizinisch nicht mehr erklärbare Kraft eines Komatösen oder wie gelähmt Daliegenden, der sich nochmals aufrichtet?

__Frau Lobitzer__ hat auf wunderbare Weise mit ihrem Leben abgeschlossen und ist danach friedlich ins Leberkoma eingetaucht. Nach Phasen großer Ruhe und offensichtlicher Absenz steht sie plötzlich auf, legt sich wieder hin, steht erneut auf, geht zum Fenster, zur Toilette, hin und her. Nichts kann sie beruhigen, niemanden schaut sie wirklich an. Sie ist wie angetrieben von etwas außerhalb. Die Ärztin verschreibt Medikamente, ich werde notfallmäßig herbeigerufen, fühle mich ebenfalls hilflos. Musik erreicht sie nicht. Ihren Mann scheint sie nicht zu erkennen. In dieser Auswegslosigkeit reagiert es in mir wie folgt: Ich halte Frau Lobitzer an beiden Handgelenken fest, konfrontiere sie mit meinem Blick und sage laut: „Frau Lobitzer, hören Sie mir zu: Ihre Unruhe zielt auf etwas hin. Bald haben Sie Ihr Ziel *errreicht. In Ihrem Wesentlichen werden Sie erkannt sein."* Frau Lobitzer hält für einen kurzen Moment inne. Das Hin und Her zwischen Ruhe und Unruhe wiederholt sich abgeschwächt noch einige Male. *Ob aufgrund von Medikamenten oder Worten oder beidem: Frau Lobitzer beruhigt sich, wird ins Bett zurückgeführt und läßt das zu. Noch einmal soll ihre Unruhe aufgeflammt sein, weniger ausgeprägt, weniger lang. Zwei Tage später stirbt sie ausgesprochen friedlich.*[23]

Was Perry geistig-spirituell umschreibt, beobachte ich auf der emotionalen Ebene: Genau dann, wenn Sterbende aufgeben, loslassen und zu letzter Konsequenz und Reifung bereit sind, kommt ihnen die Lösung wie von außen und in unerwarteter Gestalt entgegen. Gerade weil das Ich gefordert ist, sich selbst zu übersteigen, wird klar, daß die Lösung nicht gemacht, sondern geschenkt ist. Das Machtproblem ist damit überwunden. Chaos, Ich-Auflösung oder umfassendes Loslassen heißt in der Erfahrung von Sterbenden etwa: Zulassen von äußerster Abhängigkeit (Pflegebedürftigkeit), Zusammenbrechen der vom Ich her geschaffenen Ordnungssysteme, Ich-Tod, Versöhnungsbereitschaft. Die neue Ordnung, die sich im Tod durchsetzen will, ist eine innere, vom Menschen her nicht denkbar und nicht machbar, sondern geistgewirkt. Als würde der Mensch in seinem Wesentlichen, wie Teilhard de Chardin schaut, vom Ziel her angezogen. Als gäbe es eine **auf ein letztes Ziel hin einende Kraft** (vgl. auch C.G. Jung[24]). Perry spricht von einem äußerst kraftvollen Dynamismus des Geistes. Geist ist nach ihm „informierte Energie" und trägt die Eigenschaft des Absichtsvollen in sich.

Eine solche Umschreibung von Geist kommt dem christlichen Verständnis des **Hl. Geistes** sehr nahe. Nach Augustinus (Conf. XIII, 7,8 [CCL 27245] ist der Hl. Geist „die Schwerkraft der Liebe, der Zug nach oben, welcher der Schwerkraft nach unten widersteht und alles zur Vollendung in Gott führt." Kasper formuliert (1995, 251):

---

23) Worum mag es bei diesem Zustand von hoher Erregung gegangen sein? Perry (1990, 101-144) beobachtete im Rahmen seiner Studien zu spirituellen Krisen, daß Unruhe und Chaoserfahrung (Ich-Auflösung, Verlust der Kontrolle, Verlust der Fähigkeit, Dinge im Griff zu haben) notwendig sind, damit eine neue Ordnung, ein neues Zentrum (ein Mandala) entstehen kann. Wie kommt dieses zustande? Perry geht von einem Geistaspekt aus, unterscheidet zwischen Geist und Geistern, formuliert aber gleichzeitig, daß man Geist nicht von seiner Mehrzahl, den Geistern, trennen könne. Meint er damit vielleicht, daß überall, wo Geister und Mächte sind, auch Geist (Einzahl!) am Werk ist? Ein Geist, der zur äußersten Differenzierung – zur Scheidung der Geister – drängt und schließlich den Ausschlag gibt in Richtung einer letzten Zentrierung und Vereinigung der Gegensätze?

24) Jung (1977) spricht vom Archetypus der Ganzheit als auf einen Mittelpunkt hin ordnende, konzentrierende Kraft. Er verweist auch auf das Mandala von J. Böhme (1620), worin ein letzter Befreiungsakt als bewirkt durch einen Blitz dargestellt wird.

„Das gegenwärtige Wirken des Geistes zielt auf die eschatologische Verwandlung und Vollendung ... . Der Geist als die Geschichtsmacht Gottes bewirkt also die gewaltlose, weil bei der Verwandlung des menschlichen Herzens ansetzende Transformation und Transfiguration der Welt." – Und auch des Einzelnen! So möchte ich aufgrund von Beobachtungen am Sterbebett beifügen. Wandlung wird nicht gemacht. Sie geschieht nach durchlittener Ergebung durch das Wirken des Geistes.

Die Zielgerichtetheit des Drängens[25] wird besonders von **Teilhard de Chardin in seinen Visionen** von Evolution und letzter Vollendung hervorgehoben. Alles zielt letztlich auf den Punkt Omega hin und wird von dort her auch geheimnisvoll angezogen. Omega ist Punkt der Ankunft, höchster Pol der Evolution, Ende der Reifung der schließlich zentrierten Welt, verwirklichte Einheit in der höchsten Komplexität des Bewußtseins und unvorstellbarer Strahlungskraft. Der letzte Tagebucheintrag von Teilhard de Chardin, drei Tage vor seinem Tod, lautet (1963, 404): *„Gründonnerstag (1955): Was ich glaube: 1) Der hl. Paulus, die drei Verse (1 Kor. 15, 26-28) (Der letzte Feind, der entmachtet wird, ist der Tod...) 2) Das Universum ist zentriert evolutiv nach oben – nach vorn."* – Wohl die wenigsten Sterbenden können ein solches Angezogen-werden vom Ziel her in Bewußtheit erleben und damit bestätigen. Daß dies 2 von 80 vermochten, war mir schon Aussage genug.

Sterben ist ein energetisches Geschehen von höchster Intensität, auch wenn äußerlich nicht immer als solches erkennbar. In diesem Punkt sind sich die verschiedensten Berichte über Nahtoderfahrungen einig (vgl. Greyson & Harris 1990, 244; Knoblauch 1999, 121). Auch daß Menschen plötzlich Farben in größter Intensität schauen, Klänge von unbeschreibbarer Großartigkeit hören, daß die Atmosphäre im Sterbezimmer als dicht – Kairos – beschrieben wird, spricht für etwas Energetisches, auch Spirituelles[26]. Sterbebegleitung kann nicht anders als auf diese zentrierende, strukturierende, zielstrebig vorantreibende Geistkraft setzen. Als Menschen „bewirken" wir nicht, wir stehen daneben, bescheiden und über weite Strecken hilflos. Unser Beitrag besteht darin, wachsam, kritisch und selbst offen zu werden für dieses Wirken des Geistes. Mit unserer Hoffnung in diese Kraft und ihre Wirkung ist es, als wäre sie irgendwie auch schon da.

---

25) In *Die Menschliche Energie* (1966) umschreibt Teilhard diese letzte Triebkraft der menschlichen Energie als „eine letzte Einheit bewirkend".

26) Zur therapeutisch spirituellen Begleitung in Grenzsituationen und zur spirituellen Dimension von Psychotherapie vgl. auch Wirtz, U. und Zöbeli, J. (1995).

3.4.2 Frau Bannwart: „Ich schaffe es nicht, Ordnung zu machen"

Frau Bannwart ist plötzlich krank geworden und wirkt verhärtet und verbittert auf mich. Zynisch ist auch ihre erste Begrüßung: „Sind Sie Sterbespezialistin? Kann man Sterbespezialistin studieren?" „Nein, das wissen Sie so gut wie ich, das kann man nicht studieren", antworte ich. „Aber ich war selbst viel und lange krank. Niemals so schlimm wie Sie jetzt." Kurzer, warmer Blickkontakt. Ich spiele leise Monochord. Dazu summe ich das Lied, das sie sich wünscht: „Lueged vo Berg und Tal". Eine ganz andere, weiche Frau, denke ich und lasse sie danach allein. Bei den folgenden Besuchen erlebe ich sie in einem dauernden Wechsel zwischen Härte und Weichwerden. Eines Tages spreche ich sie ehrlich an auf den **Zusammenhang zwischen Verbitterung, Schmerzen und Lebensverlängerung.** *Ich sage: „Frau Bannwart, auch wenn ich verstehe, daß man verbittert wird in einer Situation wie der Ihrigen, so helfen Sie sich damit nicht. Darum bitte ich Sie doch, es mit Entspannung zu versuchen." Bei geschlossenen Augen nickt sie unmerklich. Ihr Gesicht wirkt plötzlich entspannt. Ein Wort der Anerkennung meinerseits (ein Wort zuviel wohl) – und schon doppelt sie mit energischer Stimme nach: „Allerdings ist das schwierig." Die anschließende Musik vermag Sie zu besänftigen. Es gelingt ihr wiederholt, mit Nachdruck Ja zu sagen, wo zuvor nur Verneinung war. Zum Schluß äußert sie, daß ihre Schmerzen für den Moment weg seien.*

Tags darauf, samstags, fahre ich eigens für sie ins Spital. Das berührt sie tief. Beziehung! Sie nimmt meine beiden Hände in die ihren und hält sie intensiv fest, eine der wenigen Bewegungen, die ihr noch möglich sind. Noch weiß sie alles vom Vortag und fügt hinzu: „Aber das ist sooo schwer." Bitterkeit klingt nach. „Ja", wiederhole ich, „denn eigentlich ist man ja wütend." – „Genau", bestätigt sie, „ich bin sehr zornig. Ich will bestimmen können, wie die Dinge laufen." Es tut ihr gut, mit mir auch über ihren Zorn auf Gott (sie bezeichnet sich als gläubig, katholisch) reden zu dürfen. „Ich wäre auch zornig – und trotzdem", fahre ich fort, „täte es Ihnen selbst am besten, wenn Sie Ihre ganze Wut und Bitterkeit loslassen könnten. – Versuchen Sie es einmal – nicht Gott zuliebe, sondern sich selbst zuliebe." Es folgt ein tiefes Stöhnen. Frau Bannwart ist erneut am Punkt ihrer Schmerzen. Ich rege jetzt an: „Fühlen Sie! Und dann sagen Sie einfach Ja, selbst dort, wo es in Ihnen Nein sagt. Und spüren Sie, wie es jetzt von selbst atmet." Dazu spiele ich Monochord. Ich frage sie, ob sie das Bruder-Klaus-Lied „Mein Herr und mein Gott"[27] kenne? „Oh ja!"

---

27) Das Lied nach den Worten des Schweizer Heiligen, Bruder Klaus; vor allem die erste Strophe ist nach meiner Erfahrung das eigentliche „Lieblingslied" vieler sterbender Schweizer. Text: „Mein Herr und mein Gott, nimm alles von mir, was mich hindert zu Dir."

*Ich beginne es zu singen. „Ahhh!" Ich unterbreche, weil ich nicht weiß, ob das ein stöhnendes oder erlösendes Ahh war. Aber ich spüre deutlich, daß ich das Steuer in den Händen behalten muß. Ich formuliere: „Gott, Vater oder wer Du bist, loslassen ist so schwer. Dennoch, da liegt Frau Bannwart. Hilf ihr, wo sie nicht mehr kann."
Und langsam singe ich das Lied zu Ende. Ich traue meinen Augen nicht: Wort für Wort, sehr langsam, lispelt Frau Bannwart mit. Dann klingt die Musik aus. Frau Bannwart liegt da mit geschlossenen Augen, die obere Gesichtshälfte entspannt. „**Wunderschön**, jetzt ist es schön, ... heilig", wispert sie und hält meine Hand. – An diesem Tag ist der Bann zwischen uns gebrochen.*

In der Folge ist sie des öfteren verwirrt und abwesend und gleich darauf wieder voll da. Sie habe das Gefühl, noch vielen etwas sagen zu müssen, meint sie beim Zurückkommen. „Möchten Sie uns erzählen, was Sie drüben gesehen und erlebt haben?" Keine Antwort. „Sind Sie zwischendurch wie weg und dann wieder da? Und wenn Sie da sind, finden Sie einfach die Worte nicht für das, was war?", frage ich. „Ganz genau, etwa 30 Mal pro Tag!", antwortet sie. Ich staune über die Klarheit, in der sie das Hin und Her erlebt, nehme aber auch wahr, daß etwas in ihr immer noch aufrechnet. Wiederum lassen wir Musik wirken. Sie macht mühsame Anstalten, sich ein Kreuz auf die Stirn zu zeichnen. Ich tue es an ihrer Stelle. – „Aahhhh ..."

Trotz solcher Spiritualität ist die Ambivalenz von Frau Bannwart nicht vom Tisch. Nach wie vor behandelt sie das Pflegepersonal zynisch und die Ärztin abweisend. Mir gegenüber steht sie offen dazu, daß sie herrschen und Menschen gegeneinander ausspielen müsse. Es habe sie ja ohnehin niemand je verstanden. Ich horche auf. Das scheint ihr Lebenskommentar zu sein. Ein Leben lang mit sich und ihren Gefühlen allein gelassen, ist sie wohl selbst hart und abweisend geworden. Ich bin traurig und ratlos.

Beim nächsten Besuch sage ich: „Frau Bannwart, ich habe viel über Sie nachgedacht. Mir ist das Wort ‚Geist' eingefallen. Vielleicht muß diese Kraft Ihnen und uns helfen, wo wir nicht mehr weiter können." – „Ahhhh!" Sie öffnet die Augen und schaut mich lange an. Was mag in ihr vorgehen? Ich fahre unbeirrt fort: „Können Sie sich vorstellen, daß Gott traurig ist über das Nein in Ihnen?" Sogleich spüre ich, der Bann ist ein zweites Mal gebrochen. Der intensive Blickkontakt hält an. Dazu ein „Hmmm." Ich formuliere langsam: „Komm, Hl. Geist, hilf Du, wo wir nicht weiterkommen." Nun bewegen sich ihre Lippen. Ich muß mich ganz zu ihr herabbeugen, um zu verstehen, und höre jetzt: „Komm, Hl. Geist, komm zu mir." Diese Worte wiederholt sie zur anschließenden Monochordmusik. Die Augen von Frau Bannwart sind die ganze Zeit über geschlossen. Sie öffnet sie nur beim Abschied und flüstert: „Es ist gut jetzt."

In der Folge wechseln entfernte, ruhige Zustände ab mit Phasen aufflackernder Energie und chaotischer Unruhe. Alles sei so anstrengend, klagt sie und kommt doch nicht zur Ruhe. „Was genau ist anstrengend?", frage ich nach. „Helfen Sie mir, helfen Sie bitte!" Frau Bannwart schreit. Ich antworte: „Ich bin da, ich bin Frau Renz und begleite Sie. Doch wirklich helfen kann ich nicht. Hilfe kommt von innen." – „Ja, ich weiß, Gott hilft. Meinen Sie, er werde wirklich helfen?" – „Ich meine ja, sobald wir bereit sind." – Nach einer Weile frage ich: „Sind Sie bereit?" – „Nein. Etwas sperrt dagegen ..." Ich spüre ihr Ankämpfen und frage: „Wogegen?" Eine Antwort kommt nicht. Frau Bannwart ist bereits eingeschlafen.

*„Es hat so viel **Zeugs** da", fährt sie erwachend fort. „Welches Zeugs?", frage ich zurück, erhalte aber keine Antwort. Schon wiederholt sie: „Es hat so viel Zeugs." „Ja, viel Zeugs", verstärke ich. Jetzt konkretisiert sie: „Unordnung, Dreck, Ordnung machen. Ich schaffe es nicht mehr. Ich kann nicht alles sauber machen bis ...", und wieder ist sie weg. Ich warte eine Weile, stelle mir das Chaos ihrer Bilder und aufbrechenden Gefühle vor und sage daraufhin: „Ordnung kommt von innen." Erneut voll gegenwärtig, unterbricht sie mich mit Nachdruck: „Es stimmt, es ist der Hl. Geist. **Er wird helfen – er wird Ordnung machen.**"*

*Sie zeichnet **Kreuze** auf Kopf, Brustbereich, Bauch, dann klar **Kreise**. Nach einer Weile: „Ich schaffe es nicht. Bitte, helfen Sie mir. Ich schaffe es nicht. Hilft er wohl?" Ich spüre, die Sache ist ernst, ihr Chaos groß. Warum Kreise? Unruhe erfaßt Frau Bannwart. Dann nochmals die Worte: „Hilft er wohl?" Ich antworte: „Er hilft, wo Sie fühlen. Dort, wo Sie am Unguten wirklich leiden, wird Ordnung kommen." Wieder da, redet Frau Bannwart nochmals vom „Zeugs da oben". Und etwas später fährt sie fort: „Zum Kopf hinaus will ich, zum Kopf hinaus muß ich." Meint sie wohl damit, daß sie gerade im Kopf loslassen muß? „Hören Sie, Frau Bannwart, jetzt halten wir einfach zusammen aus", sage ich mit Bestimmtheit. Lange sind wir still im gemeinsamen Aushalten.*

Nächster Kontakt: Ich bereite sie darauf vor, daß ich demnächst in die Winterferien verreisen werde. Wir sprechen vom inneren Gehaltensein, dann ist sie wieder bei den Kreisen von gestern und sagt: „Sooo viele Ringe, die ich erlösen muß. Ich kann nicht alle Ringe erlösen, bis er kommt. Wird er überhaupt kommen?" Ich antworte: „Im Tode ja." Sie, fortfahrend: „Aber das dauert noch eine Weile." „Ja", erwidere ich, „dieses Gefühl habe ich auch. Jetzt ist Zeit zum Aushalten. Ringe erlösen können wir nicht, aber aushalten, so wie es ist. Dann lösen sich vielleicht die Ringe, die Sie meinen."

Unsere letzte Begegnung dient dem Abschied und besteht im Wesentlichen aus Musik. – Frau Bannwart soll offenbar noch einige Zeit im inneren Ringen verbracht haben und schließlich friedlich gestorben sein.

3.4.3 Läuterung, Reinigung, Wandlung

Was ist wahr? Worin liegt die Wahrheit eines Menschen? Auf solche Klärungen hin zielen Läuterung und seelische Reinigung. Bilder eines letzten Gerichts gehören nach Grof (1984) zum Sterbeprozeß in allen Kulturen. Auch in der Sterbebegleitung taucht das Reinigungs- oder Läuterungsmotiv des öfteren auf, verbunden mit dem Bedürfnis, sich oder einen Durchgang zu reinigen. Wie archaisch dabei der Schmutz ist, wird nachvollziehbar am Motiv der Spinngewebe. Inhalte und Alter von Themen, um die es bei solchem Seelenputz geht, brauche ich nicht zu wissen. Des öfteren vermute ich hinter den offensichtlichen Nöten Themen wie verdrängte oder unbewältigte Schuld, auch Schuld der Ahnen, nicht gelebte Persönlichkeitsaspekte und Begabungen, erlittenes Leid (der nie gehörte Schrei des zurückgelassenen inneren Kindes) und ausstehende Versöhnung. Im Zugefügten wie im Erlittenen bleiben Menschen Gefangene, solange sich nicht zumindest in Ansätzen Versöhnung ereignet. Sie haben über Jahrzehnte, oft schon in frühester Kindheit gelernt, zu verdrängen und sich dabei verhärtet. Nur ja nicht fühlen müssen, wie schlimm es war. **Läuterung kann allein schon darin bestehen, fühlen zu müssen**, was nie gefühlt werden und nie wahr sein durfte. Und wenn der Aspekt eigener Schuld hinzukommt, etwa was einem Kind zugefügt oder an ihm schwerwiegend versäumt wurde, erhält das bewußte Aushalten für den Sterbenden die Qualität von Hölle. Sterbestunde ist Stunde der Wahrheit, des Weich-Werdens und der Reue. Wo Wunden offen liegen, befindet sich aber auch das Einfallstor für die erlösende Gnade. Im Feuer der Läuterung erweichen sich Verhärtungen, löst sich manches in Asche auf, ereignet sich Wandlung.[28]

Speziell aussagekräftig war der Traum einer Sterbenden, der in einem einzigen Satz zusammengefaßt wurde: *„Alles geht durch eine Waschmaschine hindurch und wird gewaschen, sogar ich selbst."* Ich fand darin nicht nur das Reinigungsmotiv (Waschen), sondern auch den Wandlungsaspekt der Läuterung sehr treffend dargestellt. Eine Waschmaschine rotiert und nimmt die zu waschenden Stücke in die Drehbewegung hinein. Ähnlich müssen wir uns, physikalisch ausgedrückt, eine spirituelle Öffnung vorstellen. Die Wahrnehmung erweitert sich, das Lineare öffnet sich zum Spiralförmigen, ja zum Runden (Symbol des Ganzen schlechthin).

---

28) Vgl. Riess (1986): Traumbild Feuer als elementare Wandlungskraft. Feuerträume und Tod.

Die theologische Diskussion um einen Läuterungszustand setzt heutzutage Akzente, die nicht so weit von der psychotherapeutischen Betrachtung entfernt sind. Das sog. Fegefeuer wird als Prozeß der Reinigung in der Begegnung mit Gott beschrieben. Ein Prozeß, der sich anfühlt „wie durch Feuer hindurch". Das Heilsame besteht für den Menschen im Bewußtwerden seines inneren Widerspruchs, was bewirkt, daß sich „seine Verkrampfung, die ihn auf sich selbst zurückgeworfen und liebesunfähig gemacht hat", löst[29]. Die *psychotherapeutische* Betrachtung betont mehr den Gefühlsaspekt und die Körpernähe solcher Erfahrung, der theologische Ansatz mehr den geistigen Aspekt der Bewußtwerdung[30]. Mir scheint Bewußtwerdung und Fühlen gehören in solchen Prozessen zusammen. **Wann und „wo" dieser Läuterungsprozeß anzusiedeln sei, vor/im/nach dem Tod, wird unterschiedlich beantwortet.** Das frühe Christentum (Irenäus, Justin, Tertullian) ging aus von einem Zwischenzustand, in dem das Endgericht erwartet wird. Das Tibetanische Totenbuch spricht von Bardo- oder Nachtod-Zuständen, in denen sich in der Begegnung mit friedlichen und zornigen Gottheiten (Personifikationen menschlicher Gefühle, resp. Überlegungen) das weitere Schicksal des Verstorbenen entscheidet. Kehl[31] betrachtet diesen Prozeß nicht „als einen zeitlich gestreckten Vorgang nach dem Tod, sondern als einen unaufgebbaren Aspekt der Intensität des Vollendungsgeschehens, das ***im*** (Hervorhebung M.R.) Tod jedes Einzelnen sich ereignet."

Aus der Erfahrung der Sterbebegleitung kann Folgendes festgestellt werden: Sterbende gehen in Todesnähe des öfteren durch Phasen äußerster seelisch-geistiger oder körperlicher Pein hindurch, die therapeutisch-spirituell betrachtet mit Prozessen von Läuterung und Wandlung zu tun haben. Damit ist nichts ausgesagt über Möglichkeiten von Läuterung und Wandlung nach dem physischen Tod. In Träumen kommen Bilder vom läuternden Feuer bisweilen vor. Auch fielen Worte zur körperlichen Befindlichkeit wie *„heiß, Feuer, es brennt"*. Ich kann dabei nur in begrenztem Maß ahnen, wo ein Sterbender sich innerlich jeweils befindet. Irgendwann bricht selbst die terminale Kommunikation ab. Nicht nur der Tod, sondern auch der Sterbende ist uns dann vollständig zum Geheimnis geworden. Ein Zwischenzustand beginnt. Wo genau diese Grenze verläuft und wie weit sich ein Zwischenbereich ins Ab-

---

29) Lies & Hell (1992, 295f.).

30) Kehl (l986): *Eschatologie*. Kehl definiert Läuterung als „endgültige Abkehr vom letzten, umfassenden Selbstbehauptungswillen des Menschen, der sich nicht als Ganzer »loslassen« und Gottes Liebe »überlassen« will. Diese endgültige Überwindung des sündigen Selbst-Widerspruchs in der Kraft der offenbaren Liebe Gottes ist durchaus ein schmerzlicher Heilungs- und Läuterungsprozeß" (286).

31) ebenda (286).

solute hinein ausdehnt oder auflöst, weiß niemand. Was ich hingegen immer wieder erlebe: Es stimmt versöhnlich, daran zu glauben, daß ein Mensch sich selbst nach dem Tod noch wandeln kann. Und es ist motivierend, davon auszugehen, daß wesentliche Schritte von Reifung und Läuterung, Versöhnung und Erlösung noch möglich sind, wenn ein Mensch im Koma liegt. Von einem ‚Zu spät' spreche ich zwar im Hinblick auf die abbrechende Kommunikation zwischen Sterbenden und Angehörigen. Bezüglich innerseelischer Prozesse wie Selbstfindung, Läuterung, Umkehr würde ich nie von einem ‚Zu spät' zu reden wagen. Die Vision eines letztlich alles umfangenden und in sich einenden Ganzen, eines im Letzten barmherzigen, liebenden Gottes läßt den Gedanken eines ‚Zu spät' nicht zu.

***Ein Traum** im Zusammenhang mit Läuterung nach dem Tod kam mir über die Begleitung einer jungen Frau nach dem Tod einer Bezugsperson zu Ohren: Offenbar lag zwischen ihr und der Verstorbenen viel Unerledigtes, das die Beziehung der jungen Frau zur Verstorbenen belastete. Die junge Frau hatte immer darauf gehofft, daß irgendwann die Zeit komme, da wahr sein dürfe, was sie erduldet habe und daß von daher eine Versöhnung möglich werde. Zu Lebzeiten der Bezugsperson fand ein solches Gewahrwerden leider nicht statt. In Träumen nach dem Tod aber kam die Verstorbene der jungen Frau bisweilen als Lichtgestalt entgegen. Eine neue geistige Beziehung bahnte sich an. Am eindrücklichsten war ein Traum, in dem der jungen Frau klar wurde, daß für die Verstorbene die Zeit der Läuterung noch nicht zu Ende sei. Sie sah diese im Traum in einem großen Kreis vor sich, darin ein unheimlich helles, **durchdringend weißes Feuer**, das alle Schatten aus der Verstorbenen herausbrannte. Und sie hörte diese im Traum folgende Worte sagen: Noch kann ich Dir nicht beistehen, aber bald ist es überstanden. Beim Erwachen empfand die Träumerin große Ehrfurcht.*

3.4.4 Frau Rechsteiner: ... wo es „heiß" wird ...

Frau Rechsteiner ist bis in die letzten Tage hinein eine energische, (be)herrschende Frau. Sie scheint, wie sie sagt, zeitlebens das Beste aus ihrer Situation gemacht zu haben und müßte sich eigentlich darüber freuen. Auf mich wirkt sie getrieben. In den entspannten Phasen ist sie auf Musik sehr ansprechbar.

*Seit einigen Tagen stellen die Pflegenden fest, daß sie **ständig schwitze**. Bei mir beklagt sie sich, es sei unerträglich heiß. „Was ist so heiß? Was ist es, das Sie so plagt?" versuche ich hintastend zu erfahren. **„Jetzt sind wir beim heißen Eisen!"** antwortet sie zu meinem großen Erstaunen und fällt unmittelbar nach diesen Worten in einen verwirrten Zustand: „Kind ... Bethli ... erv ... ni ... Großvater." Mehr bringt* sie nicht heraus, ist aber sichtlich geplagt von Hitze. Weiter geschieht nichts. Ich erreiche sie nicht mehr und muß sie ihrer Hitze überlassen.

Tags darauf ist Frau Rechsteiner erneut sehr unruhig. Wie umgetrieben **kratzt sie sich** am ganzen Leib. Was will da wohl abgekratzt werden? Was ist so verkrustet hier? Dann geht es ums Stricken, um einen verwickelten Wollknäuel. Ich soll helfen. Dann – unvermittelt: „Hat Gott wohl Gnade mit mir?" Dreimal wiederholt sie diesen Satz. Ich erschaudere, was bedarf hier wohl der Gnade? Wiederum dasselbe Kratzen und ein viertes Mal dieselbe Frage. Ich antworte: „Er wird Gnade haben, wo Sie fühlen. Sie kratzen, um frei zu werden. So wird in Ordnung kommen, woran Sie jetzt leiden." Nach einer Weile frage ich direkter: „Was beschäftigt Sie so sehr? Empfinden Sie Schuld? – Schmerz? – Reue?" Eine Antwort erhalte ich nicht. Wohl aber kehrt Ruhe in den Körper zurück. Frau Rechsteiner schläft kurz ein.

Zwei Tage später ist ihr wiederum sehr heiß. Von sich aus sagt sie erneut die Worte „beim heißen Eisen". Ich werde mutiger und frage: „Frau Rechsteiner, haben Sie etwas verbrochen, das Sie plagt?" – „Nein, **Kind**." – „Was ist mit dem Kind? Ist ihm etwas angetan worden?" Es gelingt mir nicht zu verstehen, um welches Kind und um was für eine Not es sich handle: um ihr eigenes inneres Kind oder um eines ihrer zwei Kinder; um eine längst vergangene oder eine gegenwärtige Not. „Etwas ganz Normales", ist das Einzige, was sie zu formulieren vermag. Daneben immer wieder Hitze, Hitze, Hitze und Kratzen. – „Feuer", sagt sie unvermittelt. „Sind Sie wie in einem Feuer?" Keine Antwort. Ich frage, ob ich kratzen helfen soll. „Ja, bitte ja!" Ich kratze nun also, wo immer sie sich kratzt und wiederhole ihre eigenen Worte: „Gott wird Gnade haben." Irgendwann wird Frau Rechsteiner ruhig und sagt: „Jetzt reicht es." Wir verabschieden uns.

Am nächsten Morgen ist die Hitze noch immer da. Frau Rechsteiners Hände halten die meinen fest. Im In-mich-hineinhorchen spüre ich Verlorenheit, trauriges Kinder-Dasein. Ihrerseits ein paar wenige Worte: „Kind, wie heißt es nur?" Dann schläft sie ein. Ich komme später wieder. Diesmal ist die Atmosphäre im Raum sehr schwierig. Die Tochter und der Sohn sind da. Ich spüre etwas Feindseliges, ja Verbietendes, auch mir gegenüber, und ertappe mich, daß ich immer wieder am Sohn vorbeischaue. Ich ziehe mich bald aus dem Krankenzimmer zurück, sehe Sohn und Tochter danach noch auf dem Flur. Ich habe das Gefühl, am Krankenbett der Mutter unerwünscht zu sein.

Für den nächsten Besuch brauche ich viel Mut. Um so dankbarer bin ich für die Begrüßungsworte von Frau Rechsteiner: „Schön, daß Sie kommen." „Ich komme gerne." „Schön, daß Sie gerne kommen." Nach einer Weile fährt sie fort: **Schöne Blu-**

men. So schöne Blumen. Aber Sie sehen diese noch nicht." Ist dies eine Vision?, frage ich mich, um gleich darauf mit dem nächsten anstehenden Problem konfrontiert zu werden. „**Putzlappen** – da hat es einen Putzlappen. Ich muß putzen. Bitte helfen Sie mir doch." „Ich bin daran, Ihnen zu helfen", antworte ich. Erneut geistesgegenwärtig, fragt Frau Rechsteiner: „Wer war gestern da?" Ich spüre Besorgnis und Konzentration auf etwas anscheinend sehr Wesentliches. Heißes Thema? „Ihre Kinder." „War der Sohn auch dabei?" „Ja." „War es mit beiden in Ordnung?" Endlich ist ihre Sorge formuliert, denke ich. Und sie fährt fort: „Peti, Peti chum." Mir erklärt sie dann, er sei ein Nachzügler gewesen, viele Jahre jünger als die Tochter. Ich frage, ob etwas mit Peti nicht in Ordnung sei, erhalte aber keine Antwort. Ich spüre Traurigkeit und Mattheit, bei ihr wie bei mir. – Jetzt wieder die Hitze. „Hören Sie, Frau Renz, es ist soo heiß." „Meinen Sie, jetzt ist es heiß?" „Ja, **Feuer**. Und – warum bin ich so einsam? Niemand ist da." Ich antworte: „Putzen kann man nur allein. Gereinigt wird man nur allein. Das ist schwierig, sehr schwierig. Gehen Sie tapfer durch das Feuer hindurch. Bleiben Sie nicht darin stehen." – „Ahhh." Endlich wird es in Frau Rechsteiner ruhiger. Die Hitze scheint nachzulassen.

Am nächsten Tag empfängt mich die Pflegende im Zimmer mit dem Hinweis, daß Frau Rechsteiner heute leide und sage, es tue so weh. Sie sei verwirrt und wiederhole dauernd, das Kleid sei nicht sauber. Ich begrüße sie. „Guten Tag, Frau Renz, wie schön Sie angezogen sind." Ihr Kleid sei leider schmutzig, entschuldigt sie sich dann und will heimgehen – dorthin, wo sie aufgewachsen ist –, um es zu waschen. – „Sie leiden, Frau Rechsteiner, nicht wahr?", fahre ich nach einer Weile fort. „Versuchen Sie, jetzt einfach zu denken: Meine Seele ist schön, ich bin schön gekleidet." Blitzartig dreht sie den Kopf zu mir hin, ihre Augen funkeln. Dann fällt sie gleichsam in sich zurück, liegt leidend da. – „**Es tut soo weh.** Peti." – Seelenschmerz. – „Etwas ist nicht gut mit ihm. So kann man doch nicht sterben", seufzt sie. Ich nicke, bin bewegt und bestätige: „Ja, es ist so. Mit Peter ist etwas nicht gut. Das habe ich auch gedacht." Gemeinsam halten wir diese Not eine Weile aus. Dann fahre ich fort: „Hören Sie mir jetzt ganz genau zu. Es ist möglich, daß es später, wenn Sie gestorben sind, mit Peter doch noch in Ordnung kommt und daß er seinen Weg findet. Daß er Ihnen vergibt und daß Sie ihm verzeihen. Jetzt ist wichtig, daß Sie in der Gewißheit ankommen, daß alles in Ordnung kommen kann, auch dann noch, wenn Sie nicht mehr da sind. Das hilft, um sterben zu können." Frau Rechsteiner schaut mich einfach an. Friede geht jetzt von ihrem Gesicht aus. „Die Hitze ist vorbei – und vielleicht haben Sie Recht … Versöhnung … in Ordnung", formuliert sie leiser und leiser werdend und schläft für eine Weile. Plötzlich wieder da, ergreift sie meine Hand in nie geahntem Ernst und hält sie fest: „Frau Renz, **mit Ihnen mache ich jetzt etwas ab**, was ich zu meinem Sohn nie sagen kann: ‚Es kommt in Ordnung. Vergebung wird später kommen. Was ich jetzt Ihnen sage, das gilt.'" Ich bin ergriffen vom Ernst der Stunde, denke an einen Bund, und weil ich um Frau Rechsteiners Religiosität weiß, sage ich: „Das ist ein Bund. Er gilt in Ihrem Namen, im Namen Gottes und in meinem Namen anstelle ihres Sohnes." Sie wiederholt leise **„Bund ... gilt ...** Gott ... anstelle von Peti. Wissen Sie, ich wollte es so gut für Peti. Jetzt ist es nicht gut, aber es kommt gut." Wieder schließt Frau Rechsteiner die Augen und schläft ein. Als sie wieder aufwacht, sagt sie nur: „Jetzt ist mein Kleid sauber." Sie sieht, daß ich geweint habe und will mich trösten: „Sie müssen nicht traurig sein. Es kommt gut mit Peti." „Ja, es kommt gut, Frau Rechsteiner. Ich habe geweint vor Ergriffenheit und Dankbarkeit." Wir verabschieden uns.

Unsere Worte werden von Mal zu Mal spärlicher. Sie scheint sich jetzt **aufs Sterben zu freuen**. „Wissen Sie noch, gestern?", fragt sie mich mit nochmaligem Ernst. „Ja, Frau Rechsteiner, bei mir ist es deponiert. Und vor allem bei Gott. Es gilt, was gilt." Ihr Gesicht ist sanft und friedlich. Vergebung hat von ihr her stattgefunden. „Gilt", murmelt sie noch. Wir nehmen voneinander Abschied. Ich danke ihr.

Noch stirbt sie nicht, liegt jetzt mit in sich gekehrter Haltung da. Bisweilen macht sie seltsame Bewegungen, die mich an frühesten Mangel erinnern. Ich erfahre, daß sie in äußerster Armut und Entbehrung aufgewachsen sei. Für mich rundet sich die Biographie dieser Frau damit ab. Es wird verständlich, warum sie später nicht anders konnte als hart sein.

Nach mehreren Tagen Abwesenheit komme ich nochmals an ihr Krankenbett. Ihre Tochter ist anwesend. Ich versuche, mich nicht irritieren zu lassen und sage wenige Worte zur reglos daliegenden Sterbenden. „Es gilt, was Sie gesagt haben: Irgendwann kommt alles gut, für alle. Im Letzten ist Frieden." Augenzucken. Die Tochter weint, auch ohne Näheres zu wissen. Etwas scheint die Sterbende zu erreichen. Am nächsten Morgen stirbt sie in Anwesenheit beider Kinder.

3.4.5 Letztes Gericht oder Barmherzigkeit

Vielen Menschen schaudert bei dem Gedanken, der Gott der Endzeit sei, wie in Kunst und apokalyptischer Literatur dargestellt, ein Weltrichter mit Waage oder Schwert. Und doch tauchen auch in der heutigen Sterbebegleitung Motive auf, die an eine Stunde der Wahrheit und des Gerichts erinnern. Sie kommen einher in Sprache und Bildern von heute und in je persönlichem Gepräge. Sterbende äußern Angst, nicht zu genügen oder bei der Prüfung durchzufallen. Andere fühlen Scham, nur im Leibchen oder in beflecktem Kleid dazustehen. Wieder andere haben vor lauter Erstarrung ihr Gefühl abgestellt und brauchen Wochen, um wieder zu fühlen. All dem Beklemmenden gegenüber hat das **Gerichtsmotiv auch etwas sehr Erlösendes und Positives**. Dahinter steckt das Bedürfnis, gewürdigt und (an)erkannt zu sein in allem Durchgestandenen. Stunde des Gerichtes ist in moderner Sprache Stunde der endzeitlichen Begegnung und Erfahrung von eingebrachter Ernte.

Allein schon die Tatsache, daß manche Sterbende nicht zur Ruhe kommen, bis sich eine Wahrheit ihres Lebens herausgeschält hat oder bis eine anstehende Aufgabe erledigt ist, verweist auf ein inneres Wissen um eine Stunde des Urteils und der Wahrheit.[32] Der Richter ist in der modernen Sterbeerfahrung weniger eine äußere, sondern eine innere Instanz. Diese war im Traum einer Sterbenden dargestellt in einem *großen Spiegel: In diesen mußte die Träumerin hineinschauen. Angst ergriff sie, und doch konnte sie vor dieser Aufgabe nicht ausweichen. So stand sie vor der Aufforderung zur Selbsterkenntnis und der Frage nach ihrer wahren Identität.* Darin besteht die eigentliche Gerichtsfrage: in endzeitlichen Gleichnissen Jesu auch dargestellt als Stunde des endgültigen Erkannt-Werdens (Math 25.1–13), als Stunde der Rechenschaft über die Talente (Math 25. 14–30) oder als Hochzeit, an der nur teilnehmen darf, wer ein Hochzeitskleid trägt (Math 22.1–14).

Mir fällt auf, wie wesentlich es für viele Sterbende ist, zu hören, daß sie *„in Ordnung"*, gut genug, ja *„würdig und schön gekleidet"* seien für das, was komme. Gefühle, nichts wert oder nicht wichtig zu sein, können Sterbeprozesse ebenso blockieren wie Schuldgefühle: Eine übermäßig bescheidene Frau vertraute mir drei Träume immer ähnlichen Inhalts an: *Einmal ist sie zur großen Vorführung geladen und soll vorturnen. Ein andermal ist das Fest bereit oder hat schon begonnen, doch sie ist nicht bereit. Immer fühlt sie sich nicht genügend gut, um sich zu zeigen.* Die Gerichts-Aufgabe dieser Träumerin bestand nicht etwa darin, über das Böse ihres Lebens Rechenschaft zu geben, sondern zu ihrer wahren und leider nicht genügend gewagten Größe zu stehen. In der Tat hatte sie in aller Bescheidenheit Großartiges geleistet in ihrem Leben. Bei anderen will vielleicht das verachtete innere Kind vom Sterbenden selbst nochmals in die Arme genommen werden.

Von Gott her gewürdigt erfahren kann der Mensch sich ja nur in dem, was er wagt, ins Gericht einzubringen! Der Gott des endzeitlichen Gerichts ist nicht als verurteilen-

---

32) Boros (1962): *Mysterium mortis.* „Im Tod eröffnet sich die Möglichkeit zum ersten vollpersonalen Akt des Menschen. Somit ist er der seinsmäßig bevorzugte Ort des Bewußtwerdens, der Freiheit, der Gottbegegnung und der Entscheidung über das ewige Schicksal" (S. 9). Diese Endentscheidung geschieht nach Boros „weder vor dem Tod, noch nach dem Tod, sondern *im* Tod." Es ist dies eine Entscheidung, die das ganze Leben umfaßt und in sich sammelt.

der, sondern als Recht schaffender, (an)erkennender, ***zur Identitätsfindung***[33] ***und End-Gültigkeit führender Gott*** zu verstehen. In solcher von Gott her neu gefundenen Identität ist der Gedanke, würdig zu sein für eine endzeitliche Begegnung mit Gott, tief stimmig.

Dieser endzeitliche Richtergott scheint in den Vorahnungen Sterbender zusammenzufinden mit dem Bild des barmherzigen Gottes. Obwohl selten ausgesprochen, scheinen Sterbende von beiden Aspekten bewegt, berührt, ja darauf angewiesen zu sein. Im Folgenden werden die beiden Erfahrungsweisen des Göttlichen kurz umrissen und in Bezug zu Sehnsüchten und Impulsen von Sterbenden gebracht:

- Das Bild von ***Gott als Richter, der den Menschen würdigt, erwartet und ihm entgegenkommt***. Prinzip einer für den Menschen nicht einsehbaren Gerechtigkeit. Stichworte: Verantwortung, Gerechtigkeit, Würde, Sinn, Liebe als Verbindlichkeit, Gegenübererfahrung.
- Das Bild von ***Gott dem Barmherzigen (= Mutterschößigen) als Prinzip des ewig Seienden***, alle Ambivalenz noch einmal Umfangenden. Stichworte Gnade, Barmherzigkeit, Weichheit, Einheit, Liebe als Zärtlichkeit.

Worin liegt die Bedeutung, ja die wohltuende Erfahrung dieser beiden Gottesbilder für Sterbende? Sterbende in der Not des Durchfallens müssen hören, daß ausnahmslos alle im Letzten durchkommen. Wer um ein mißratenes Kind bangt, wird erlöst im Gedanken, daß letztlich niemand verloren ist. Umgekehrt muß, wer im Kampf drinsteht und sich das Äußerste abringt, hören, daß er in seinem Weg erkannt und nicht einfach ausradiert wird. Auf welche Weise auch immer konkret: Würdigung im Heroischen und Gnade, wo Pech oder Schuld waren, scheinen im Sterben zusammenzufinden. Beide Aspekte des Göttlichen scheinen für Sterbende von existentieller Bedeutung zu sein. Warum? Gäbe es nur den Richtergott, so bliebe am Schluß des Lebens die Alternative Gelingen versus Versagen. Und für die vielen an sich selbst und ihren Liebsten Irregewordenen bliebe nackte Verzweiflung. Solche Sterbende beruhigen sich angesichts der Botschaft des barmherzigen Gottes, der letztlich alles nochmals umfängt, alles, auch das Verlorene zu sich heimholt, ja alles in allem i s t. Himmel ist nur, wo er für alle gilt!

Bliebe nur der Barmherzigkeitsaspekt, wäre in der Sicht des Sterbenden alles Aushalten, alle Ich-Werdung, alle Bewußtwerdung, ja selbst alle Evolution und Kultur

---

33) Kehl (1986, 281f) unterscheidet zwischen folgenden Momenten des Vollendungsgeschehens: Gericht als Identitätsfindung durch die richtende Liebe Gottes, Läuterung als Identitätsfindung durch die heilend-reinigende Liebe Gottes, ‚Himmel' als Identitätsfindung durch die beglückende Liebe Gottes.

umsonst. Nur Täuschung! *„So ein Betrug"*, äußerte ein verbitterter Sterbender, *„so viel Anstrengung für nichts"*. Viele Sterbende können sich mit den Mühsalen ihres Lebens erst versöhnen, wenn sie hören, daß vor Gott nichts umsonst war. Sie reagieren mit Ergriffenheit, Tränen, Dankbarkeit, Nicken, wenn man ihnen sagt: „Einer weiß, was Sie geleistet haben!" Oder: „Ihre Tränen sind in Gott aufgehoben, Ihr Leiden war auch das seine." Es gibt viele Schicksale, wo es nicht möglich war, noch ist, das Leben normal zu leben oder zu genießen. Alles war Bewältigung. Auf dem Hintergrund solcher Biographien gelingt Einwilligung nur, wo Leiden in einen übergeordneten Sinn münden darf!

Wo beide Aspekte – Erbarmen ohne Vorbehalt und umfassende Würdigung – sich ergänzen, erleben Menschen ihr Zugehen auf ein letztes Ziel sowohl als Heimkehr wie auch als endzeitlich personale Begegnung. Hans Urs von Balthasar schreibt in seiner „Eschatologie": „Gott ist das ‚letzte Ding' des Geschöpfs. Er ist als Gewonnener Himmel, als Verlorener Hölle, als Prüfender Gericht, als Reinigender Fegfeuer" (vgl. Lies/Hell 1992, 348).

4. Sterben als spirituelle Öffnung

Aus einer Todesanzeige:

Je tiefer die Liebe, desto stiller ist es um sie her.
Menschenseelen finden sich in schweigender Harmonie.
Jedes Wort ist zuviel, weil in der Stille Dinge
vernehmbar werden, die keine Worte zu fassen vermögen.

In dieser Stille und Harmonie haben wir nach Deinem langen Leidensweg im Frieden und Vertrauen auf Gott voneinander Abschied genommen. Dafür bin ich unendlich dankbar.

Was mag wohl in diesen letzten Stunden am Sterbebett eines jungen Mannes vorgegangen sein, daß seine Frau, die sich über Monate im Hadern mit Gott erlebt hatte, zu solcher Ergriffenheit fand? Äußerste Unruhe sei im Sterben in einen verklärten Frieden übergegangen.

4.1 Vom Engpaß zur Öffnung – Visionen

Irgendwann ist aller Kampf durchgestanden, alle Not vorbei. Unerträgliche Schmerzen münden in Zustände jenseits von Schmerz. Der Tunnel öffnet sich. Die Angst im Fallen geht über in einen verklärten Gesichtsausdruck. Bisweilen wird diese Umkehr annähernd bewußt erlebt, in anderen Fällen weisen (nur) Veränderungen in Ausstrahlung und Muskeltonus darauf hin, manchmal geschieht Wandlung sanft im Traum wie bei Herrn Johnson:

Herr Johnson, *ein Computerfachmann, nervös, hält wenig von Musiktherapie und noch weniger von Religion. Er sei Kosmopolit und habe einige Zeit in Indien verbracht. „Ich glaube nicht an ein Jenseits. Wenn Sie Pfarrer wären, würde ich Sie gleich rauswerfen", meint er. Ich fühle Angst im Raum: Er prüft mich von oben bis* *unten und schiebt real und als Gesprächsthema immer wieder den Computer zwischen sich und mich. Nervös hantiert er herum. Wie ich es habe mit der Religion, erkundigt er sich. Ich antworte: "Wahre Religiosität ist nur möglich in Freiheit. Ich erfahre immer wieder eindrücklich, daß es religiöse Erfahrungen gibt. Diesen zu glauben, erachte ich dann als sehr wichtig. Aber ich lehne jede Form von Manipulation ab." – "Gut, dann können wir miteinander arbeiten," antwortet er. Nachdem wir uns auf seinen Wunsch hin aufs „Du" geeinigt haben, willigt er in eine Klangreise ein und reagiert sehr eindrücklich darauf: Er habe sich nach Indien versetzt erfahren. „Dann wurde ich zu einem schwarzen **Skelett, das sich ins blau-violette All und in Licht auflöste**. Die Stimmung war wunderbar." Ich spüre Erlaubnis, einfach zu sein. Für einen Moment ist Zeitlosigkeit eingetreten. Wunderbare Stille! Einheitserfahrung!*

Jäh unterbricht Herr Johnson die Stille wieder. Das Skelett habe ihn beunruhigt. Er holt seinen Computer näher zu sich heran und meint, nein, er werde kämpfen bis zum Schluß. „Und wenn alle Chemotherapie nichts nützt, dann ..." Mit einer Geste zeigt er an, daß er sich das Leben nehmen würde. Ich spüre große Angst vor Ohnmacht im Raum und schweige.

Später – inzwischen wieder bei sich zu Hause – sucht er mich noch einige Male auf. Der Musikraum sei für ihn eine Oase. Im übrigen habe er das mit dem Skelett und der wunderbaren Stimmung auch noch geträumt. Im Traum habe ihn ein Licht schließlich ganz umfangen. Am Schluß sei auch er nur Licht gewesen. Ich bin tief beeindruckt, bedeutend mehr als er selbst. Ich bin sprachlos und versuche ihm das zu übermitteln. Blickkontakt. Einen Moment lang scheint auch er ergriffen. Dann weist er mit einer Geste das Bild vom Skelett und damit wohl auch all seine Todesangst von sich. Auch das darf sein. – Ich bin froh, wie ich Wochen später höre, daß Herr Johnson zu Hause friedlich gestorben sei.

Ein so ausgeprägtes spirituelles Erleben erstaunt um so mehr, als Herr Johnson nicht gewohnt war, in dieser Dimension zu leben und zu suchen. Mit seinem Traum vom sich im All auflösenden Skelett schenkte er mir ein eindrückliches Bild von Sterben als Wandlung und spiritueller Öffnung. Wie kann ein solches Geschehen jenseits allen Ichs interpretiert werden? Ist es überhaupt verstehbar?

Für den Prozeß von Wandlung und spiritueller Öffnung – geschehe dies im Tod, im Ich-Tod, in einer therapeutisch begleiteten Tiefenerfahrung oder in der Nahtoderfahrung – gibt es verschiedene Erklärungsansätze. Wo mehr eine **Bewußtseinserweiterung** angesprochen wird, wie bei Grof, wird Sterben mit einer sensitiven

Öffnung in Verbindung gebracht. Intuitive Fähigkeiten nehmen zu[34], der Mensch macht außerkörperliche Erfahrungen, sein Bewußtsein scheint sich vom Körper zu lösen. Telepatische Fähigkeiten stellen sich ein, es ereignen sich Synchronizitäten etc. Die Erfahrung von Ich-Tod wird als etwas Totales erlebt. Wo Menschen nach solchen Erfahrungen ins Leben zurückkehren, sind sie Gewandelte. Sie sind offen für ganz neue Wahrnehmungen und Stimmigkeiten, Menschen von neuer Bewußtheit und neuer Konsequenz. Was sie erfuhren, war Tod und Wiedergeburt. Wandlung!

Hirnphysiologisch läßt sich sehr wenig sagen über eine solche Öffnung. Das Bewußtsein kann keinem Teilbereich des Gehirns zugeordnet, als solches nicht lokalisiert werden. Eine Öffnung im Bereich der Sinneswahrnehmungen kann man sich so vorstellen, daß sich von den Hirnfunktionen her im Bereich des Selektierens und Filtrierens von Wahrnehmungen etwas verändert, so daß plötzlich anders (etwa obertonreicher, in neuen Schwerpunkten) gehört oder (z.B. farbenmäßig) intensiver wahrgenommen wird[35].

Auch psychologisch ist der **Begriff „Bewußtsein" alles andere als eindeutig**. Wir können uns als denkende Menschen ein nicht ans Ich gebundenes Bewußtsein vorerst gar nicht vorstellen. Verena Kast: „Die Ich-Funktionen werden oft mit dem Begriff ‚Bewußtsein' in Verbindung gebracht. Was das Bewußtsein wirklich ist, wissen wir indessen nicht" (1990, 87). Eine Bewußtheit etwa, die aus ganzheitlicher Teilhabe entspringt oder Bewußtheit als inneres Wissen um das den Sinnen Verborgene können wir uns nicht ausdenken, sowenig wie wir ein allumfassendes Verbundensein innerhalb unserer Ich-Grenzen fühlen können. Erst im Ich-Tod oder Sterben wird solche Begrenzung transzendiert[36].

Im Geistig-Religiösen sprechen Menschen von spiritueller Erfahrung, die mehr meint als Bewußtseinserweiterung. Gott als ein Ewig Anderer wird berührend oder einbrechend erlebt. **Bei Sterbenden spreche ich von spiritueller Öffnung**

---

34) Grof, St. & Ch. (1984, 44).

35) mündliche Information Prof. Dr. Günther Leising, Graz (Ing.).

36) St. Grof (1991, 126) beschreibt Bewußtseinserweiterungen, wie sie im Rahmen psychedelischer Erfahrungen auftreten können, als Zustände, in denen sich bald mehr ein Befinden jenseits von Zeit, bald mehr jenseits räumlicher Grenzen einstellt. „Im Extremfall scheint das individuelle Bewußtsein die Gesamtheit der Existenz zu umfassen und sich mit dem Geist des Universums oder dem Absoluten zu identifizieren." Nach Grof ist die letztmögliche aller Erfahrungen „offenbar die des über- und metakosmischen Nichts, der rätselhaften uranfänglichen Leere, die sich ihrer selbst bewußt ist und die gesamte Existenz im Keim enthält."

und möchte damit betonen, daß Sterben nicht nur dahinwelken, auslöschen, sondern wesentlich auch Öffnung auf neue, dem Ich nicht zugängliche Dimensionen hin ist. Grof (1990, 18) schreibt: „Mehr als ein Drittel der Menschen, die eine jähe Konfrontation mit dem Tod erleben, erfahren ein wesentliches und tiefgreifendes spirituelles Öffnen." Ähnlich meine Erfahrungen mit Sterbenden: Mehr als die Hälfte bekunden verbal oder nonverbal ein wunderbares spirituelles Geschehen!

Wie schon früher angedeutet, können Sterbende von solcher Öffnung nur notdürftig, wenn überhaupt, Zeugnis geben. In der medizinischen und psychotherapeutischen Betrachtung des Sterbeprozesses oder in Diskussionen um Wert oder Sinnlosigkeit durchstandener Todeskämpfe wird der spirituellen Öffnung bisher keine oder eine m.E. zu geringe Bedeutung zugemessen. Demgegenüber behaupte ich, daß erst die spirituelle Öffnung das Sterben zur letztgültigen Erfahrung und Aussage des Lebens, zum eigentlichen Finale macht. Berendt (1993) hat Spätwerke großer Komponisten auf solche letztgültige musikalische Aussagen hin studiert und deren letzten Sinfonien (etwa bei Bruckner) große Aussagekraft zugeschrieben.

Das Sich-öffnen auf neue Dimensionen hin könnte geometrisch gedacht werden als Übergang vom Linearen zum Spiralförmigen, ja zur Kugel als Symbol des Einen oder zur Ellipse als Symbol eines dialogischen Ganzen mit zwei Zentren. In endzeitlichem Erleben erhält die spirituelle Öffnung eine **Richtung nach vorn**, bei Teilhard de Chardin nach vorn und nach oben. *Eine Sterbende bat mich in halb abwesendem Zustand: „Können Sie dort oben ausrichten, daß eine Frau da unten ist und nach oben gehen will." Dabei zeigte sie mit dem Finger in Richtung schräg nach oben.* Aufstieg ist nicht identisch mit Zyklus. Bei anderen Sterbenden steht das Gefühlsmäßige im Vordergrund. Ihre spirituelle Öffnung findet Ausdruck in Worten wie: „Jetzt ist es leicht", „Die Hitze ist vorbei", „Die Rechnung geht auf". Im Nachspüren wird deutlich, daß sich der Kreis schließt, ohne daß das Wesentliche ausgelöscht ist.

Von einer eigentlich **endzeitlichen Vision** spreche ich bei nachfolgendem Beispiel: **Herr Zimmermann** *lebt sein Dasein als Schwerkranker in großer geistlicher Disziplin. „Aushalten ist Gebet", sagt er bisweilen. Zwischendurch wird auch er wieder eingeholt von Resignation und Bitterkeit. In eine solche Stimmung hinein frage ich ihn: „Gibt es in Ihrem Leben keine Lichtblicke?" „Doch." Das Wort Lichtblick muß ihn offenbar getroffen haben, augenblicklich erinnert er sich an einen wunderbaren Todestraum und erzählt: „Ich sah einen Weg, ähnlich einer großen Straße vor mir und es wurde immer heller. Es wurde wunderschön. Am Schluß war alles nur noch Licht. Das Licht war speziell, es war das Licht des Endes." Wie ich nachfrage, ob er damit sagen wolle, daß dieses Licht nicht ursprünglich, sondern endzeitlich zu verstehen sei, nickt er und präzisiert: „Ja, so könnte man das sagen.*

Das Licht hat mich wie an sich gezogen. *Alles mündete in dieses Licht ein und doch ging nichts darin verloren." Zweimal habe er genau dasselbe geträumt. Beide Male habe er gewußt, daß es hier um den Tod gehe. Schon im Erzählen des Traumes ist seine momentane Bitterkeit verflogen.*

Erfahrungen sind verschieden, ja persönlich. Meistens ist der Ort der gefühlten, durchlittenen Not auch der Ort der Wandlung. Für Herrn Zimmermann war die Würdigung in Weg und Bewußtwerdung offenbar wichtig (Symbol Straße, Endzeit-Licht). Für jemanden, der am Unerlösten seiner Familie leidet, bedeutet Himmel ‚erlöste, vereinte Familie'. Wo der Schmerz als ungestillte Sehnsucht erlebt wird, besteht Himmel aus künftiger Fülle. Wo Verhärtung ein Leben bestimmte, liegt die spirituelle Öffnung in der Erfahrung von Gnade. Am Aushalten, das zwischen Loslassen und Neuwerden liegt, kommen viele nicht vorbei. Wandlung ist immer Erfahrung von Stirb und von Werde, von Tod *und* von Auferstehung. Sterben als spirituelle Öffnung ist ein Zusammenkommen von Bereitschaft und Gnade. Der Mensch kommt an bei seiner Einbruchstelle, und zugleich findet Einbruch oder Öffnung statt. Durch äußerstes Loslassen wird der Mensch offen auf etwas Größeres hin und erfährt dabei, daß Licht/Fülle/der Vater ihm entgegenkommen oder ihn an sich ziehen.

4.2 Frau Uhlmann: Preisen

Im Wort Öffnung klingen auch eine neue Weite und die **Schau größerer Zusammenhänge** an. Längst vergangene Schicksalsschläge erscheinen unter neuen Vorzeichen. Was war, wie es war, darf jetzt so sein. Es ergeben sich Sinnzusammenhänge über das eigene Leiden hinaus:

***Frau Uhlmann** äußert trotz Schmerzen und Unbeweglichkeit immer wieder, wie glücklich sie sei. Halbwegs glaube ich ihr. Ihre Strenge im Gesicht läßt mich trotzdem fragen, ob sie denn nicht einfach aus Pflichtgefühl oder übermäßiger Rücksicht auf andere glücklich sein ‚müsse'. So gut gehe es ihr ja wirklich nicht. Je tiefer unsere Gespräche, um so echter wirkt sie auf mich im ehrlichen Nebeneinander ihrer Gefühle von Schmerz, Sorge und übergroßem Glück. Beides darf zunehmend wahr sein. Bald weint sie im Mitfühlen mit ihrer Familie, bald weint sie vor Glück über ihre Kinder. Und hat doch in ihrem bewegten Leben auch viele Schicksalsschläge durchgestanden! Wie aber ist es möglich, daß diese Frau immer wieder ankommt im Gefühl höchsten Glückes und größter Dankbarkeit? Ob sie religiös sei, frage ich sie. Sie nickt. Ob ihr Glücklich-sein etwas damit zu tun habe, fahre ich fort. „Ich weiß nicht warum, aber ich bin so glücklich und möchte nichts anderes als einfach danken. Gott meint es so gut." Ich spüre Echtheit. Ein biblisches Wort* fällt mir ein: **Preisen**. Ich frage: „Kann man dem, wonach Ihnen jetzt zumute ist, preisen sagen?" „Ja, ganz genau", fährt sie fort und weint lange und ergriffen. „Ja, Gott preisen möchte ich. Wissen Sie, jetzt sieht man alles anders, alles reiht sich ein. Was schlimm war, ist einfach gut. Kann man das nicht verstehen?" „Doch" – ich bin verlegen, gerührt, dankbar für dieses Geschenk. Wir schweigen. Dann spiele ich leise auf der Harfe, danach möchte sie beten. Die Stimmung ist seltsam feierlich. Beim Abschied sage ich Frau Uhlmann, daß ich heute zum ersten Mal erfahren durfte, was Preisen sei, und dies inmitten von so viel Schmerzen, Ohnmacht und Sauerstoffmaske.

Später ist Frau Uhlmann terminal und liegt da mit geschlossenen Augen. „Möchten Sie, daß ich für Sie Musik mache und bete?", frage ich nach meinem Gruß. Nochmals öffnen sich die Augen. Ich formuliere, daß ich von ihr gelernt habe, was es bedeute, Gott zu preisen. Bei diesem Wort geht ein Zucken durch ihren ganzen Körper. Ich wiederhole: „Nicht wahr, Frau Uhlmann, Sie möchten und werden Gott preisen." „Ja" ist das letzte Wort, das ich von ihr höre.

Am nächsten Tag ist bereits jede Musik zuviel, wie mir ein leises erschreckendes Zucken ihres Körpers zeigt. „Die Stille ist die feierlichste Musik. Wir, alle Ihre Lieben, Sie und ich sind jetzt in Stille miteinander verbunden", formuliere ich. Sie möchte nochmals reagieren, bringt aber kein Wort mehr hervor. Ich frage: „Meinen Sie, wir sollen jetzt so glücklich sein wie Sie, weil wir jetzt wissen, daß es Ihnen gut geht?" Ruhe kehrt in ihr Gesicht zurück. „Ja, wir sind glücklich, und wir wissen von Dir, daß Du schon immer gerne glückliche Menschen hattest", sagt die Tochter. Nochmals ein Zucken. In dieser Nacht stirbt Frau Uhlmann. Für mich bleibt der Eindruck von „Vollendung".

Preisen hat für mich den Charakter von etwas Endzeitlichem. Ein Kind in seiner Unbewußtheit kann nicht preisen, wohl aber ein Mensch, der ja gesagt hat zum Ganzen seines Lebens und es in Dankbarkeit und Glück zurückgibt. Biblisch (hebräisch: jdh) bedeutet preisen auch loben und danken und daneben auch (die Sünden) bekennen. Preisen ist die Reaktion auf ein Ereignis; aus der Freude dieses Ereignisses erwächst das Versprechen des Gotteslobes. Während loben (hebräisch: hll) eher den festlichen Jubel einer ganzen Gemeinde, beispielsweise im Gottesdienst, umschreibt, meint preisen (jdh) primär das Einstimmen des Einzelnen in das Gotteslob (vgl. Westermann (1975, 674f). – Preisen verweist also auf die bewußtere, individualisierte und somit endzeitlichere Beziehungsform zwischen Mensch und Gott.

4.3 Hunger nach Spiritualität

Mindestens ein Viertel aller Patienten und Patientinnen, darunter Menschen, die sich zu keiner Konfession bekannten oder aus der Kirche ausgetreten waren, auch ausgesprochen nüchterne Männer, äußerten ausdrücklich, wie gut es sei, daß hier das Religiöse, ja Spirituelle wahr sein dürfe. Einige von ihnen litten darunter, daß das Thema von so vielen Menschen tabuisiert werde:

__Frau Lehmann__ wird mir zugewiesen, weil sie depressiv verstimmt und zeitweilig sogar unansprechbar sei. Unsere Begegnung ist Liebe auf den ersten Blick. Frau Lehmann fühlt sich von mir verstanden. „Sie spielen die Musik so fein, daß Sie sicher auch verstehen, wenn ich Ihnen etwas aus meinem Leben erzähle", meint sie und vertraut mir an, daß sie betend einschlafe, nachts betend erwache und wieder einschlafe und am Morgen betend aufstehe. Die Zeit vergehe so, ohne daß man sie wahrnehme. „Das kann ich sehr gut verstehen", antwortete ich. Jetzt beginnt das anfangs eher apathische Gesicht zu strahlen. Seit dieser Begegnung empfindet sie hier im Spital niemand mehr depressiv oder gar unansprechbar, sondern als ‚verströmende Güte'. Mitpatienten suchen sie auf als Hort von Gelassenheit und stiller Fröhlichkeit.

In unseren künftigen Begegnungen wagt sie mir immer mehr von ihrer Innerlichkeit zu zeigen. Wir sprechen auch über ihre __religiösen Träume__: Einmal begleitet sie die Mutter Gottes, die im Traum aus dem Bilderrahmen über dem Bett herausgestiegen ist, zur Bestrahlung und legt sich zwischen ihren Kopf und die Apparaturen. Ein andermal wird ihr durch einen Engel in Gestalt einer ihr lieben Frau angekündigt, der Tod sei näher als prognostiziert. Ein drittes Mal kommt ihr früh verstorbenes Kind mit dem Gesicht eines reifen alten Menschen sie abholen. In unseren Gesprächen darf all dies wahr sein. Es ist genau ihre innere Wahrheit! Das Wahr-sein-dürfen des Spirituellen, vor allem die Träume selbst bewirkten ‚Wunder'. Nach dem ersten Traum ist ihre Angst vor dem Bestrahlen wie weggeblasen. Sie äußert: „Ich fühle mich seither geschützt. So etwas kann man nicht einfach herbeiglauben." Nach dem zweiten Traum willigt sie einfach so ins baldige Sterben ein, derweil ihre Ärzte davon ausgehen, daß sie noch ein Jahr lebe. Nach dem dritten Traum äußert sie Glückseligkeit aufgrund der gefühlten Nähe zu ihrem längst verstorbenen Kind und entschläft wenige Tage darauf zu Hause.

Wo die religiöse Dimension von Träumen oder die Sehnsucht nach Spiritualität nicht wahr sein dürfen, müssen Sterbende oft genau jener inneren Hilfe entbehren, die allein wirklich hilft. Depression erlebte ich mehrfach, auch außerhalb des Spitals, als

Ausdruck einer nicht gelebten, nicht erlaubten oder nicht verstandenen Spiritualität. Sterbende sind dem zutiefst Ergreifenden näher als wir Umstehende. Manche Äußerung, Formulierung mag uns in der Nüchternheit unseres Alltags seltsam berühren, fast überfordern. Wir müssen eigene Barrieren überspringen und den tiefen Ernst, welcher der Sehnsucht nach Spiritualität innewohnt, heraushören:

__Frau Thomann__ ist, zusätzlich zu den Beschwerden ihrer Krankheit, am Erblinden und leidet sehr daran. Sie hört gerne Musik, mag meine Stimme, hält meine Hand fest, zieht sie an sich heran und beginnt heftig zu weinen. Was vermag wohl diese Frau zu beruhigen? Ein Hinweis auf die Natur? Keine Reaktion. Der Gedanke an ihre Mutter? Ans Gestreichelt-werden wie damals? Keine Reaktion. Jetzt frage ich nach Gott. „Oh ja, Herr Heiland, oh ja." Damit habe ich einen Anknüpfungspunkt und singe zu Bogenharfenmusik das Lied „Mein Herr und mein Gott". Sie singt mit, läßt plötzlich meine Hand los, wird still und murmelt dann vor sich hin: „Heiland, ich bin da. Heiland, Du bist da." Die Stimmung ist fast heilig, selbst die Bettnachbarin hört andächtig und mit geschlossenen Augen zu. „Ja, es ist, als wäre Er da", bestätige ich nach einer Weile. „Er ging den Kreuzweg – Sie sind blind – Er weiß, wie Ihnen zumute ist." Frau Thomann hört intensiv zu und sagt: „Wunderbar!"

Nach einer Weile werde ich müde, Konzentration und Andacht lassen nach, Zeichen dafür, daß wir zum Ende finden müssen. Wieder weint Frau Thomann. „Hören Sie gut hin, was ich Ihnen zum Abschied sage: Mit Gott ist es wie mit einem Wackelkontakt. Einmal ist er da, ganz nahe, spürbar wie vorhin. Das war für Sie wunderbar. Dann plötzlich ist alles weg und kalt. Dann müssen wir uns daran erinnern, daß er da war und daran glauben, daß er wieder kommt. Dann plötzlich wird er wieder da sein." „... kommt wieder, kommt wieder", lispelt sie und scheint sofort getröstet.

Die folgenden Stunden knüpfen an diese erste an. Sie weiß die wesentlichen Gedanken vom letzten Mal immer noch: „Er war zwar nicht blind, doch am Kreuz, darum versteht er mich. Ahhhh!" – Das Hin und Her zwischen Verzweiflung und Ahnungen von Glück bleibt.

Solche Beispiele machen hellhörig. Werden wir den spirituellen Bedürfnissen Sterbender gerecht? Wagen wir die entsprechenden Worte? Oder wagen wir sie nicht, etwa aus Angst, die Freiheit des anderen dabei zu mißachten? Oder aus Scheu? Oder aus mangelndem Gespür für die innere Befindlichkeit des Sterbenden? Oder finden wir keine Worte, weil Gott in unserem Vokabular abhanden gekommen ist? Oder weil wir selbst religiöse Gefühle gar nicht kennen? Auch solche eigenen Grenzen müssen denen bewußt sein, die Sterbende betreuen. Sterbende selbst finden ohne

Resonanzraum selten Worte, weder für ihre Bedürfnisse, noch für ihre spirituellen Erfahrungen. Und doch wäre es wichtig, ja bisweilen Quintessenz in einem Bewußtwerdungsprozeß, Worte wie „Preisen" oder „endgültig" zu finden. Viele Sterbende hinterlassen, auch wenn sie nichts beschreiben können, ein Vermächtnis von dem Wunderbaren, das sie geschaut haben. Ihr Strahlen wird zur Aussage.

4.4 Ist Sterben Heimkehr ins Paradies oder endzeitliche Begegnung?

Zwei Grundkräfte scheinen den Menschen nicht nur durchs Leben hindurch zu begleiten, sondern auch die Sehnsüchte und Nöte seiner letzten Tage zu prägen. Grof unterscheidet zwischen **heliotropen** und **holotropen Kräften**. Erstere streben hin zum Einzelnen, Letztere hin zum Ganzen. Ähnlich unterscheide ich zwischen progressiven und regressiven Kräften (Renz 1996, 226f). **Progressive Kräfte** streben in Richtung Ich-Stärke und Abgrenzung vom Ganzheitlichen. In endzeitlicher Formulierung sind dies Kräfte, die Bewußtheit hervorbrachten und in einer letzten Integration in ein Ganzes auf Würdigung in der gewordenen Identität angewiesen sind. Sie hoffen auf endzeitliche personale Begegnung mit einem personalen Gott und auf einen ‚Richter', der die Nöte ihres Weges erkennt. Die **regressiven Kräfte** ersehnen paradiesische Zustände und damit harmonische Nähe zum Ganzen oder mütterlich Bergenden. Im Leben drängen solche Kräfte zu Verbundenheit, friedlichem Zusammensein und Rückbindung. Himmel ist für Menschen solcher Prägung vermehrt Ort von Ruhe, Angenommensein, Einssein. Sterben bedeutet ihnen Heimkehr. Ihre Gottesbilder sind vermehrt vom barmherzigen, nährenden Aspekt Gottes geprägt. Beide Kräfte gehören zum Menschsein, beide fließen in letzte Sehnsüchte und Endzeitvorstellungen ein.

In der Begleitung Sterbender wird spürbar, ob ihre **Erlösungsvorstellungen** den eigenen innersten Vorgaben entsprechen oder ob sie in Unfreiheit oder in Abkehr von der eigenen Prägung und Kultur gefunden wurden. Am Sterbebett stellen sich nicht mehr ideologische Fragen nach Religionszugehörigkeit, wohl aber – und dies um so mehr – nach Echtheit einer Religiosität. Es wird offensichtlich, ob jemand religiös *ist* oder ob seine Zuwendung zu einer bestimmten Religion Fixierung bedeutet. Ähnliches beobachte ich bei Menschen, die nichts mehr mit ihrer Herkunftskirche zu tun haben. Während beim einen ein Austritt aus der Kirche und Finden zu einer persönlichen Religiosität tief stimmig sein können, haben dieselben Schritte beim anderen die Bedeutung von Narzißmus, Verhärtung und Abkehr. Am Sterbebett ist jedes aufrecht erhaltene Nein hinderlich: Nein zum Tod, Nein zur Mutter, Nein zu Christentum oder Kirche. Im Nein fixiert kann der Sterbende nicht sterben.

Sterben bedeutet, offen zu werden. Offen zunächst für Ungewißheit, Ent-Täuschung und Angst. Offen in einem Ausmaß, das nicht auszudenken ist, sondern nur geschehen kann. Herr Rosenbaum: „Gott ist ewig anders." Herr Aepply: „Ich weiß nichts mehr! Das Denken wird ad absurdum geführt." Sterben bedeutet gerade nicht, sich narzißtisch abzukapseln, sondern tief **beziehungsfähig und durchsichtig zu werden auf ein Unbekanntes hin**. Indem Sehnsucht (wieder) gefühlt werden kann, naht Erfüllung. Bisweilen ist der Körper Führer auf solchem Weg:

*Wie ich **Frau Schneider** zum ersten Mal begegne, weiß sie um ihren nahen Tod. Sie könne annehmen, wie es sei, und habe keine Angst vor dem Tod, jedoch Angst vor Atemnot und Schmerzen. Sie glaube an Gott und seine Hilfe, auch jetzt. Ich weiß nicht weshalb, ich glaube ihr sofort. Sie könne nur sehr schwer atmen und wünscht Musiktherapie zur Entspannung. Wir nehmen uns also viel Zeit zur Entspannung. Körperteil um Körperteil wird angesprochen und darf sein, wie er gerade ist. Dazu beginnend Monochordmusik. Ein anderes Mal spiele ich leise Gong, ein drittes Mal kleine Klangröhren und Klangschalen. Jedesmal äußert Frau Schneider Erleichterung in Atmung und Schmerzen.*

*Einmal – nach einer Monochordklangreise – bleibt Frau Schneider still. Ich spüre große Spiritualität im Raum und bewege mich nicht. „Es ist gut so", sage ich nach einer Weile, mehr nicht. Allmählich scheint Frau Schneider wieder mehr da zu sein und sagt, sie habe Schmerzen im Brustraum in einer Stärke wie nie zuvor. Ich vermute, es sei derselbe Schmerz am immer gleichen Punkt, den ich aus eigener früherer Erfahrung und aus der Arbeit mit anderen Patienten kenne. Für mich bedeutete damals dieser Schmerz ‚Hunger nach Gott, Schmerz über die abgebrochene Verbindung zum Spirituellen'. Darum frage ich: „Ist Ihnen, als könnten Sie weinen, und doch weinen Sie nicht?" „Genau." „Ist dieser Schmerz im Grunde genommen Sehnsucht?" „Genau so ist es." „Ist es ein leicht stechender Schmerz?" – „Ja, ja bitte, so wie ein **Loch**." Nun berühre ich sie zunächst vorsichtig und dann intensiver werdend am Punkt oben am Brustbein und bitte sie, einfach zuzuschauen, wie es in ihr atme. Die Atmung von Frau Schneider wird ruhig und tiefer. Nach einer Weile sagt sie: „Jetzt ist es, als würde sich dieses Loch füllen." Ich erkläre ihr jetzt meine Interpretation dieses Schmerzes. „Ich habe den Eindruck, als sei etwas in Ihnen jetzt nahe bei Gott. Auch nahe dem Sterben und doch noch nicht dort. Hier ist Loch, und dort ist Fülle. Und das Loch tut weh, weil Sie noch nicht in der Fülle sind." „Ja, genau." Mehr sagt Frau Schneider nicht und schläft ein. Sie wird bald terminal und stirbt in Anwesenheit ihrer Angehörigen, ohne weitere Unruhe.*

Not und Erfahrung von Heil greifen ineinander. Ankommend beim Eigentlichen seines Leidens, kommt der Sterbende auch beim Wesentlichen seiner Erlösungserfahrung an. In genau seiner Frage braucht ein Sterbender Antwort, in genau seiner Not muß ihm von Gott als Innerem oder Äußerem Hilfe zukommen. Hier muß therapeutisch-spirituelle Begleitung ansetzen: am Punkt, der schmerzt oder spannt, am Ort der Verzweiflung.

Hier liegt für mich etwas Einmaliges der westlichen und christlichen Spiritualität, wonach genau ***der Ort des Leidens zum Ort der Wandlung wird***. Der Ort der Verletzung ist Ort der spirituellen Erfahrung. Die Frage nach Erlösungsbedürftigkeit und Erlösung ist eine therapeutische: Woran leidet ein Schwerkranker? Wie fühlen sich seine Stunden an? Wovon spricht sein Körper? Worin besteht sein Dunkel, seine Verzweiflung? Wo ein Mensch im Kern seiner Erlösungsbedürftigkeit ankommt, öffnen sich Perspektiven für Wandlung. Diese heilsgeschichtliche Fragestellung ist vor allem in Religionen mit personalen Gottesvorstellungen wesentlich, dort also, wo Menschen an einen Gott glauben, der mitfühlt, mit hindurchgeht (Christusmysterium), der sich Jahwe („Ich-bin-da") nennt (Ex 3.14) oder, mit Worten der Geh. Offenbarung gesprochen, ein Gott ist, „der ist, der war und der kommt" (Geh. Off. 1.4).

Endzeitbilder sind kulturell und individuell verschieden. Wie schon erwähnt, hilft es mir in meiner Arbeit, zwischen spirituellen Erfahrungen von Einheit/Einssein und solchen von Gegenüber-sein/In-Beziehung-sein zu unterscheiden (vgl. Renz 2003). Ähnlich unterscheide ich in dem, was Sterbende als letzte Erfüllung ersehen, zwischen mehr zyklischen Endzeitbildern (sich auflösen im blauen All, Nirvana, kosmische Symbiose) und evolutiven Endzeitvorstellungen, die geprägt sind von Themen des Weges, der Begegnung, der letzten Einordnung, Bewußtwerdung und personalen Reife. Bald steht eine Sehnsucht nach Urvertrauen im Raum, bald eine Endzeithoffnung. Bald erkenne ich Heimweh, bald mehr ein Sich-bereit-machen für Sein Kommen. Von außen betrachtet gibt es hier kein Richtig oder Falsch. Wohl aber ein „Zutiefst-Wahr, Heilbringend, Erlösend". An seiner eigenen tiefen Wahrheit und an sich selbst kommt kein Sterbender vorbei: Keine Stunde ist ungeschminkter, intimer und konsequenter als die Stunde des Todes.

Sterben in spiritueller Betrachtungsweise ist ein ***dialogisches Geschehen*** zwischen dem Sterbenden und seinem Gott. Wo ein radikales Sich-Öffnen geschieht, ist die Zeit auch der tiefsten narzißtischen Abkapselung vorbei. Eine gleichzeitig früh gestörte und hochkarätige Frau schrieb mir im Anschluß an eine Therapiestunde: *Im Vorletzten bin ich Narzißt, im Letzten bin ich keiner* (vgl. Renz 2007, CD: Das Ich stirbt in ein Du hinein).

Was diese Frau für sich formuliert, gilt im Sterben für alle: Spätestens im Sterben sind Bezogenheit und Liebe stärker.

Vom Arzt werde ich darauf vorbereitet, wie sehr **Frau Lichtenhahn** *darauf bedacht sei, jede kleinste Entscheidung selbst zu fällen. Lieber lese sie ein Fachbuch über eine bestimmte Chemotherapie, als daß sie sich von ihm beraten lasse. Mir fällt auf, in welch verschlossener Körperhaltung diese Frau am Küchentisch sitzt. Schultern nach vorn, als müsse sie sich abschirmen. Sie sei schon immer Einzelgängerin gewesen, sagt sie mir in einem unserer Gespräche. Im Übrigen leidet sie an massiven Atemproblemen. Auch hier ist ‚alles zu'.*

Um so eindrücklicher die innere Wandlung am Tag ihres Todes: Frau Lichtenhahn liegt vor mir, terminal, unansprechbar. Ihre Schultern wirken nach wie vor angespannt und nach vorn gezogen. Ich begrüße sie, sie reagiert mit unmerklichem Zucken der Augenlider. Nach einer Weile stillen Daseins spiele ich Monochord. Mir kommt der Impuls **Shalom**. *Ich singe das Lied: Shalom chaverim ... Erneutes Zucken. Mehr noch: Zwei, drei Tränen rollen hinter ihren geschlossenen Augenlidern hervor. In ihren angespannten Schultern beginnt sich etwas zu lösen, die eingerollten Arme legen sich allmählich einfach hin. So singe ich weiter. – Wenige Stunden später liegt Frau Lichtenhahn da: die Schultern offen, die Arme weit ausgestreckt, Augen und Mund weit offen. In dieser Haltung sei sie gestorben. Selbst ihre Atemprobleme sollen sich unmittelbar vor dem Tod gelöst haben, wurde mir berichtet. Öffnung!*

II. Letzte Reifung und Nachreifung

Eine chinesische Provinz war ausgedörrt, und man holte den Regenmacher. Dieser setzte sich in ein leeres Hüttchen, wo er einsam und ohne Speis und Trank blieb. Nach drei Tagen regnete es. Auf die Frage, wie er das zustande gebracht habe, antwortete er: „Ich habe mich selber in Ordnung gebracht. Wenn ich in Ordnung bin, kommt auch die Welt in Ordnung, und dann muß auf die Dürre Regen fallen."
– *Chinesische Weisheit, entnommen aus Haller-Bernhard (1995).*

1. Werde ganz

1.1 Wozu letzte Reifung?

Gibt es einen Drang nach Reifung und Ganzwerdung, ein Bedürfnis, ja eine Notwendigkeit, sich selbst in Ordnung zu bringen, auch noch in den Tagen vor dem Tod? Nach einer sich an Wandlung orientierenden Betrachtung des Sterbeprozesses im ersten Teil dieses Buches, geht es in diesem zweiten Teil um konkrete Themen von Reifung und Nachreifung. Dieselben Beispiele, die bis anhin den Prozeß von Wandlung veranschaulichten, könnten ebenso gut themenspezifisch betrachtet werden. Wo beispielsweise zuvor der Prozeß von Läuterung bedacht wurde, stehen jetzt einzelne Fragen wie Schatten oder Schuld im Vordergrund. Oder was zuvor eine spirituelle Öffnung beschrieb, könnte ebenso gut themenspezifisch unter Sinn eingereiht werden.

Sind Schritte der Reifung und Nachreifung im Sterben noch möglich?
Selbst da noch, wo ein Mensch kaum mehr ansprechbar ist? Wo sein Ich nicht mehr über die Möglichkeit verfügt, zu steuern, sich zu orientieren, Inhalte des Unbewußten zu verdrängen oder ins Bewußtsein zu heben[37]? Sind vielleicht gerade hier – auf der Ebene des Symbolischen und jenseits der Zone des Verdrängens – nochmals Integrationsschritte möglich? Erstaunlich viele Beispiele würden dies bestätigen. Mancher Sterbende findet zu einer längst anstehenden Schattenintegration genau dort, wo er die Kontrolle über sich selbst verliert, sich nicht mehr wehren kann gegen anstürmende Bilder oder im Ich nicht mehr realisiert, worum es geht. Andere, lebenslänglich von Wille und Kopflastigkeit geprägte Menschen, kommen erst jetzt – nur mehr auf das Körperhaft-Nonverbale reduziert – in jener Atmosphäre des Verzeihens und der überquellenden Liebe an. Dritten eröffnen sich erst vom Ende her, in

---

[37] Frey-Rohn (1980) kommt zum Schluß, daß ein ‚visionäres Ich' oder ein ‚Traum-Ich' (nach Dieckmann) Ort sein kann, wo äußerste Wandlung geschieht, wenn ein eigentliches Ich nicht mehr zur Verfügung steht.

einer Gesamtschau ihres Lebens, Sinnzusammenhänge, die ihren Lebensbogen abrunden. Was anzuschauen ein Leben lang unerträglich oder zuviel gewesen wäre, hat jetzt seinen Ort und seine Zeit.

Sind Schritte von Reifung und Nachreifung im Angesicht des Sterbens noch nötig? Können/dürfen Menschen nicht so sterben, wie sie sind? Drängt sich Psychotherapie am Sterbebett nicht hinein in die Intimität eines äußersten Bereiches, der sie nichts mehr angeht? Diese Frage zu stellen ist wichtig, unter Umständen sogar vor jeder einzelnen Intervention. Es gibt im wesentlichen zwei Beweggründe, Reifungsschritten noch bis hin zum Tod Raum zu geben: 1) wenn solche förmlich aus einem Sterbenden herausdrängen; 2) wenn Sterbende anders nicht sterben können. Überdies gehen Partner, Kinder, Eltern nach solchen Erfahrungen befreit und ergriffen vom für sie Unvergeßlichen ins Leben zurück.

C.G. Jung vergleicht in seinem Seminar über Zarathustra die Lebenskurven von Tieren, Bäumen und Menschen. Die Kurve des Tieres steigt von einem Höhepunkt allmählich ab, dem Tod entgegen. Ein Baum wächst und wächst, legt Jahrring um Jahrring zu, bis er vielleicht eines Tages vom Blitz getroffen wird. Die seelische Entwicklung des Menschen vergleicht Jung mit der Lebenskurve eines Baumes[38]. Aus meiner Arbeit kann ich bestätigen, daß es nicht wenige Menschen gibt, bei denen genau die letzte Lebensphase ihre wahre Größe und Persönlichkeit hervorzubringen vermag! – Einen einheitlichen Nenner für letzte Reifungsschritte gibt es indes nicht. Jeder hat seine eigenen Vorgaben, blieb an eigenem Ort auf der Strecke, trug seine eigene Bürde. Im Sterben ist nochmals die Stunde da, Versäumtes nachzuholen. Sei das in Richtung von Ganzwerdung, zu einer letzten Freiheit zu finden oder in eine „unabweisbare Identität" hineinzuwachsen(vgl. Kast 1996, 7–16).

1.2 „Wandle vor mir und sei ganz"

Ganzwerdung ist Zielvorgabe aller menschlichen Entwicklung. „Wandle vor mir und sei ganz" ist eine der Übersetzungsmöglichkeiten von Genesis 17,1. Ganzwerdung steht dort als göttlicher Auftrag und als biblische Kurzformel von Selbstfindung über dem Leben des Stammvaters Abraham (vgl. Kassel, 1980, 233).[39]

---

38) Aus Weinrich (1987): Individuation. Unveröffentlichter Vortrag

39) Die moderne Übersetzung des hebräischen Wortes tam als: sei „ganz" klingt für moderne Ohren anders als die vertrauten Übersetzungen wie: „sei rechtschaffen (Einheitsübersetzung, Herder) oder „sei untadelig" (Elberfelder Bibel). Beim Hineinspüren in den hebräischen Begriff ‚tam', um den es geht,

Ganzwerdung in Jung'scher Definition bedeutet, daß die verschiedenen Persönlichkeitsanteile eines Menschen sich verbinden, daß krankmachende Gegensätze überbrückt und möglichst miteinander versöhnt werden (vgl. Hark 1988). Ganz-Sein vom Begriff her besagt vor allem eines: daß hier nichts fehlt, nichts ausgeschieden oder tabuisiert ist, sondern daß das Gesamte eines Menschen vor uns liegt. In solchem Sinne ganz, also vollständig oder vollkommen, ist der Mensch gerade nicht, selbst nicht als Sterbender. Ganz ist letztlich nur Gott, das Ganze, die Ganzheit (vgl. Begriffsumkreisung in Renz 1996).

Trotzdem ist Ganzwerdung so etwas wie ein ungeschriebenes Lebensprogramm, bis hinein ins Sterben. Als gäbe es einen Drang da hin. Jung spricht von einem Trieb zur Selbstwerdung (Kast 1996, 13). Er und seine Schüler haben sich speziell mit dem Reifungsprozeß der zweiten Lebenshälfte, mit dem sog. Individuationsprozeß befaßt. Individuation meint: Selbstverwirklichung in einem umfassenden Sinn[40], Ganzwerdung, Bewußtwerdung, Abrundung, Finden zum einmalig Eigenen und Wesentlichen. Der hinter aller Individuation wirksame Faktor ist das Selbst, „jene bewußtseinstranszendente, zentrale Instanz der Psyche", die sich von Anbeginn an in einem „apriorischen Besitz des Zieles" zu befinden scheint und mit einer Art Vorwissen auf die „Entelechie, die Einheit und Ganzheit der menschlichen Persönlichkeit" hin tendiert (vgl. Jacobi 1971, 42). *Im Falle einer Patientin war diese antreibende Kraft so stark, daß sie tagelang bei voller Klarheit um Worte für ein geistiges Testament rang. Wenige Minuten, nachdem sie das letzte Wort niedergeschrieben hatte, versank sie ins Koma.* Bei mehreren Sterbenden wurde die Art und Weise ihres Sterbens zum seelischen Vermächtnis an ihre Nächsten.

Ganzwerdung ist letztlich Utopie, ein Ziel, das wir im Individuationsprozeß anstreben und doch nie erreichen. Kein Mensch kann je seinen ganzen Schatten integrieren, auch nicht den persönlichen. Bisweilen steht selbst im Sterben noch ein Stück Schattenintegration an und kann auch Menschen treffen, die „ach so rechtschaffen" durchs Leben gingen.

---

sind die verschiedenen Qualitäten doch nicht so weit voneinander entfernt und können durchaus Assoziationen wie: ganz im Ursprung, dem eigenen Wesen, seinem Schöpfer und dessen Regeln folgend und also untadelig miteinander verbinden. Tam findet sich als Attribut etwa bei den alttestamentlichen Persönlichkeiten Noah, Abraham, Jakob, Jiob. ‚Tam' ist das Lamm, das untadelig, ganz, rechtschaffen zum Schlachten geführt wird. Ein Lamm, dem nichts fehlt, das rein, ganz, vollständig ist (mündliche Information von A. Schenker, Fribourg).

40) Jacobi (1971) definiert Selbstverwirklichung als „zum Einzelwesen werden, und insofern wir unter Individualität unsere innerste, letzte, unvergleichbare Einzigartigkeit verstehen, zum eigenen Selbst werden".

1.3 Der Stolz der Rechtschaffenen

Die Rechtschaffenen, von denen hier die Rede ist, gibt es mitten im Leben, aber auch noch in den Sterbezimmern eines Spitals. Menschen, die sich ein Leben lang ehrlich bemüht hatten, anständig, korrekt zu leben und doch, trotz so vieler sogenannter Verdienste, sich schwer tun im Sterben. Daß sie selbst auch einen Schatten haben und werfen könnten – und wäre es nur die Verhärtung im Guten – käme ihnen nie in den Sinn. Bei manchem mündete all das Bemühen um Rechtschaffenheit und Schuldlosigkeit schließlich in Verhärtung, Stolz und Einsamkeit. Im Heroischen lag Unehrlichkeit, im Vornehmen Überheblichkeit, in der Höflichkeit Unnahbarkeit. In den letzten Tagen eines Menschen, wo seine Ich-Kontrolle nachläßt, kann das Abgespaltene bisweilen auf peinliche Weise offensichtlich werden.

Herr Camenzind *sei schwierig, lasse ich mir sagen, peinlich korrekt und auf Details bedacht. Er benötige übermäßig viele Schmerzmittel und gerate in Zustände, wenn Wünsche nicht sofort erfüllt würden.*

Meine erste Begegnung beginnt damit, daß Herr Camenzind mich gleich wieder wegschickt. Musiktherapie, was das denn sei, das brauche er nicht. Ich antworte: „Selbstverständlich gehe ich wieder. Es gibt nichts Schlimmeres, als im Spital zu liegen und dann noch jemanden um sich zu haben, den man nicht will." Erstaunt schaut mich Herr Camenzind an: „Nein, bleiben Sie, aber bitte ohne Musik. Ich glaube, Sie könnten mich verstehen." Die Gespräche in der Folge kreisen immer wieder um all das Leid, das er durchgestanden hat, und um Unzuverlässigkeiten von Seiten des Pflegepersonals. Der Schmerzmittelkonsum eskaliert.

Später wird Herr Camenzind auf eine andere Station verlegt. Ich werde vor meinem nächsten Besuch gewarnt, Herr Camenzind entfalte plötzlich exhibitionistische Neigungen. Niemand wisse, wie umgehen mit ihm. In der Tat! Daß auch ich mich in seinen intimen Momenten mehrfach zurückziehe, verletzt ihn sehr. „Sie müssen gar nicht mehr kommen. Gehen Sie!", ruft er mir nach. Gleichzeitig tut er mir leid, weil kaum jemand ihn mag und er fast nie Besuch erhält. Er klagt über unerträgliche Schmerzen im Becken- und Genitalbereich. Während der Visite hinterfragen wir ernsthaft die hohe Dosierung der Schmerzmittel. Ob das nicht, ähnlich der Wirkung von Alkohol, jede Hemmschwelle bei Herrn Camenzind abbaue?

Über einige Zeit begegne ich Herrn Camenzind nur gelegentlich im Flur. Im Stillen aber beschäftigt er mich nach wie vor: der Zusammenhang zwischen seiner betonten Korrektheit und dem exhibitionistischen Gehabe, die Ursache der übermäßigen Schmerzen und das Bedürfnis, sich mir auch im Peinlichen zu zeigen.

Liegt hinter all dem ein ernst zu nehmender Hilfeschrei, endlich angeschaut zu werden, nicht nur als rechtschaffener Neurotiker, sondern als ganzer Mensch und im Ganzen seiner körperlichen und seelischen Not? Ich beschließe innerlich, dem guten und auch ganzen Herrn Camenzind verpflichtet zu bleiben. Diese Sichtweise seines Leidens und gemeinsame Anstrengungen des Teams tragen wohl das ihre dazu bei, daß die exhibitionistischen Bedürfnisse nachlassen.

Ich ‚darf' ihn jetzt wieder besuchen. Meine Beharrlichkeit im Versuch, den Kontakt zu behalten, scheint ihn berührt zu haben. Beim nächsten Gespräch reden wir über Leiden und Ungerechtigkeiten dieser Welt und über uns. Ein tiefsinniges Gespräch von Mensch zu Mensch. Herr Camenzind kann zu seinem elenden, ohnmächtigen Dasein stehen. Ich sage: „Wissen Sie, im Leiden stehen Sie innerlich aufrecht vor sich selbst und vor Gott. Sie wissen genau, wie schwer Leiden auszuhalten ist. Gerade darin liegt Ihr Wert." Er nickt nachdenklich. Und dann die Worte: „Da haben Sie allerdings Recht." Für einen Moment scheint er entspannt und tief mit sich und seinem Leiden versöhnt zu sein.

Noch immer kann Herr Camenzind weder sterben, noch sich entspannen. Musik lehnt er ab. Ich kann nicht anders, als ihn immer wieder in sein Leiden hinein loszulassen. Mir ist, als wolle er mit allen Kräften Fassung bewahren. Muß ich ihn gerade darin wertschätzen? Ginge mir dies in einer solchen inneren Spannung nicht ähnlich? – Eine nicht endende Blutung bringt unvermittelt und erlösend den Tod.

Der Gedanke von der Würde im Aushalten schien bei Herrn Camenzind angekommen zu sein. Er schien sogar jenes kurze Gefühl von Entspannung und Versöhnt-sein in ihm hervorgeholt zu haben. Daß Mensch-sein auch Schwach-sein heißen könne, überforderte ihn. Er durfte sich keine Schwächen erlauben und wurde wohl genau darum vorübergehend so peinlich von ihnen eingeholt. Sterbestunde ist Stunde seelischer Nacktheit. Arm und bloß kommen uns Sterbende vor.

Bisweilen wird es zur Herausforderung für Angehörige, solche Blöße zuzulassen: „Er sieht so erbärmlich aus", klagte die Gattin eines sterbenden, sonst so stolzen Mannes. – Eine andere ertrug es nicht, daß ihr Gatte, sobald er nicht mehr klar im Kopf war, so lächerlich werde und dumme Witze mache. Er wirke so unwürdig.

1.4 Sterben ist letzte narzißtische Kränkung

Würdig wird gerne verwechselt mit ‚standesgemäß' oder ‚vornehm'. Und meint doch eigentlich etwas ganz anderes. Im Sterben geht alles Irdische den gleichen

Weg. Sterben ist die letzte narzißtische Kränkung. Einzuwilligen, wie andere auch einfach ‚Mensch zu sein' mit Licht und Schatten; Erfolg und Versagen sind letzte große Herausforderungen dieser Sterbenden. Wo Schritte der Demut gelingen, ist einem Sterbenden mehr geholfen als im Ausweis großer Verdienste oder eines besonderen Standes. Wahre Würde wird uns von Gott als dem Unbedingten zuteil. Sie wird dort erfahren, wo der Mensch offen wird für das, was ihm nur geschenkt werden kann. Hierzu braucht es die Einsicht in die menschliche Begrenztheit und in eigene Schatten, was mehr meint als nur Schönheitsfehler. Und es braucht die Fähigkeit, überhaupt etwas in Dankbarkeit anzunehmen. Sterben und Nähe zu Sterbenden werden zur Chance, das eigene Mensch-sein zuzulassen.

Jedesmal, wenn ich **Frau Hättenschwiler** *besuche, habe ich das Gefühl, Besonderes leisten zu müssen, um ihre Sympathie nicht zu verlieren. Das gelingt über eine Weile, sie schenkt mir ihre Gunst und macht mich doch unfrei. Ihre besonderen Verdienste, ihre Rechtschaffenheit, ihr ‚Anrecht auf spezielle Beachtung' sind unausgesprochen und unangefochten stets präsent. Und doch scheint mir etwas in ihr und zwischen uns wie verdorrt zu sein. Sie kann sich irgendwie nicht vorstellen, einfach Mensch zu sein wie andere auch, zu leben wie andere, zu sterben wie andere. Wenn ich ihr hingegen Klangreisen anbiete, ist sie glücklich.*

Ihr unerbittlicher Wunsch ist es, bald und hier im Spital sterben zu können. Doch nichts bewegt sich in diese Richtung. Ich schneide das Thema Loslassen an, loslassen all dessen, was im Leben zurückhält, loslassen eigener Vorstellungen über den Tod, loslassen seiner selbst. In einer Klangreise vertiefen wir diesen Gedanken. Frau Hättenschwiler macht eine wunderbare spirituelle Erfahrung, in der eine ihr liebe Verstorbene erscheint, aber nicht, um sie zu holen, sondern um sich zu verabschieden und um ihr zu sagen, ihre Zeit sei noch nicht da.

Vorerst ist Frau Hättenschwiler tief ergriffen von dem, was sie geschaut hat und vor allem über den Kontakt, den sie zur Verstorbenen gefunden hat. Später läßt sie mir berichten, sie brauche jetzt keine Musiktherapie mehr. Ich besuche sie nochmals, um mich im Guten von ihr zu verabschieden und um ihr Gelegenheit zu geben, mir selbst zu sagen, was noch zu sagen sei. Ich empinde sie herzlich und etwas verlegen. Wir sprechen nochmals die Klangreise und die gemachte Erfahrung an: „Sie brauchen wohl viel Zeit, um genau dieses Bild, das zwar schön, aber auch unbequem war, zu verdauen." – „Ja, so ist es", erwidert sie und ist froh, daß ich diese Schwierigkeit verstehe. Die Imagination bewahrheitet sich. Sie muß einsehen, daß die Zeit zum Sterben für sie noch nicht gekommen ist. Vorerst muß sie nochmals zum Geschmack fürs Leben finden, und das ist in der Tat schwierig für sie.

Ich selbst mußte hier lernen, wie demütigend es sein kann, daß der Mensch sich schlußendlich selbst den Tod noch schenken lassen muß.

1.5 Delegierter Schatten

Den Menschen ohne Schatten, ein Leben, das keine Schatten wirft, gibt es nicht. Wird die Fähigkeit zum Bösen nicht auch in sich selber erkannt, so wird automatisch der andere zum Bösen gestempelt. Er ist dann an allem schuld. So haben sich in mancher Familie Konstellationen eingeschliffen, in denen es Unschuldige neben Sündenböcken gibt. Im Sterben eines Familienmitgliedes wird eine solche Familiendynamik sehr kompliziert. Einzelne Familienmitglieder sind dann am Sterbebett unerwünscht, werden bisweilen gar nicht benachrichtigt. Oder man darf sich am Sterbebett nicht begegnen, darf über bestimmte Dinge in Anwesenheit Dritter nicht reden etc. Trotzdem geschieht hier Letztgültiges und wird im Sinne von Segen oder Fluch an kommende Generationen weitergegeben.

Frau Buchmüller, eine schöne, stolze Frau, wird mir zugewiesen wegen depressiver Verstimmung und Eheproblemen. Sie sitzt wie abgelöscht auf ihrem Bett und schaut mich teilnahmslos an. Erst allmählich scheint sie zu realisieren, daß man mit mir reden kann, und sie beginnt zu erzählen: Geschäftstüchtig sei ihr Mann zwar gewesen, aber daneben ... weiß Gott, wo der sich überall herumgetrieben habe. Und zu Hause habe er getobt und dreingeschlagen, selbst in der Wirtsstube. Auch die einzige Tochter lehne ihn ab und habe im übrigen schrecklich Angst vor ihm. Ob ich einmal mit ihrem Mann reden solle, frage ich. „Das müssen Sie gar nicht erst versuchen. Der hört nur, was er will", meint sie und wirkt mit ihrem gläsernen Blick auf mich, als gebe sie einem Gespräch – und dahinter vor allem ihrem Mann – keine Chance

Tage später ergreift der Arzt die Initiative, es kommt zu einem Gespräch mit dem Gatten. Vor uns sitzt ein auffallend stattlicher, cholerisch wirkender Mann. Er verstehe nichts von meinem Metier und wolle jetzt wissen, woran seine Frau sei, donnert seine Stimme. Ich zittere, der Arzt informiert aus medizinischer Sicht. Wieder donnert Herr Buchmüller. Nun ergreife ich das Wort: „Ich verstehe, daß dies für Sie sehr schwierig ist, denn Sie müssen einfach aushalten. Allein das ist eine beachtliche Leistung." „Eine Leistung? Ich mache doch gar nichts", unterbricht er mich. „Erklären Sie mir das noch einmal." Mit Festigkeit weise ich ihn nun an, ruhig weiter zu atmen. Bald setzt er sich die Sonnenbrille auf und schildert die Familiendynamik aus seiner Sicht: Eine Frau, die sich ihm verweigert habe und das Kind gegen ihn aufwiegle; ein Betrieb, in dem er nichts zu sagen gehabt habe, bis endlich die Al-

ten aus dem Haus gewesen seien. Ich übernehme das Wort: „Jetzt müssen wir nicht mehr zurückschauen, jetzt geht es darum, daß Ihre Gattin schwer krank ist und einen sanften Mann braucht." „Und wenn ich das nicht schaffe, weil ich wütend bin?" Für einen Moment nimmt er die Sonnenbrille ab. „Und wenn sie mir nicht verzeiht?" „Ihre Chance ist die Gegenwart. Seien Sie **jetzt** lieb zu ihr. Sie nimmt genau das Jetzige von Ihnen wahr. Lassen Sie das Alte beiseite." Herr Buchmüller scheint aufzuhorchen.

Frau Buchmüller geht es zunehmend schlechter. Musik mag sie und entspannt sich dabei. Herr Buchmüller scheint neuerdings anders mit seiner Frau umzugehen. Wie ich ihm zufällig auf dem Flur begegne, wendet er sich an mich: „Ich sehe, Sie helfen meiner Frau wirklich. – Was soll ich nur tun, daß sie auch mich akzeptiert? Ich darf sie nicht berühren, sofort stößt sie mich zurück." Wir kommen ins Gespräch. „Ich habe halt wirklich einiges verbrochen. Das kann sie mir nicht verzeihen." Ich nicke. An dieser Schuldeinsicht möchte ich nichts abschwächen, auch wenn ich Schwarz und Weiß nicht so einseitig verteilt erlebe. Die Veränderung, die ich bei ihm erkenne, gibt mir Mut, auf eine Aufweichung der Fronten zu setzen. „Fahren Sie einfach fort, sanftmütig zu sein. Wenn Sie wollen, vereinbaren wir einmal einen Termin zu dritt. Ich werde Ihre Frau fragen, ob sie einverstanden ist. Wollen Sie das?" „Oh ja, gerne!"

Inzwischen ist Frau Buchmüller terminal geworden. Ihre Tochter und eine andere Verwandte sind zu Besuch, als ich eintrete. Der Vater dürfe nicht erscheinen, solange sie da sei, sagt die Tochter verzweifelt. Ich könne ihre Gefühle verstehen, bestätige ich der Tochter, ich wisse von der Mutter um das Schlimme, das zwischen ihr und ihrem Vater sei. – Und doch möchte ich an einer Begegnung festhalten, ihr Vater sei im Moment ein anderer, und das könne auch bei der Mutter etwas Wichtiges auslösen. Draußen wettert inzwischen der Mann. „Beruhigen Sie sich, atmen Sie einfach weiter", sage ich ihm im Hinzutreten.

Schließlich gelingt es. Die zwei jungen Frauen gehen in die Stadt. Für eine Stunde sind wir zu dritt, die Sterbende, die wie üblich am ganzen Körper hart verspannt daliegt, der Gatte und ich. Sie erkennt ihn selbst noch in ihrem terminalen Zustand und stößt ihn weg. Ich sage: „Frau Buchmüller, ich, Frau Renz, bin auch hier. Haben Sie keine Angst. Ich bleibe da." An ihn gerichtet und doch so, daß sie es hört: „Herr Buchmüller, seien Sie ganz sanft zu Ihrer Frau. Sie dürfen sie nur sanft streicheln oder leise berühren." Hilflos berührt er sie am Arm. Jetzt geschieht, was ich ähnlich schon an anderen Krankenbetten erlebt habe: Die Patientin beginnt stark zu zittern. Der ganze Leib zittert. Ich sage immer wieder: „Frau Buchmüller, ich bin da. Ihnen geschieht nichts. Wir alle wissen, was geschah und was Ihr Mann *getan hat. Jetzt ist er sanft zu Ihnen." „Ist das wegen mir?", fragt er sehr betroffen. „Ja! So ist es. Aber fahren Sie weiter, sanft. Auch das wird bei Ihrer Frau ankommen." – Nach etwa fünf Minuten läßt das Zittern allmählich nach. Der Körper der Sterbenden ist jetzt weich. Ich frage: „Frau Buchmüller, haben Sie sich beruhigen können? Haben Sie uns glauben können?" Sie nickt sichtbar. Auch ihr Mann nimmt das wahr. Ein Schauer der Erleichterung fährt durch seinen Körper: „Meinen Sie, daß sie mir vergibt?" – „Das weiß ich nicht. Wichtig ist, daß Sie sich jetzt zur Versöhnung eingefunden haben. Ich gehe davon aus, daß Ihre Frau Ihnen zur gegebenen Zeit vergeben wird. Eines ist sicher: Sie hat vorhin das Sanfte in Ihnen erkannt und wurde dabei selbst weich. Und sie hat uns geglaubt." Er streichelt sie sanft weiter. Die Krankenschwester kommt herein und staunt. Herrn Buchmüller streichelt einfach weiter.*

Eine Weile später höre ich, daß die Tochter wieder auf der Station sei. Ich bitte die Krankenschwester, sie zu rufen. Mit Widerstand kommt diese herein und hält der Situation stand. Ich meine zu spüren, daß sich auch da etwas entspannt. Mit Blick zur Tochter formuliere ich: „Das macht nichts ungeschehen. Aber jetzt darf auch das Sanfte wahr sein". Der Gatte und ich räumen nun das Feld. Im Nachhinein erfahre ich, daß die Entspannung erhalten blieb. Vater und Tochter hätten bisweilen gemeinsam am Sterbebett gestanden.

In der Überwindung von Täter-Opfer-Konstellationen müssen beide Seiten ihren Beitrag leisten. Am obigen Beispiel wurde vor allem der Schritt des Gatten nachvollziehbar: Aushalten statt Verdrängen, Betroffenheit und Eingeständnis von Schuld, Reue und daneben kleine Schritte im Neuen. Was in der Frau, die in ihrer Opfer- und Unschuldsrolle fixiert war, an Reifung noch geschah, war nur mehr erahnbar. Innerlich bereits so fern, wurde (nur) über den Körper sichtbar, daß auch bei ihr Wesentliches geschehen war. Wie ist das eindrückliche andauernde Zittern, das einen zuvor fast regungslos daliegenden Körper überkam, zu interpretieren? Was mag es heißen, wenn ein Mensch, den ich nur in abgelöschter Härte kannte, plötzlich weich daliegt: andere Gesichtszüge, lockere Hände, entspannter Brustraum, ruhiger Atem. Mir kam das Bild von einem Beben, das Berg und Stein erschüttert, so daß wieder zu fließen beginnt, was eingetrocknet war. Da mußte wohl äußerste Angst ausgehalten und in ganz tiefen Schichten losgelassen werden.

Wo solche Schritte in größerer Bewußtseinsnähe stattfinden, etwa im Rahmen einer Therapie, verwende ich bisweilen das Wort **‚opfern'**. Menschen, die aus Konstellationen unausgesprochener Rache aussteigen, müssen nicht nur ihre Bitterkeit, sondern auch das Selbstbild ihrer Vorbildhaftigkeit, ihres Heroismus und damit den Stolz ihrer moralischen Überheblichkeit opfern. So werden in ihrem Gut-Sein verhärtete Menschen weich und auf neue Weise liebesfähig. Andere Menschen müssen ihre vielgepriesene Bescheidenheit oder Selbstlosigkeit opfern, wieder andere das Kindlich-Unschuldige oder das Selbstbild des rundum guten Menschen. Seifert (1981, 278f) mißt dem Opfer innerhalb des Selbstwerdungsprozesses eine bedeutsame Rolle zu. „Auch eigene Lieblingsideen, wie z.B. ‚der Unverstandene' zu sein, können Inhalte des Opfers werden" (280). Für viele ist das Wort Loslassen bekömmlicher, weniger suspekt als das Wort opfern. Demgegenüber beschreibt der Begriff opfern m.E. treffender, in welchem Ausmaß ein Loslassen dieser Art schmerzt, trifft und die eigene (bisherige) Identität infrage stellt und welch immense seelische Leistung folglich solchem Opfer zugestanden werden muß. So gibt es auch Sterbende, die sich genau im Wort opfern verstanden fühlen und ihr Loslassen – jenseits neurotischer Opferhaltungen – als Opfer ihrer selbst erfahren. Im Christlichen beheimatete Sterbende finden sich im Wort Christusnachfolge.

1.6 Auch das innere Kind will dazugehören

In vielen von uns fristet das innere Kind, seit wir so vernünftig und pflichtbewußt wurden, ein Schattendasein. Freiräume fürs Spielen, fürs Gemüt, für Märchen, Träume und Phantasien gibt es im Streß des Alltags kaum. Im Sterben treten Bedürfnisse und Sensibilitäten aus der Kinderzeit bei vielen nochmals hervor. Gespräche unter Ehepartnern erhalten bisweilen einen kindlichen Unterton, auch bei mir suchen Patienten Zärtlichkeit und Anlehnung. Heimatlieder, Wiegenlieder oder religiöse Rituale erreichen das Gemüt der Sterbenden an einer jahrelang durchgehaltenen Strenge vorbei. All das ist für Angehörige und Pflegepersonal noch verständlich. Mir scheint bisweilen, als würden solche Sterbende zu ihrem **heilen inneren Kind zurückfinden**, zu Zuständen von Urvertrauen und Glückseligkeit, die aller Ambivalenz vorausgehen.

Schwierig wird bisweilen das Sterben für Menschen, deren *inneres Kind infolge einer schweren frühen Traumatisierung wie in der eigenen Seele eingekerkert* ist. Es findet aus eigenem Vermögen nicht heraus und ist in seiner Lebenskraft innerlich gebrochen. Das Trauma kann vom Ich her nicht ‚bewältigt', höchstens stumm mitgetragen werden. Der erwachsene Mensch hat weiter funktioniert, vielleicht sogar heroisch sein Leben gemeistert, weit entfernt von allen Gefühlen, die ihn hätten zurückwerfen können.[41] In meiner Arbeit begegne ich immer wieder

---

41) Zu Krankheitsbild und therapeutischer Arbeit mit Gewaltopfern: vgl. auch Wirtz, Zöbeli (1995, 114–168): Das Trauma der Gewalt – der Tod des Sinns?

Menschen – mehrheitlich Frauen –, bei denen ich mittelschwere bis schwerste Traumatisierungen vermute. Immer geht es um die Frage: Was hindert diese Menschen am Sterben? Was muß noch wahr sein dürfen, was wollen Patienten mir noch zeigen, ja Gott zeigen? Welches Gesicht hat die erlittene Gewalt in den Sterbeszenarien erhalten? Was kann überhaupt aus solcher Fixierung erlösen? Und was ist es, das noch ins Leben hinein erlöst werden will, um dann in den Tod eingehen zu können? Eigentlich kreist all dieses Ringen um die eine Frage: Wie finden solche Sterbende zu ihrem inneren Kind? Vom geschändeten zum unversehrten Kind, vom im Tod fixierten zum lebendigen Kind, vom Kind, das man war, zum göttlichen Kind, welches letztlich immer ein Kind der Gnade, des Heils, der Freiheit ist. Es ist bestimmt nicht Zufall, daß eine dieser vom Leben gezeichneten Frauen genau in jener halben Stunde sterben konnte, als Kinder draußen auf dem Flur Weihnachtslieder sangen. Nachfolgend der erschütternde Bericht einer anderen Frau:

__Frau Thyssen__ wird kaum von jemandem besucht, außer von einer treuen Arbeitskollegin. Sie sei eine ‚Frau ohne jegliche Nähe' gewesen. Am Arbeitsplatz sei sie super gewesen, habe Höchstleistungen erbracht. Viele hätten Hochachtung vor ihr gehabt, niemand habe sie richtig gekannt oder Verbundenheit empfunden. So sei und bleibe sie bis in den Tod einsam.[42]

Der Anblick von Frau Thyssen läßt mich seit unserer ersten Begegnung nicht mehr los. Ich bin eigentlich bei ihrer Zimmernachbarin und sehe im Bett nebenan Frau Thyssen, die unablässig mit verzweifeltem, ja in Schreck erstarrtem Gesicht in eine Ecke starrt. Wie ich auch zu ihr hintrete und mich vorstelle, empfinde ich Sympathie: eine feinfühlende, geistig kultivierte, aber traumatisiert wirkende Frau. Ich spiele nun ihrer Nachbarin eine Musik auf kleinen Klangröhren und Bogenharfe. Auch Frau Thyssen, offenbar angesprochen durch die feinen Klänge, löst sich aus ihrer Position der Erstarrung, legt sich hin und schläft ein.

Eine Woche später werde ich auch zu ihr gerufen. Wieder starrt sie mit verzerrten Gesichtszügen in die Ecke, halb kniend und gebeugt. Sie erkennt mich sofort und erwidert meinen Gruß, bleibt aber immer auf die Ecke fixiert. Für eine Weile schaue ich mit ihr still dorthin: „Ist die Ecke dort oben schlimm?", unterbreche ich die Stille. „Ja." „Ist sie böse?" „Ja." „Ist dort ein böser Mensch?" „Ja." „Kommt er

---

42) Wirtz, Zöbeli (1995, 115): „Es sind die lebendig Toten, die Versteinerten, ..., die eine Totenstarre erfaßt hat bei lebendigem Leibe ... Es ist das gleiche roboterhafte, von Affekten abgespaltene Funktionieren, eine Form des Nicht-Seins, die Niederland schon als ‚Automatisierung des Ich' beschrieben hat, das ‚Lebendig-tot-Sein' und Leben ‚als ob'." (hier sowohl auf Folteropfer als auch auf jahrelang ritualisierte sexuelle Ausbeutung bezogen).

näher?" „Ja.": Jetzt verstärken sich ihre Gesichtszüge der Angst wie zu einem stummen Schrei. Vornüber gebeugt kauert sie im Bett. Ich denke an ein vergewaltigtes Kind. Ich kann nicht anders als einfach weinen. Schließlich gelingen mir die Worte: „Liebe, liebe Frau Thyssen!" Sie wendet sich mir zu und schaut mich wohl 10 Minuten lang intensiv mit ihren dunklen, traurigen Augen an. Wie die Dunkelheit der Nacht. Ein Blick, der für mich fast nicht zu verkraften ist. Etwas später spiele ich ihr Harfenmusik. Auch in mir ist es ansonsten stumm. Nur der eine Satz gelingt mir: „Liebe Frau Thyssen: Im letzten sind Sie geschützt." Erneut kann sich Frau Thyssen aus ihrer Angstposition lösen, legt sich hin und schläft kurz ein.

Beim nächsten Mal treffe ich sie wieder in derselben starren Körperposition an, halb gegenwärtig, halb von der Ecke in Bann genommen. Ich versuche, Worte zu finden für ihre derzeitige Befindlichkeit: „Ist es erstarrt, versteinert?" „Ja." „Wie damals?" „Ja." In mir selbst sind diesmal keine Tränen mehr, sondern einfach – wie bei ihr – Versteinerung? Nach einer Weile kann ich diese Versteinerung abschütteln und erzähle nun Frau Thyssen von meinen Erfahrungen mit Gewalt- und Folteropfern: „Hören Sie mir gut zu, Frau Thyssen, ich erzähle Ihnen nun von anderen Menschen, denen es vielleicht ähnlich erging wie Ihnen. **Es gibt einen äußersten Punkt. Und da ist wie ein Schutz dazwischen. Da ist wie Gott dazwischen.**" Frau Thyssen reagiert nicht. Ich verstärke meinen Impuls und sage: „Gott ist stärker." Jetzt ist sie plötzlich voll da, schaut mich an und fragt: „Ist er das wirklich?" „Ich kann Ihnen nur bezeugen, was ich aus Erfahrungen mit Menschen weiß", antworte ich. Und weil ich auf ihrem kleinen Nachttisch einen Rosenkranz sehe, fahre ich fort: „... und es ist Ihre und meine Religion, die daran glaubt, daß in Christus das Böse überwunden ist. Gott ist stärker, was auch bedeutet: In Gott sind die Mächte überwunden." Frau Thyssen hat intensiv zugehört und wirkt nachdenklich. Mir kommen derweil Therapiestunden und Traumbilder mit helfenden rituellen Zeichen in den Sinn. So frage ich weiter: „Möchten Sie ein Schutzzeichen Gottes erhalten?" Das Gesicht von Frau Thyssen wird nun kindlich weich. „Ja", formuliert sie, schließt die Augen. Es ist, als halte sie mir ihr Gesicht hin. „Möchten Sie, daß ich Ihnen ein Kreuz als Zeichen von Geschützt-Sein auf die Stirne zeichne?" „Ja." Ich tue es und sage in Andacht: „Im Namen des Vaters, des Sohnes und des Hl. Geistes." Zu meinem Erstaunen fährt sie andächtig fort: „Amen." Eine Weile verweilen wir in Stille. Dann beginnt sie, sich zu bewegen, hält mir den Arm und nach und nach den ganzen Leib hin: „Möchten Sie auch hier, möchten sie überall ein Kreuzzeichen erhalten?" „Ja." Ich spüre deutlich, daß das Kreuzzeichen hier mehr meint als einfach Ritus. Es meint wirklich Schutz Gottes, Würdigung in Gott, Christusnachfolge. Einmal sage ich dazwischen: „Frau Thyssen, Ihre Kinderseele ist bereits bei den Heiligen." Nun kommen ihr Tränen, für einen Moment fließt es. Dann ein zartes Lächeln – und die Versteinerung hat sie wieder.

An diesem Abend soll Frau Thyssen ungewöhnlich aufgeschlossen gewesen sein, Fragen beantwortet haben und sich über den Besuch ihrer Arbeitskollegin gefreut haben. Tags darauf sei sie deutlich ‚weiter weg' gewesen, berichten die Pflegenden. Wie ich nach einem verlängerten Wochenende wieder an ihr Bett trete, reagiert sie nur mehr mit Kopfnicken. Die Augen bleiben geschlossen. Wie blind und doch sehend ist sie nach wie vor im Bann der Ecke, die Mimik ist wie in Schmerz verzerrt und in Schrecken erstarrt. Musik mag sie. Nach einer Weile fällt mir die Frage ein: „Möchten Sie, daß ich Sie sanft streichle?" „Ja." Es ist, als würde sie sich unter meinen Händen entspannen und einrollen.[43] Nur eine kurze Zeit hält diese innere Belebung an. Schon wieder liegt Frau Thyssen wie versteinert da. „Genügt es mit dem Streicheln?", frage ich. „Ja." Ich ertappe mich danach bei der Frage: „Sind unsere Minuten der Aufweichung umsonst? Gibt es nichts, das dieses innere Kind herausholen könnte?" Ich bin doppelt froh, von den Pflegenden anderntags zu hören, in Frau Thyssen hätte es weniger Widerstand gehabt beim Umlagern und Pflegen. Erstmals hätten sie nicht das Gefühl gehabt, die arme Frau nur zu plagen.

Tags darauf noch immer dasselbe Starren in die Ecke! „Ist es immer noch da?", frage ich und lasse erneut die Ecke auf mich wirken. Fast werde ich wahnsinnig. Dann wieder versteinert. Ich kann mich nur losreißen, indem ich für eine Weile das Zimmer verlasse und versuche, wieder bei mir und meinem Mut anzukommen. Dann trete ich wieder ein, singe Kinderlieder und musiziere, ich weiß nicht mehr, singe ich es für sie oder ebenso für mich, um mich selbst auszuhalten. Sie hört, starrt aber nach wie vor in die Ecke. Nun ein neuer Impuls: Ich sage ihr, daß ich beschlossen habe, mich nicht weiter von der Ecke beeindrucken zu lassen. Worauf sich Frau Thyssen hinlegt und sich auch von der Ecke abwendet. „Es geht jetzt darum, frei zu werden von einem Bann!", fahre ich entschlossen fort. „Das schaffen wir aus eigener Kraft nicht, aber von Gott her wird solches möglich. Wir sind im Letzten beide frei. Ich bin frei. Und Sie, Frau Thyssen, sind von Gott her frei. Frei, sich selbst zu sein. Auch Ihre kleine Adelheid (= ihr inneres Kind) ist frei." Ihr auf mich gerichteter Blick scheint zu verraten, daß sie intuitiv versteht. Ich gebe ihr ihren Rosenkranz, das ihr vertraute Zeichen, in die Hand. „Spüren Sie nach, ob das hilft." Keine Antwort. „Ist es so, daß das manchmal hilft und manchmal nicht?" „Ja." „Hilft das jetzt?" „Ja." Noch eine Weile bleibt die Starrheit in Haltung und Gesicht, dann legt sich Frau Thyssen hin, ihr Muskeltonos wirkt gelöster. Während ich ihr nochmals ein Lied singe, schläft sie ein. Bewußt als freier Mensch verlasse ich diesmal ihr Zimmer.

---

43) Die Erfahrung, Kind der (Großen) Mutter zu sein, ist älter als alles Traumatische (Renz 1996).

Zwei Tage später: Die Körperhaltung hat sich etwas verändert, weist aber nach wie vor in Richtung Ecke. Im Gesicht steht jetzt weniger Schreck als Trauer und Lähmung. Nach wie vor spüre ich, wie gern ich sie habe und doch mit meinem Latein am Ende bin. Was nur fehlt dieser Frau noch?

Mit dieser Frage gehe ich in die Supervisionsgruppe. Was die Gefahr der ‚psychischen Infektion' in der Begleitung Schwersttraumatisierter (vgl. auch Wirtz, Zöbeli 1995, 146) und die Einfühlung ins Unfühlbare betrifft, wird betont, daß es für mich als Therapeutin Grenzen der Einfühlung nicht nur geben darf, sondern sogar geben muß. Was die Versteinerung von Frau Thyssen betrifft, versuchen wir, sieben Therapeutinnen und Therapeuten, diese Not in unsere Mitte zu holen, uns einzufühlen und aus dieser Stimmung heraus zu unseren je eigenen Impulsen zu finden. Folgende Gedanken werden mir mitgegeben: Meine eigene Lebendigkeit einbringen, wo Frau Thyssen im Toten ist. Meine Gefühle einbringen, wo die traumatisierte Frau nicht mehr fühlen kann. Nicht mehr ihre Lieblingsmusik, die Bogenharfe, spielen, sondern die meinige, z.B. Jazzmusik. Plötzlich geschieht innerhalb der Gruppe, was ich mir für die Arbeit mit der Sterbenden erhoffe: Wo vorher bleierne Schwere, Bann war, ist jetzt Lebendigkeit und natürliche Stille spürbar. Nach einigen Minuten des Schweigens unterbricht die Supervisorin die Stille und formuliert, es könne ja sein, daß Frau Thyssen jetzt sterbe. – Zwei Tage später im Spital erfahre ich, daß Frau Thyssen – zur Zeit der Supervision – terminal geworden sei. Tags darauf sei sie friedlich gestorben.

Zwei Dinge wurden mir in der Begleitung ihres Sterbens und in den Tagen danach bewußt. Erlöst, wirklich erlöst vom Bann schrecklichster Gewalt wird ein Gewaltopfer anscheinend nicht, indem es endlich sterben darf. Sterben kann man nicht im „lebendig Toten, ... als ein zu einem Leben ‚als ob'" verurteiltes inneres Kind. Frau Thyssen mußte zuerst aus der Gefangenschaft in ihren inneren Grabkammern des Todes und der Versteinerung zur Lebendigkeit befreit werden, um dann auch wirklich erlöst sterben zu können. Selbst im Sterben ist der Mensch noch dem Leben zugehörig.

Die letzten Tage von Frau Thyssen könnten ebenso gut unter dem Titel „Werde frei" stehen. Werde frei, um zu sterben. Auch um als die zu sterben, als die Du gedacht bist, als Mensch und nicht als Opfer. Kaum etwas ist schwieriger, als innerlich frei zu werden von den Banden angetaner schwerer Gewalt. Allzu leicht werden Opfer im verzweifelten Versuch, das Unfaßbare zu verarbeiten, auf subtile Weise selbst zu ‚Tätern'. Diese Tragik zumindest schien Frau Thyssen in ihrem erstarrten Dasein erspart geblieben zu sein.

2. Werde frei

Es gibt Sterbende, die ungeachtet ihrer äußeren Ohnmacht seltsam frei sind und dies sogar ausstrahlen. *„Was ich jetzt fühle, ist nicht Galgenhumor, sondern Galgenfreiheit,"* äußerte ein Mann. Ob er mir mehr davon erzählen könne? Antwort: *Er sei nicht mehr hin- und hergerissen. Sein Leben dürfe sein, wie es gewesen sei.* – Und es war längst nicht ohne Fehler und ohne ernsthafte Versäumnisse. Doch er sah ein und hat durchgelitten, was zu durchleiden war. So ist dieser Mann angekommen bei einem Gefühl einer tieferen Integrität und Identität. In der Realität seiner fortschreitenden Lähmungen ein brutal Gefangener, ist er innerlich offenbar freier denn je. Nicht mehr der Gefangene seiner selbst! Unausgesprochen war diese Freiheit auch für uns Umstehende spürbar: sein Versöhnt-Sein mit sich selbst, jenes Selbstbewußtsein, das sich wohltuend verbindet mit der Demut, doch nur Mensch zu sein. Selbst als Begleitende und Pflegende im Umfeld dieses langsam auf den Tod zugehenden Menschen durften auch wir „einfach Mensch sein".

Nicht Schuldlosigkeit, sondern Schuldfähigkeit befreit (vgl. Renz, 2003, 90f). Nicht Profillosigkeit, sondern das bewußte Sich-selber-Sein in Schlichtheit und Größe. Nicht Sorglosigkeit macht frei, sondern die Erfahrung, daß der Mensch in all seinen Sorgen nochmals umfangen ist von einem größeren Sein und Sinn. Ob religiös formuliert oder nicht: die Gewißheit solchen Aufgehoben-Seins befreit aus der tiefsten Fessel menschlichen Daseins: der Angst. *Eine sterbende Jüdin formulierte: „Es ist derselbe Eine, der mich führt, anweist (es war ihr wichtig, die Speisegesetze und die Sabbatweihe einzuhalten) und mich weit und frei sein läßt. Früher hatte ich immer Angst. Ich wollte es recht machen und recht sein. Jetzt ... ist da nur noch ich ... und ER."* Der Ich-Bin, der ich b i n.

2.1 Wie umgehen mit Schuld? Schuld oder Tragik?

Schuldgefühle verschiedenster Art nagen am Lebensnerv. Eigentliche Schuld – ob bewußt oder verdrängt – erst recht. Und bisweilen um so intensiver, je näher der Tod rückt. Wie gelingt Befreiung aus Schuld und Verstrickung? Antwort: über Bewußtwerdung, über das Fühlen und schließlich als Erfahrung von Gnade. In der Bewußtwerdung wagen Menschen die innere Konfrontation mit sich selbst und mit ihrem Leben, finden vielleicht zum befreienden Unterschied zwischen überhöhten Schuldgefühlen und wahrer Schuld oder zwischen kollektiver Verharmlosung und personalem Gewissensanruf. Und auch zur Unterscheidung: Wo kam ich an Grenzen und konnte nicht anders? Wo muß ich mir eingestehen, daß es in mir ‚agierte' – vielleicht berechnend, unversöhnlich, rächend? Bewußtwerdung mündet in ein neues Verstehen seiner selbst: *„Tiefer noch als böse bin ich geprägt!"* *„Älter als meine Eifersucht war ein existentielles Zuwenig!"* Und es sind in der Regel auch diese tiefen Wurzeln, die jetzt vielleicht erstmals als solche wahr sein und gefühlt werden wollen. Täter(innen)biographien sind auch Opferbiographien.

Wie verhalte ich mich, wenn Schuld im Raum steht? Sterben ist nicht der Zeitpunkt, um Lebensgeschichten aufzurollen. Auch gebietet der Respekt vor dem Geheimnis des Einzelnen jegliche Neugierde, jedes Insistieren. Und doch geschieht es, daß Menschen, die medizinisch betrachtet längst tot sein müßten, einfach nicht sterben, bis Stadien eines Lebens nochmals angeschaut worden sind. In der Sterbebegleitung begegnet mir das Thema Schuld vorerst über das Thema Verhärtung: harte Stimme, verbissene Gesichtszüge, übermäßige Schmerzen und eine seltsame Atmosphäre, in der mir etwas wie verboten scheint, wo sogar ich mir bisweilen wie verboten vorkomme. Meine erste Reaktion besteht meist darin, daß ich die in mir auftauchende Frage ‚Steht hier wohl Schuld an?' zu ihrem Schutz gleich wieder verwerfe und Patienten einfach sich selbst überlasse ... bis es aus ihnen heraus schreit. Dann gehe ich dem Schrei nach: Ist es ein Schmerz? Ein seelischer Schmerz? Sind es familiäre Spannungen? Ist es erlittenes Leid? Erlittenes Unrecht? Oder ist es etwas, das drückt – vielleicht eine Schuld? **Im Falle einer Schuld ist besondere Scheu angesagt.** Ich stelle Fragen, schaue dabei aber vielleicht bewußt nur vor mich hin. Oder ich formuliere, daß man jetzt nicht mir zuliebe etwas aussprechen müsse, es genüge, im Stillen für sich zu fühlen. Und vor allem genüge es, wenn innerlich – vor Gott und sich selbst – wahr sein dürfe, was war. Auch mögliche aktuelle Störfaktoren und familiären Spannungen spreche ich an, mehr zunächst nicht. Erst wenn augenfällig wird, daß ein Sich-Aussprechen befreit, gehe ich – meist zusammen mit Angehörigen – diesen Weg. Und ich beginne regelmäßig damit, daß ich die verheißungsvolle Perspektive in den Raum stelle. Im Falle von Schuld lautet sie: Hinzuschauen, mehr noch: hinzufühlen! Das braucht zwar Mut, kann aber auch erlösen. **Gefühlte Schuld ist zur Erlösung freigegeben.** Indem ich Betroffenheit zulasse, ist Reue schon da. Und solches Fühlen geht nicht an Gott vorbei, wird in der Regel auch wahrgenommen von den Nächsten. Auch in ihnen kommt etwas in Bewegung. Notfalls – wo echte Verzeihung vielleicht Zeiträume von Jahren oder Generationen benötigt – übernehme ich es, stellvertretend ‚Patin' zu stehen bei einem solchen Neuanfang und zu bezeugen, daß hier Umkehr stattfand. Denn mit dem Prozeß des Fühlens hat die Bewegung hin zu einer Versöhnung schon begonnen …

***Frau Vontobel** liegt da mit hartem, abweisendem Blick. Der Tod steht ihr seit Wochen ins Gesicht geschrieben. Und doch hat sie allen verboten, das Wort Tod überhaupt zu erwähnen. Nur ihrer Bezugspflegenden, die sich viel Zeit nimmt für sie, vertraut sie sich in ihrer immensen Todesangst an. Ich erlebe mich von Frau Vontobel kontrolliert und benötige einige Zeit, bis zwischen uns die Barriere des Mißtrauens überwunden ist. Vorerst ist zwischen uns nur Musik möglich. Ich versuche, über die Atmosphäre und die Konzentration auf mein eigenes Unbewußtes zu spüren, was diese Frau wohl plage. Mir kommt das Wort Schuld. Ins Gespräch darüber komme ich nicht.*

Frau Vontobel hat eine Tochter und einen bedeutend jüngeren Sohn. Wenn die Tochter da ist, fällt mir auf, wie böse die Blicke der Mutter sein können. Die Tochter tut sich auch schwer mit der Mutter und hat Körperbeschwerden schon auf dem Weg ins Spital. Sie äußert, wie schwierig für sie diese rabiate Mutter gewesen sei. Es habe Momente gegeben, da sei diese total in Rage geraten und habe sich speziell ihr gegenüber voll vergessen. Ich muß davon ausgehen, daß das, was in solchen Momenten geschah, nicht harmlos war. Und ich werde in dieser Annahme bekräftigt durch die Körpersymptome der Tochter. Allein schon im Hinblick auf die Gesundheit der Tochter müsse doch etwas geschehen, das ist Anliegen der Familie.

Allen anderen Menschen gegenüber sei Frau Vontobel sehr bemüht gewesen, es stets recht zu machen. Sie selbst bezeichnet sich als sehr religiös und für die gute Sache engagiert. Auf mich wirkt sie in all dem verhärtet. Was die Beziehung zur Tochter betrifft, kann vorderhand nur die Bezugspflegende mit ihr ins Gespräch kommen. Die Begegnung zwischen Mutter und Tochter am Abend danach ist entspannt und eindrücklich. Ansätze von Versöhnung liegen im Raum. Frau Vontobel wird terminal, kann aber entgegen unseren Erwartungen immer noch nicht sterben. Was nur plagt diese Frau noch?

Wie ich das nächste Mal Frau Vontobel besuche, liegt sie da, angeblich im Koma. Bewegungsmäßig kann sie noch unmerklich reagieren. Ihr Gatte spricht mich auf die Frage an, warum seine Frau nicht sterben könne. Er bringt ihren blockierten Zustand in Zusammenhang mit ihrer schwierigen Kindheit. Sie soll die Mutter früh verloren haben, und der Vater habe damals das Kind nicht vor Mißhandlungen Dritter geschützt. Er selbst habe davon erst Jahre nach der Heirat erfahren. Ich schweige und komme selbst mehr und mehr zum Gefühl, daß hinter der „Täterin" das Opfer erkannt werden müsse. Ich beschließe, das heiße Thema anzugehen, was mir auch im Blick auf die Tochter wesentlich scheint. „Darf ich mit Ihrer Frau darüber sprechen?", frage ich den Gatten. „Ja, tun Sie das." Wie ich mit diesem Vorsatz ans Bett von Frau Vontobel komme, ist es, als spüre sie mein Vorhaben bereits. Ihre Augenlider zucken nervös.

„Frau Vontobel, heute möchte ich mit einem Wort zu Ihnen kommen, das mir auf Ihrem Weg wichtig erscheint. Es lautet Versöhnung. Ich meine, in Ihnen sehnt sich etwas nach Versöhnung. Etwas muß ankommen in der Gewißheit, daß Versöhnung mit Gott zu tun hat und von dort her auch schon geschehen ist. Worte allein genügen hier offenbar nicht. Darum zeichne ich jetzt ein Kreuz auf Ihre Stirn, was heißt, daß zwischen Ihnen und Ihrer Tochter Versöhnung ist." Frau Vontobel atmet tief. Bei geschlossenen Augen reagieren die Augenbrauen. Nach einer Weile: „Ihre Tochter wird ihrerseits den Weg schaffen, auch..." „Ahhhh." So spontan reagiert sie auf diesen Gedanken, daß sie mich mitten im Satz unterbricht. Ich wiederhole: „Ihre Tochter wird ihrerseits den Weg schaffen, auch wenn es Zeit braucht. Es darf wahr sein, was zwischen Ihnen und Ihrer Tochter war. Jetzt aber gehen wir davon aus: In Gott ist es versöhnt." Nun lasse ich Frau Vontobel Zeit, damit diese Botschaft ankommt.

Etwas später: „Ich glaube, etwas Zweites beschäftigt Sie auch noch: Die Zeit, als Ihre Mutter starb." Unmerkliche Reaktion. „Damals war es sehr schlimm für Sie, Sie waren sehr tapfer und möchten darin gewürdigt werden. Sie sind in Ihrem Leben nicht nur schuldig geworden. Ihre Schuld ist auch verständlich, wenn man um das Schlimme aus Ihrer Kindheit weiß. Gott wird Sie verstehen." „Ahhh." Sie waren ein tapferes Mädchen, eine tapfere Frau. Ihre Strenge war Tapferkeit." Augenzucken. „Ich werde jetzt ein zweites Kreuz auf Ihre Stirne zeichnen. Das heißt, daß es gut sein wird mit Ihrer Mutter und Ihrem Vater." Frau Vontobel atmet tief. Es ist spürbar: Sie hört, spürt, versteht, glaubt.

Ich lasse ihr wieder eine Weile Zeit, bis ich zum dritten Gedanken aushole: „Frau Vontobel, jetzt gebe ich Ihnen noch ein Zeichen mit für Ihren Weg in den Tod. Ich zeichne jetzt ein drittes Kreuz auf Ihre Stirn, damit Sie wissen: Auf dem Weg in den Tod sind Sie geschützt." Jetzt hebt sie die Augenbrauen, als würde sie staunen. Ich wiederhole die Worte und lasse ihr erneut Zeit.

*Zum Abschluß singe ich ihr Lieblingslied: „Wer nur den lieben Gott läßt walten." Bei geschlossenen Augen kommen ihr Tränen. Dann öffnet sie die Augen ganz sachte, als würde sie mit dem Blick in die Ferne schweifen, sie hebt fast feierlich ihre spindeldürren Arme empor, als würde sie mit dem ganzen Körper beten oder lobpreisen. Sie scheint tief **ergriffen zu sein von etwas, das nur sie sieht**. Und zugleich hört sie ganz genau auf Text und Musik: „Wer nur dem Allerhöchsten traut" – ihre Arme senken sich wieder – „der hat auf keinen Sand gebaut". Nun liegen ihre Arme entspannt auf der Decke, der Gesichtsausdruck ist friedlich. Geschah hier so etwas wie Ergebung und Versöhnung mit sich und mit Gott? Ich verlasse das Zimmer, hoffend, ergriffen, müde.*

Indes scheint Frau Vontobel noch einmal vom Schwierigen heimgesucht zu werden. Wie ich etwas später wiederkomme, ist ihr Hals verkrampft und weist eine knollenartige Schwellung auf. Was will der Körper aussagen mit ‚Schwellung, Knollen, Hals'? Eine Weile schaue ich sie einfach an und sage dann: „Frau Vontobel, ich sehe, daß mit Ihrem Hals etwas los ist." Nun verstärkt sich das Symptom. Sie hat richtiggehend Würgereflexe. In Schüben zieht es ihren Hals zusammen. Unvorstellbar, wie dieser dürre Körper noch von einer solchen Wucht heimgesucht wird. Ihm geschieht sichtlich. Der Sohn ist besorgt. Ich beruhige ihn und weise ihn an, daß es wichtig sei, nun einfach da zu sein. An seine Mutter gewendet sage ich: „Jetzt haben Sie Angst. Angst, weil Sie nochmals in dem drin sind, was für Sie viel früher einmal so schlimm war. Der Hals ist der Ort Ihrer Todesangst. Vielleicht hatten Sie damals schon Todesangst. Gehen Sie dennoch einfach weiter." Und an den Sohn gewandt erläutere ich: „Man kann nicht auf Befehl keine Angst haben, wohl aber trotzdem weitergehen." Das leuchtet ihm ein. Und wieder zu Frau Vontobel: „Denken Sie: Gott kennt Ihre Not von damals und die Not von heute. Er sieht Sie im Aushalten. Er und wir alle, die jetzt da sind, verstehen Ihre Not und was daraus wurde." Es folgt ein deutlich erleichtertes Atmen. Mit ein paar Worten erkläre ich nun den Angehörigen, daß es jetzt wesentlich sei, daß der Schuldstempel nicht weitergegeben, sondern aufgelöst werde. Einzelheiten dürften, ja müßten offen bleiben. Die Sterbende hat wohl alles mitgehört. Zu ihr gewendet: „Frau Vontobel, die Schuld wird vergeben, von Gott her. Auch Ihre Tochter wird es schaffen. Sie sind frei." Wie zuvor zeichne ich ihr sorgfältig ein Kreuz am Hals. Zu unser aller Erstaunen geht der Würgereflex sofort zurück.[44] Ich bin tief beeindruckt. Nun ist, als

---

44) Die Berührung am Hals hat hier zur Beruhigung beigetragen. Das darf nicht zum unüberlegten Umgang mit Berührungen am Sterbebett verleiten. Bei traumatisierten Sterbenden ist äußerste Achtsamkeit angebracht. Man könnte durch Berührung ebenso auslösen, daß der Sterbende nochmals in voller Wucht ins traumatische Erleben zurückversetzt wird.

würde die Sterbende kurz aufschauen mit einem Blick, der bereits weit weg zu sein scheint, das Gesicht verklärt. Und wieder liegt Frau Vontobel friedlich komatös da.

Stunden später ruft Frau Vontobel um Hilfe. Eine Bekannte habe die Sterbende besucht und offensichtlich verstört. Nochmals ist Frau Vontobel im namenlos Schrecklichen drin: ihr Kiefer wirkt angespannt, ihre Zähne zugebissen. Ich sage nun: „Frau Vontobel, gehen Sie hindurch. Und noch etwas: Am äußersten Punkt von Gewalt steht Gott dazwischen. Er hat Sie damals im Letzten geschützt und wird dies auch jetzt im Sterben tun. Denken Sie: Gott steht wie ein Licht zwischen Ihnen und dem Bösen." Der Kiefer entspannt sich sichtlich. Den Angehörigen erkläre ich, was ich von Folteropfern weiß, nämlich, daß diese sich in solchen Momenten durch eine spirituelle Realität im Letzten geführt erfahren. Sie verstehen. Ich bin sehr beeindruckt über so viel Offenheit und geistige Unterstützung. Alle stehen nun um das Sterbebett, ich sage: „Frau Vontobel. Gehen Sie jetzt mutig. In Ihrer Seele treten Sie unangetastet vor Gott." Ein letztes „Ahhh" bei geschlossenen Augen. Ein sanftes Lächeln. Ein bleibend entspannter Körper. Noch in dieser Nacht soll Frau Vontobel mit einem deutlich hörbaren, sich ergebenden Atemzug friedlich gestorben sein. Ich danke der Familie, die mir erlaubt hat, diesen Bericht zu veröffentlichen. Vor allem danke ich den Familienmitgliedern für ihr prozeßbereites Mitgehen, was Wesentliches noch im Sterben der Gattin/Mutter ermöglicht hat.

2.2 Was tabuisiert bleibt, kann nicht erlöst werden

Des Öfteren begegne ich der Meinung, man müsse schwerkranke Menschen verschonen vor Themen, die sie belasten könnten. Demgegenüber erfahre ich im Umgang mit Sterbenden gerade das Gegenteil: Sie möchten verschont bleiben vor Alltäglichkeiten, Oberflächlichkeiten, Klatsch, Lärm und Hektik, aber reagieren auf für sie wesentliche Sätze. Viele selbst noch im somnolenten Zustand. In jedem Einzelfall muß die Frage gestellt werden: **Wovor muß der Sterbende verschont bleiben, wovor darf er es gerade nicht?**

Ans Sterbebett von **Herrn Maier** *werde ich gerufen, weil er nun schon seit mehr als zwei Wochen daliegt, als wäre er in seinen letzten Atemzügen. Es sei offensichtlich, daß er nicht sterben könne. Wie ich erstmals ins Zimmer trete, stehen die Familienangehörigen ums Bett herum und reden laut miteinander über Tagesthemen. Ich stelle mich vor und werde begrüßt mit der Bemerkung: „Wir sehen selber, daß ihm etwas fehlt. Er kann einfach nicht sterben. Aber wissen Sie, wir glauben nicht an solches Zeugs." – „Welches Zeugs?" frage ich. „Psychologiezeugs. – Er stirbt dann schon, wenn er will. Und wenn es Zeit dafür ist." Mir nimmt es fast den Atem.*

Dann schaue ich auf das Sterbebett und sehe vor mir einen seitlich gelagerten, im übrigen reglos und mit geschlossenen Augen daliegenden Mann. Sensible Gesichtszüge, feingeformte Hände. Für ihn will ich mich einsetzen, spüre ich. Zur Familie gewendet, sage ich: Ich habe keine Probleme, unverrichteter Dinge wieder zu gehen, wenn Sie dies wünschen. Aber ich sehe, daß Herr Maier leidet. Seine Frau beginnt zu weinen. „Also doch! Er leidet, auch wenn er im Koma ist. Versuchen wir es doch mit Ihnen." Die anderen erkundigen sich über meine ‚Theorie'. Keine Theorie kann ich bieten, schlage aber vor, daß ich vorerst ein paar Worte mit dem Vater spreche, dann mit den Angehörigen im Gang draußen gemeinsam weiterdenken möchte. Alle signalisieren Einverständnis. Der Sterbende verstehe zwar ohnehin nichts mehr. Ich trete nun ans Sterbebett und sage: „Lieber Herr Maier, ich bin Frau Renz. Ich weiß, Sie würden gerne sterben und doch hält Sie etwas zurück. Ich weiß nicht was. Ich werde versuchen, mit Ihrer Familie jetzt darüber nachzudenken."

Draußen erfahre ich wie nebenbei, daß er noch eine weitere Tochter habe von seiner früh verstorbenen ersten Frau. Aber darüber rede man nicht. „Strikter Befehl", denke ich und unterrichte nun die Familie, daß es bisweilen Fälle gibt, wo Sterbende warten und warten, bis jemand noch kommt. „Halt! – Susanne wird sicher nicht ans Sterbebett geholt. Man weiß nicht einmal recht, wo und mit wem die sich herumschlägt." Nochmals versuche ich's: „Das respektiere ich. Ob es Ihr Vater respektiert, weiß ich nicht. Darf ich Ihnen etwas vorschlagen? Ich spreche mit Ihrem Vater über Susanne." Begeistert über diesen Vorschlag ist niemand, doch man könne es ja versuchen. Sie erzählen mir, was sie von Susanne wissen.

Zurück am Sterbebett kommen mir fast Tränen angesichts des wartenden Sterbenden: „Guten Tag, Herr Maier", sage ich zum regungslos daliegenden Mann. „Ich bin Frau Renz. Ihre Frau und Ihre Kinder haben mir von Ihrer Familie erzählt. Ich will mit Ihnen nun auch von Susanne reden, die nicht da ist." Ein Stöhnen durchbricht die Regungslosigkeit. „Er hört!", ruft seine daneben stehende Frau voll Erstaunen und freut sich sichtlich. „Ja, er hört", reagiere ich leiser. Dann komme ich, Herrn Maier zugewandt, erneut auf Susanne zu sprechen und fasse zusammen: „Auch wenn Sie jetzt meine Worte nicht genau verstehen: Es gibt einen Ort, da fällt niemand heraus. Auch Susanne nicht. Denken Sie, es wird gut mit ihr. Auch Susanne hat an jenem Ort Platz und gehört dazu." – „Ahhh." Herr Maiers Atem wird tiefer. „Er hört", ruft Frau Maier. Ich fahre fort: „Sie dürfen jetzt sterben. Auch Susanne fällt nicht heraus. Und wenn Sie Angst haben…", erneutes tiefes Stöhnen. „Sie haben offenbar Angst," fahre ich fort. Er sei immer schon ängstlich gewesen, bemerkt seine Frau. „Gehen Sie hindurch", sage ich weiter. „Gehen Sie hin zu jenem Ort, wo die Angst vorbei ist und alle Platz haben." Herrn Maiers Atem wird intensiver. Schweiß bricht ihm hervor. Die Angst wird deutlich sichtbar. – Meine Zeit ist längst überzogen. Ein nächster Patientenbesuch wartet. Darum verabschiede ich mich und wiederhole: „Gehen Sie mutvoll hindurch, ich mute Ihnen dies jetzt zu. Gehen Sie weiter zu jenem Ort, wo alle Platz haben und wo auch Susanne einmal sein wird." Bald darauf soll sich Herr Maier beruhigt haben und zwei Tage später gestorben sein. Frau Maiers Worte: „Ich habe etwas gelernt."

Niemand kann beweisen, weshalb Herr Maier nicht sterben konnte, noch daß es das Gespräch über die tabuisierte Tochter gewesen sei, das ihn schließlich friedlich sterben ließ. Und selbst, wenn wir an die Wirkung des Gesprächs glauben wollen: Worin lag das für ihn Erlösende? Was mußte hier befreit werden, um sterben zu können? Ich gehe davon aus, daß etwas in ihm – wie bewußt oder nicht bleibe dahingestellt – von einer Liebe und Sorge zum ‚verlorenen' Kind nicht loskam und doch durch ein Familientabu daran gehindert war, diese Not überhaupt zu fühlen. Solche Nöte können bisweilen über Jahre oder Jahrzehnte verdrängt, umschifft oder wegrationalisiert werden. Im Angesicht des Todes spürte er wohl, daß er nicht nur als Herr Maier sterbe, sondern auch als Vater von Susanne. In diesen Vatergefühlen mußte er zunächst erlaubt sein, aus dem Tabu befreit werden, um sterben zu können. Und als offenbar ängstlicher Mann mußte er ankommen in jenem Vertrauen, das den Durchgang wagen läßt. Auch ich habe am Sterbebett von Herrn Maier etwas gelernt: Was tabuisiert bleibt, kann nicht erlöst werden. Letztlich erlösend wirkte wohl die Vision von der endzeitlichen Gemeinschaft, an der alle teilhaben, auch seine Tochter.

3. Werde der du bist – werde wesentlich

3.1 Der Seele Raum geben

Was Seele sei oder nicht sei, kann uns weder Theologie, noch Psychologie, noch die moderne Bewußtseinsforschung klar machen. Und doch gibt es seelische Bedürfnisse. Und es gibt jene mit zunehmendem Alter immer deutlicher hervortretende Suche nach Innen, jenes Gewahrwerden des ‚Innerlich-Seins' (Neumann 1992, 120), worauf vor allem die Jung'sche Psychologie hinweist. Solche Suche nach Innen muß insbesondere bei Schwerkranken und Sterbenden ihre Räume und Zeiten finden.

Auch wenn es schwer fällt, zu umschreiben, was diesem Ankommen bei der eigenen Seele förderlich ist, wäre die umgekehrte Frage: „Was denn als seelenlos empfunden werde?" viel leichter zu beantworten. Es kämen etwa Assoziationen wie: steril sauber, cool, sachlich korrekt, funktional, rational, mechanistisch; in all dem vor allem: gefühllos. Ein „Verlust der Seele"[45] prägt unsere Zeit und Zivilisation ganz allgemein. Nicht alle Sterbenden nehmen dieses Manko gleichermaßen wahr. Einigen dafür Sensiblen hingegen fehlt etwas, was sie kaum zu formulieren wissen: die Nähe zu den heimatlichen Wurzeln, das Weiblich-Tragende einer Stimme oder die Weichheit einer Berührung, der geschenkte Zeit-Raum, eine Antwort zu finden, eine väterliche Gewißheit, der Raum fürs Spirituelle, ein tiefer Respekt vor dem Geheimnis Mensch, Ehrfurcht vor dem Heiligen … oder wie immer sie ihre Sehnsucht erleben. Viele

---

45) Bitter (zitiert in Wehr [1988, 178]) im Sinne einer Zeitdiagnose: „Die zunehmende Spaltung zwischen Bewußtem und Unbewußtem, Rationalem und Irrationalem … führt zur Gefährdung des Menschlichen, zum Verlust der Ganzheit der Seele … Der psychischen Gespaltenheit entspricht die religiöse Entwurzelung … Die Spaltung geht durch alle Bereiche: Der Intellekt überwuchert das Gefühl, Kopf und Herz stehen im Widerstreit, das Unbewußte wird vom Bewußtsein abgespalten, das Aktiv-Männliche verdrängt weitgehend das Weibliche im Sinne des Empfangenden und Bewahrenden. So verliert der Mensch seine innere Harmonie."

Menschen, gerade die in ihrer Feinfühligkeit bedrohten, haben sich im Verlauf ihres Lebens einen Panzer der Unverletzbarkeit angelegt. Im Sterben kommen sie in einen Grenzbereich, wo etwas in ihnen vermehrt nach Nähe zur eigenen Tiefe und nach Erkannt-Sein im eigenen Wesentlichen drängt. Sie benötigen eine Atmosphäre der Ehrfurcht und das Gespür eines Gegenübers, daß es hier um etwas Heiliges geht.

__Frau Hagemann__ würde meine Hilfe brauchen und läßt doch emotionale Nähe kaum zu. Sie freut sich, wenn ich als Musiktherapeutin ihre Bettnachbarin aufsuche – Therapie aber bitte nicht für sie. Ich respektiere ihre Zurückhaltung und versuche doch schüchtern eine Annäherung, indem ich sie auf ihre Sensibilität für die Musik anspreche. „So feine, obertonreiche Musik, so feiner Gesang, das liebe ich über alles. Die meisten wissen ja nicht, was sie da hören, weil sie keine Obertöne erkennen," antwortet sie. – Nach einer Weile: Sie sei aus der Kirche ausgetreten, habe dort so wenig Sinn für das Spirituelle und so wenig Ehrfurcht etwa im Umgang mit der Hostie erlebt. Das sei doch respektlos. „Ja, das ist genau ihr Wort", denke ich. Irgendwie fühlt sie sich von mir erkannt. Nach Tagen meiner Abwesenheit wird mir gemeldet, sie sei plötzlich sterbend. Regungslos, mit geschlossenen Augen liegt sie da, kann aber noch nicht sterben. Zu ihr hintretend, wage ich Worte, die mir schon lange auf der Zunge liegen: „Frau Hagemann, Sie, ihre Persönlichkeit, verdienen meinen Respekt. Sie sind würdig, einzigartig und die Stunde jetzt ist heilig." Ihre Augenbrauen zucken. Nach einer Weile des gemeinsamen Daseins in Stille sage ich: „Ich gehe jetzt und komme heute mehrmals und bin dann ganz da." Erneutes Augenzucken. Wie ich wieder ins Zimmer trete, ihren Namen sage, stirbt sie. Mich erfaßt Dankbarkeit und Respekt vor dieser heiligen Stunde.

Jeder Weg nach Innen, jeder Individuationsprozeß, will in einer Grundhaltung der Ehrfurcht gegangen werden. Je tiefer der Abstieg, je zentraler der Mensch zu seinem eigenen Wesentlichen vorstößt, um so mehr verbinden sich ihm Selbst-Erfahrung und Gotteserfahrung: letzte Identität von Gott her, erlaubtes So-Sein, Sich-selber-Sein und Sich-Verantworten im Gegenüber eines Unbedingten.

3.2 Empfänglich werden

Geht es in der Annäherung an unser Wesentliches auch darum, überhaupt erst wieder offen und empfänglich zu werden für das, was uns in tiefster Seele berührt, was uns geschieht, wenn wir uns einzulassen wagen? Geht es – in der Symbolsprache gesprochen – darum, mit Qualitäten des Weiblichen (in Mann und Frau), der Anima in uns vertraut zu werden? Gehen Menschen noch im Sterben auf die Suche nach der eigenen inneren Weiblichkeit? Und – wenn ja – kann sich dies über Begegnungen mit

Frauen ereignen? In der Arbeit mit einigen sterbenden Männern wurde mir dies auf seltsame Weise bewußt. Des Öfteren dankten Sterbende mir verbindlich dafür, daß in meiner Gegenwart tiefe Gefühle (auch tiefe Verletzungen) und spirituelle Sehnsüchte wahr sein durften. Die sich entfaltende therapeutische Beziehung wurde zum Gefäß, in dem die Suche nach Innen stattfand.

Solche Beziehungen erhielten eine spezielle Intensität, wobei die Sehnsucht des Sterbenden nach Beziehung letztlich nicht mir, sondern einem inneren Gegenüber galt. In der konkreten Frau wird die Qualität weiblicher Empfänglichkeit erspürt. Im eigenen Empfänglich-werden bereitet sich die Seele des Sterbenden – wie in der Symbolik der Hl. Hochzeit[46] – auf die innere Begegnung mit Gott vor. Und angesichts dieses äußersten Gegenübers muß sich der Mensch, wie schon die Mystik betont, immer als Frau definieren.[47] In solcher letzter Empfänglichkeit findet der Sterbende zu tiefer **Beziehungsfähigkeit**, zur Erfahrung von Bezogen-Sein und **personalem Gemeintsein** (vgl. die nachfolgenden Beispiele von Herrn Übersax und Herrn Mäder).

Das Unterfangen solcher Begleitung war für mich nicht einfach. Etwa wenn Sterbende mir gegenüber äußerten, wie ‚einzigartig' ihre Beziehung zu mir sei. *„Endlich eine Frau, die ...",* oder: *„Wie glücklich, im Sterben noch eine Frau wie Sie kennengelernt zu haben."* Ich brauchte jedesmal einige Zeit, bis ich mich von solcher gefühlsmäßiger Intimität nicht mehr irritieren ließ und spüre bis heute schmerzlich, daß ich aufgrund solcher Verunsicherung bisweilen auch auf der Strecke blieb. Ich hätte jeweils länger Zeit gebraucht, als noch verblieb, um zu verstehen, worum es ging, und entsprechend zu antworten. Zwei Dinge schienen auf solchen Wegen wesentlich zu sein: Einerseits meine eigene Authentizität mitsamt ihren momentbedingten Gefühlen. Andererseits die Klarheit über meine Rolle. Solche Sterbende schienen mich zu ‚brauchen', um bei sich und ihrer Tiefe erlaubterweise anzukommen und mit sich selbst vertraut zu werden. Ich mußte über den Schatten meiner eigenen Angst vor zuviel seelischer Nähe hinwegspringen und nicht an meine Person binden, was etwas Größerem galt.

***Herr Übersax**, ein wortkarger, treuer, etwas verbitterter Einzelgänger wurde mir mit der Frage überwiesen: „Können Sie etwas aus diesem Menschen herausholen?" Er hat weder Frau noch Kinder, nur entfernte Verwandte. Die einzige wirklich gute*

---

46) Vgl. hierzu Todesträume von der Hl. Hochzeit oder der Hochzeit des Lammes im Kapitel Visionen Sterbender. Vgl. vor allem: der Mensch als Jungfrau, die die Ankunft des Bräutigams erwartet (Math 25.1–13) und das endzeitliche Jerusalem (ebenfalls weibl. Symbol) als Braut in der Offenbarung des Johannes.

47) Haas (1999).

Beziehung scheint er zum Spitalseelsorger zu haben. Dort gelingen ihm Gespräche von Mann zu Mann. Zwischen Herrn Übersax und mir entwickelt sich eine etwas andere Beziehung von ebenfalls besonderer Art: Er fühlt sich verstanden, zu nichts gedrängt, spürt meine Betroffenheit über sein Schicksal und all dies von einer Frau. Es ist, als blühe er richtiggehend auf in der Zeit im Spital.

In einem etwas verwirrten Zustand ist er erneut in seiner Resignation drin und weist die Pflegenden ab mit der Bemerkung, es kümmere sich ohnehin niemand um ihn. Sein Befinden berührt mich, ich versuche, ihn etwas aufzuweichen mit einem gefühlsbetonten Heimatlied: „Lueged vo Berg und Tal". Zu meinem Erstaunen singt Herr Übersax inbrünstig mit. Dann sagt er trocken: „Jetzt reicht es." Nach dem Lied ist er wieder klar da. Ein paar Tage später wird gemeinsam mit den Angehörigen, von denen sich niemand richtig für Herrn Übersax zu interessieren scheint, über eine Versetzung ins Pflegeheim diskutiert. Herr Übersax hört wie halb abwesend zu und sagt plötzlich unvermittelt: „Dann ist halt der Schlüssel heruntergefallen." Welcher Schlüssel, fragt man sich in der Runde. Mir kommt der Impuls: „Das könnte bedeuten, daß mit der Versetzung etwas herunterfällt und sich verschließt wie ein abgeriegeltes Schloß. Im Spital fühlte sich Herr Übersax wohl und öffnete sich. Wenn er ins Pflegeheim versetzt wird, fällt der Schlüssel zu seiner Seele herunter." „Ja", tönt es klar vom Bett her. Herr Übersax hat verstanden. Es wird entschieden, daß er noch einige Wochen hier bleiben könne. Wie gut wäre es, wenn er in dieser Zeit sterben könnte.

Zwischen ihm und mir folgen viele Stunden des treuen stillen Kontaktes, die gerade in ihrem Schweigen wichtig sind. Wie ich mich angesichts meiner bevorstehenden Ferien von ihm verabschiede, sagt er: „Wenigstens eine Frau, für die ich nicht gleichgültig bin." In einem Traum wird mir verdeutlicht, worin das Wesentliche dieser Beziehung lag: „Wir schauen uns von Angesicht zu Angesicht an. Ohne daß wir uns berühren, findet doch tiefe Berührung statt." Von den Pflegenden wird mir berichtet, er sei nach meinem Weggang wie in sich zusammengefallen.

Wie ich zurückkomme, ist der Pflegeheimplatz festgelegt. Seine Enttäuschung ist unübersehbar. Er spricht und bewegt sich kaum und nimmt lieber keine Hilfeleistungen an. Mein letzter Besuch bei ihm im Spital fällt mir ungeheuer schwer. Wiederum äußert er: „Die einzige Frau, der ich nicht gleichgültig bin." Ich verspreche ihm, ihn im Pflegeheim einmal zu besuchen. Ob mir wohl ernst sei damit? Diese Skepsis entnehme ich seinem sonst traurigen Gesicht.

Ich melde mich für den Besuch im Pflegeheim an. Dort angekommen, erfahre ich, daß Herr Übersax gewünscht habe, eigens für diese Begegnung gewaschen und rasiert zu werden. Ich weiß, daß mein Besuch hier einmalig ist und nehme nochmals Abschied. Danach soll er erneut in sich zurückgefallen sein. Wider alle Erwartungen starb er schon wenige Tage danach.

Ich selbst war bewegt vom Zeugnis dieses Sterbens. In unseren Begegnungen wurde Herr Übersax selbst tief ‚Mensch'. Wo dies fehlte, fiel er einfach in sich zusammen. In unseren gemeinsamen Stunden fühlte er sich angeschaut in der Schönheit seines Menschseins und machte sich schön dafür. Begegnung hieß für ihn Leben. Sein Sterben erinnerte mich an Martin Bubers Wort: „Ich werde am Du ... Alles wirkliche Leben ist Begegnung" (1983, 12). Er wurde an mir, ich ebenso an ihm. Darin lag wohl das, was diese schlichte Beziehung so bedeutsam machte.

3.3 Angeschaut sein – personales Gegenüber sein

Die Sehnsucht nach Personalität und Würde und darin der **Beziehungsaspekt** von Not und Erlösung traten besonders deutlich hervor in der Begleitung von Herr Mäder. Anschauen und angeschaut werden, Augen voller Sehnsucht und daneben eine so totale Ablehnung, die das Gegenüber keines Blickes mehr würdigt, das waren Themen unserer therapeutischen Beziehung. Andernorts habe ich auf die große Bedeutung der **Augensymbolik** (1996, 178) hingewiesen. Wo ein Leiden auf die Frühzeit menschlicher Entwicklung verweist, kommt im Augensymbol (etwa in Träumen von einem eindringlich flehenden unvergeßlichen Blick) eine äußerste Sehnsucht nach Beziehung oder eine Not mit einem Ur-Gegenüber zum Ausdruck.

Sterben führt im Sinne eines letzten Übergangs nochmals an früheste Empfindungen heran. Uralte Sehnsüchte und Verletzungen können nochmals angerührt werden. Im Falle von Herrn Mäder wurde wichtig, daß er sich angeschaut und gewürdigt erfuhr im unfaßbaren Ausmaß seines stummen Leides. In der Begleitung von ihm fiel das Wort Gott nicht, und doch war Spiritualität, etwa im Ringen um Wahrhaftigkeit und volle Präsenz (Dasein im Augenblick) in der therapeutischen Beziehung bedeutsam. Herr Mäder fand schlußendlich zu Identität und Gemeintsein[48], zu einer Beziehungsfähigkeit auch jenseits von Ambivalenz. So alt und wortlos wie sein Kinderleid gewesen sein mochte, so wortlos waren auch die wesentlichsten Stunden unseres Zusammenseins:

---

48) Kast (1996, 14): „Wenn ... der Archetypus des Selbst dem Menschen erfahrbar wird, dann haben wir den Eindruck, daß wir absolut gemeint sind; wir haben das Gefühl der Selbstzentrierung, das Erlebnis der unabweisbaren Identität."

„Außerordentlich große Schmerzen, die in solchem Ausmaß allein physisch nicht zu erklären sind", wird mir als Zuweisungsgrund im Falle von **Herrn Mäder** *genannt. Auch sei sein Verhalten der Mutter gegenüber ambivalent. Im übrigen sei er geduldig und gütig.*

Vor mir liegt ein Mann mit schmalem, langem Körperbau. Er spreche nicht gerne, äußert er und weist mir mit einer Gebärde einen Platz neben seinem Bett zu. Hingegen freue er sich auf eine Entspannung. Monochordmusik spricht ihn an. Die wenigen Bewegungen von Herrn Mäder sprechen von großen Schmerzen. Betroffen schaue ich ihn an. Ich empfinde gerade angesichts von so viel körperlichem Elend Achtung. Dies formuliere ich im Abschied-nehmen. Herr Mäder ist offensichtlich berührt: Tränen füllen seine Augen. Der Erfolg sei ‚sensationell' gewesen, wird mir später zugetragen, er habe drei Tage lang deutlich weniger Schmerzmittel gebraucht und zu verstehen gegeben, es sei, als wäre er zu Hause. Er hätte kein Heimweh mehr gehabt.

Auch in mir wirkt die Begegnung nachhaltig: Wie wird mir Abgrenzung gelingen? Wie werde ich der hohen Sensibilität dieses Mannes gerecht? In einem Traum begegnet er mir mit tiefen, eindringlichen Augen. Das macht mich hellhörig für das Stichwort ‚Beziehung'. Die folgenden Begegnungen sind gut und intensiv. Mit der Ausnahme, daß mir auffällt, wie sehr er auf Kontrolle bedacht ist, mich bald zum Monochord hin dirigiert, bald anweist, die Musik abzubrechen. Zu schmerzliche Gefühle würden bisweilen hochkommen, Heimweh wie früher. Er ist dankbar, daß ich seinen Anweisungen stets Folge leiste und angesichts seiner Gefühlstiefe und Verletzlichkeit zurückhaltend bin.

Über die Anfrage der Mutter, mit mir sprechen zu können, kommt Ambivalenz in unsere Beziehung.[49] *Bevor ich die Anfrage erwidere, frage ich Herrn Mäder, ob er dies möchte. Er reagiert unwirsch, was ich denn mit ihr wolle – und im übrigen sei sie die Einzige, die ihn in Treue besuche. Andere Frauen ... Herr Mäder dirigiert mich zum Zimmer hinaus und bricht den Kontakt mit mir über Wochen ab. Mich plagt das. Warum der Vertrauensbruch? Nach einer Woche versuche ich's mit einer Entschuldigung, erhalte aber die Antwort, er habe Wichtigeres zu tun als mich und meine Entschuldigungen anzuhören. Schockiert gehe ich weg. Auch das Pflegepersonal hat es in dieser Zeit schwierig mit ihm.*

---

49) Der Kontakt zu Angehörigen ist in Fällen, wo dies notwendig oder beidseitig erwünscht ist, oft Teil der pflegerischen, medizinischen und therapeutischen Sterbebegleitung.

Der Zufall und kleine Zeichen meinerseits bewirken allmählich eine Aufweichung der Fronten. Mich drängt das Ausmaß seiner Schmerzen zum Handeln. Wir vereinbaren eine nächste Begegnung. „Aber nur Musik", hält er gleich fest. Immerhin! Dankbar bringe ich ihm das nächste Mal eine Rose mit. „Vielleicht haben Sie Freude daran, sage ich beim Begrüßen." Die harten Gesichtszüge weichen sich auf. Zum zweiten Mal braucht nun Herr Mäder über Tage deutlich weniger Schmerzmittel. Das bestätigt mich in der Annahme, daß ein Zusammenhang bestehe zwischen Beziehungsnöten, Sehnsucht nach Beziehung und Schmerzen. In der Supervision werde ich ermutigt, das Gespräch direkter zu wagen.

In der nächsten Stunde lasse ich mich also nicht mehr abfertigen mit ‚Musik machen'. Ernsthaft frage ich: „Haben Sie nicht auch das Gefühl, Ihre Schmerzen seien größer, wenn Sie sich verschließen und abblocken?" Stille. Blickkontakt. „Ich bin froh, daß Sie heute den Kontakt zulassen. Sicher haben Sie so weniger Schmerzen." Herr Mäder nickt. Dann spreche ich mit ihm über das Annehmen der Dinge, wie sie sind. Wieder nickt er zustimmend. Ich staune über sein wortloses Ja und sage das. Dieser kleine Schritt hat nachhaltige Wirkungen: Etwas in Herrn Mäder scheint tief losgelassen zu haben: Er tritt in eine Phase der Entspannung und wird ein erstes Mal terminal. Seine alte Ambivalenz sei wie verflogen, er lasse neuerdings Berührung und Pflege gerne zu, erfahre ich von den Pflegenden. Ich selbst bin bisweilen an sein Wort Heimweh erinnert und habe mir inzwischen sagen lassen, er sei immer schon ein ‚Heimwehbueb' gewesen, schon zur Zeit, als man ihn unter der Woche in einer Pflegefamilie untergebracht habe.

Wieder wacher und offenbar in symbolischem Erleben drin, ist Herr Mäder auch dem Traumatischen aus seiner Kindheit nahe. Sind darin wohl Wurzeln seiner Beziehungsnöte zu suchen? Hängt noch etwas Schreckliches aus der Zeit der Pflegefamilie wie ein Schatten über ihm? Herr Mäder äußert sich nur noch über Gestik. Ist es Müdigkeit oder Gefangensein im Wortlosen? Vorerst versucht er ein Kindheits-Photo vom Nachttisch zu nehmen und mir zu zeigen. Es gelingt ihm schließlich unter größten Anstrengungen. Aus tiefen Augen schaut er mich nun einfach an. Ob ich ihn auch einfach anschauen solle? Nicken. Es folgt nun eine Szene, während der Herr Mäder zugleich irgendwie da und mir gegenüber, als auch weit weg, versunken in einer Innenwelt zu sein scheint. Nach einer Weile greift er zu den schmerzenden Genitalien, dann, sich total verrenkend, nach dem Genick. Die Lippen sind derweil in einer unmenschlichen Mundstellung fixiert, wohl eine halbe Stunde lang. Was ist mit diesem Mund, mit dem Baby von damals geschehen? Mir fehlen Worte. Ich kann nur still, regungslos, hinschauend mit aushalten und all das Unfaßbare innerlich an etwas Größeres, an Gott weitergeben. Bisweilen spiegle ich Herrn Mäder in seinen Gebärden, einerseits um mich einzufühlen, wie das wohl für ihn sein muß und andererseits, um ihm zu verstehen zu geben, daß ich wirklich ‚sehe'. Wenn ich frage, ob er Schmerzmittel brauche, schüttelt er den Kopf. Frage ich weiter, ob er mir seine eigentlichen Schmerzen zeigen wolle, sagt er „Ja." Irgendwann, nach schätzungsweise zwei Stunden des Anschauens und Angeschaut-Werdens beginnt es sich in ihm zu lösen.

Noch zweimal möchte sein inneres Kind sich mir in seinem unfaßbaren Leiden wortlos, über Gebärden zeigen. Danach ist es, als habe sich etwas aufgelöst oder gewandelt. Herr Mäder liegt nun gelöst und ausgestreckt da. Noch immer schauen wir uns einfach an. In mir ist es jetzt, als würde mich eine Nachwelle erfassen. Mein eigener Leib beginnt zu zittern. Meine Tränen fließen. Das scheint Herrn Mäder zu berühren. Auch seine Augen tränen. Mit einem Streichen über seinen Körper will er mir verständlich machen, daß jetzt Sanftheit in ihn gekommen sei. Ich frage: „Haben Sie jetzt weniger Schmerzen?" „Ja." Es folgt eines jener seltenen Lächeln, die ich je in seinem Gesicht gesehen habe. – Nochmals eine letzte Begegnung. Vielsagender Blick. Abschied. Tags darauf stirbt er friedlich.

3.4 Sinn leben, Sinn erleiden, Sinn stiften

3.4.1 Dem Unsinn einen Sinn abringen

„*Was hat ein solches Leben, was hat so viel Leiden noch für einen Sinn*", werde ich von Sterbenden und Angehörigen des öfteren gefragt. Einige Patienten und Patientinnen werden mir zugewiesen mit der Bemerkung, daß sie depressiv seien. Und Angehörige halten es fast nicht aus, mit anzuschauen, wie kläglich ihre Liebsten aus dem Leben gehen. Darf angesichts ihres Leidens überhaupt noch von Sinn gesprochen werden?

Ich gehe davon aus, daß selbst noch im Schwerkranken ein Bedürfnis da sein kann, **bedeutsam** und irgendwie **sinnvoll** zu sein.[50] Und daß es gerade Erfahrungen solchen Sinns sein können, die bisweilen mithelfen, das Leiden zu (er)tragen. Vier Schwerkranke fragten mich ausdrücklich: „*Darf ich etwas für Sie tun? Wie geht es Ihnen? Darf ich an Sie denken / für Sie beten?*" Als Umstehende tragen wir insofern zur Sinnerfahrung von Schwerkranken bei, als auch wir uns von ihnen beschenken lassen, ja ihren geistlichen Dienst annehmen können. Nicht immer sind wir Geben-

---

50) Grom, Schmidt (1975, 93): „Streben nach Sinn" (G.W. Allport), „Wille zum Sinn" (V.E. Frankl).

de und sie Nehmende. Wir sind es, die ihrem Zeugnis von gelebtem Sinn einen geistigen Wert beimessen oder nicht. Dies gelingt, wo wir selbst im Glauben ankommen, daß noch im scheinbar Sinnlosen Sinn erlebt werden kann. Wo ihr Zeugnis uns echt berührt (etwa ihre vorbildhafte Tapferkeit, ihre Hoffnung oder eindrückliche Ergebung), ist es wichtig, daß unsere ausdrücklichen Worte der Wertschätzung und des Dankes bei ihnen ankommen. Ein Sterbender war tief ergriffen, als ich ihm im Namen seiner Frau dafür dankte, daß er noch als Sterbender Frieden gestiftet habe und das Enkelkind über ihn zur Familie zurückgefunden habe.

Sinn-Erfahrung ist Identitätserfahrung in Dimensionen menschlichen Daseins, die das rein Biologische übersteigen. **Sinn** findet man im Sterben nicht mehr ohne Orientierung an **etwas, was das Ich und die Erdenzeit eines Menschen transzendiert**. Man mag es Gott nennen oder Liebe oder Erfahrung von Ganzheit. Sinn-Findung in Leiden und Sterben hat etwas zu tun mit Kreativität im Geiste, mit einer äußersten Form menschlicher Freiheit und Würde. Wirtz und Zöbeli (1995, 93) sprechen in Bezug auf Aids und Krebs von einer unerbittlichen Anfrage ans Leben: „Meine eigene Form finden, meinen Sinn erschaffen angesichts des Todes, meine Kreativität der Begrenzung entgegensetzen, das ist meine Individuation, mein Heimkommen zu mir selbst." Wo Schwerkranke, dem Tod Geweihte selbst dem Unsinn ihres Leidens einen letzten Sinn abzuringen vermögen, da haben sie Anteil an einem letzten geistigen Sieg. Bonhoeffer soll über sein Leben in der elenden Zelle im Konzentrationslager gesagt haben: Wenn er aufhöre, morgens um 6 Uhr aufzustehen, um seine geistlichen Übungen zu machen, sei das der Anfang der Kapitulation (vgl. Schwarz 1998). Sinnfindung im Leiden ist Ausdruck von Bewußtheit, Kultur, innerer Haltung. Ein Schwerkranker äußerte einmal: *„Allein schon das hier (körperliche Ohnmacht, Schmerzen) auszuhalten ist Gebet."*

3.4.2 Frau Leiser: „Genau mich braucht es im Pflegeheim"

Frau Leiser, eine feingliedrige, nachdenkliche Frau, ist krankheitsbedingt sehr deprimiert. Sie hört intensiv zu, nimmt sich dann aber jeweils Zeit, um zu spüren, welche Antworten oder Maßnahmen für sie stimmig seien. So auch schon bei der ersten Frage: „Möchten Sie, daß ich für Sie Musik mache?" Um so beglückter ist sie dann nach der ersten Klangreise. Es sei gewesen wie mitten in der Natur, beschreibt sie mir ihr Erleben beim nächsten Besuch. Wie ich mich nach ihrem Befinden erkundige, beginnt sie zu weinen: „Was soll das alles jetzt noch? Und doch darf ich nicht klagen. Ich durfte in einem Blindenheim arbeiten und für viele Menschen da sein. Anderen – mit einem Blick zur Bettnachbarin – geht es viel schlimmer." Einen Moment denke ich nach. Dann sage ich: „Frau Leiser, Sie haben eine wunderbare Stimme, in der Ihre ganze Liebe und Seele mitklingt. Ich denke, daß gerade blinde Menschen diese Stimme sehr gerne hörten." „Ja", *meint sie etwas verlegen, aber sichtlich berührt. Sie wünscht sich erneut eine Klangreise. Diesmal sieht sie innerlich einen langen Zug blinder Menschen, von ihr angeführt. Wie wir danach über dieses Bild sprechen, meint sie:* „Diese Menschen müssen doch jemanden haben, der vorangeht, der sieht und führt." „Ja, ich meine, das ist wichtig in Ihrem Leben: sehen, wo andere nicht sehen und vorangehen."

Frau Leisers Deprimiertheit ist wie verflogen. Man liebt sie auf der ganzen Station. Sie sucht vor allem das Gespräch zu einem jüngeren, traurigen Mann. Jeden Tag treffen sich die beiden fortan. Eines Tages wird der Mann durch eine belastende Diagnose so entmutigt, daß er gar nicht mehr aufsteht. Am Nachmittag des zweiten Tages läßt ihm Frau Leiser einen Gruß übermitteln, sie warte auf ihn in der Küche. 15 Minuten später sitzt er mit ihr am Küchentisch.

Frau Leiser soll ins Pflegeheim verlegt werden. Sie ist erneut deprimiert: „Alles, nur das nicht. Da hocken sie täglich vor sich hin. Da wird man grau und steif." Natürlich verstehe ich. Niemand will ins Pflegeheim. Was soll ich sagen? Wir schauen uns eine Weile einfach an, bis mir die Worte kommen: „Wenn ich jetzt bedenke, was alles Sie mir in den wenigen gemeinsamen Stunden geschenkt haben an Ausstrahlung, Hoffnung, Wärme, Zuneigung, Liebe, wenn ich bedenke, was Pflegende und Mitpatienten über Sie erzählen, so haben Sie eine wichtige Aufgabe erfüllt hier im Spital. Meinen Sie nicht, im Pflegeheim brauche es genau eines solchen Menschen, der Helle bringt, wo es sonst nur grau ist." *Stille. Nach einer Weile meint Frau Leiser:* „Da haben Sie vielleicht Recht. Ich muß mir das überlegen. – *Am nächsten Tag erwartet mich Frau Leiser mit Spannung:* „Frau Renz, das war **die** Antwort. Genau mich braucht es drüben im Pflegeheim. Jetzt kann ich mit wackerem Mut gehen. Auch als Patientin kann man Hoffnung geben." *So soll es dann auch gewesen sein, ließ ich mir später sagen.*

Von einer ähnlichen Erfahrung erfuhr ich auf Umwegen: *Eine alte Mutter einer großen Familie litt daran, daß sie nichts Sinnvolles mehr machen könne als Daliegen. Dann wurde ihr erzählt von einem Menschen, dessen Sterben so eindrücklich gewesen sei, daß Menschen in seinem Umkreis danach sagten, sie hätten durch diesen Sterbenden zu einer neuen Beziehung zum Tod gefunden. Daraufhin die alte Mutter:* „Ich habe mich ein halbes Leben lang angestrengt, damit meine Kinder leben lernen. Vielleicht müssen sie jetzt von mir auch noch das Sterben lernen."

3.4.3 „Ich danke Ihnen, Herr Schaub, Sie haben mir viel gegeben"

Des öfteren wurde ich gefragt: „Wie schaffen Sie es gefühlsmäßig, so viel Leiden mitzuerleben und zu verkraften?" Gefühle einfach abzustellen, stumpf zu werden, darf nicht geschehen. Die Bereitschaft zu fühlen und sich mit dem Patienten an den inneren Ort seines Leidens zu begeben ist – menschliche Grenzen inbegriffen – Voraussetzung aller therapeutisch-spirituellen Arbeit. Umgekehrt hilft es niemandem, wenn ich selbst im Mitleid(en) stecken bleibe. Im Spital werde ich immer wieder vor die Aufgabe gestellt, Leiden wahrzunehmen und zugleich dem Betroffenen zuzumuten, was er ohnehin aushalten muß. Das bedeutet, ihm in der Würde seines Leidens zu begegnen.

Schmerzen können medizinisch bekämpft und über Entspannung gelindert werden, Ohnmachtssituationen, etwa in der Folge fortschreitender Lähmung, bei gleichzeitig wachem Bewußtsein können nur heroisch ausgehalten werden. Das ist geistige Höchst-Leistung trotz äußerer Passivität[51]. Sinn und menschliche Größe erwachsen dort, wo etwas im Menschen die Sinnlosigkeit des körperlichen Zustandes transzendiert, **um „mehr als das Schicksal (zu) sein"**. Das soll die Antwort Beethovens in den letzten leidvollen Jahren seines Lebens gewesen sein.[52] In solchen Zeugnissen erhalten Sterbende für uns eine erschütternde Bedeutung. Wer, wenn nicht Menschen in ihren letzten reifsten Tagen und Stunden, bringt solche Werte in unsere Gegenwart ein?

*Vor mir liegt ein durch den fortschreitenden Tumor kaum mehr zur Bewegung fähiger Mann, **Herr Schaub**, der nur noch ein paar seltene Worte spricht. Der Kopf dreht sich kaum mehr, der Hals ist stark geschwollen, sein Leidensweg bis hierher war schon sehr lang. Herr Schaub weiß, daß ich komme und wünscht Musiktherapie. Er trifft mich in einem persönlichen Tief meinerseits an. So stehe ich vor ihm, betroffen und wohl noch hilfloser, als ich es ohnehin angesichts seiner Situation schon wäre. Nach einer Weile der Stille frage ich: „Möchten Sie gerne Musik?" „Ja." Eine Klangreise mit Bogenharfenmusik schätzt er sichtlich. Er äußert anschließend: „Ich habe weniger Schmerzen."*

---

51) V. Frankl (1977, 32) spricht von drei Wegen der Sinnfindung: Leistung (etwas tun oder schaffen) – Liebe (etwas erleben, jemanden lieben) – Leiden (Annahme eines unvermeidlichen unabänderlichen Schicksals). „Erst die Haltung und Einstellung gestattet ihm (dem Leidenden), Zeugnis abzulegen von etwas, wessen der Mensch allein fähig ist: Das Leiden auf der menschlichen Ebene in eine Leistung umzusetzen und umzugestalten."

52) in v. Mangoldt (1976, 103).

Zugleich ist zwischen uns eine Dichte, die ich am ehesten als gelebte Spiritualität umschreiben kann. Vorerst frage ich mich, was es wohl sei, das diesen Mann trotz seiner Ohnmacht in solcher Gelassenheit und Ruhe verweilen lasse und spreche Herrn Schaub darauf an. Eine Antwort erhalte ich nicht. Fehlen ihm Worte? Ich weiß von ihm, daß er religiös sei, aber aus der Kirche ausgetreten. So wage ich die Frage: „Ist es so, daß es etwas ganz Großes gibt, das zutiefst bewegen, erfüllen, berühren kann, über das man aber gar nicht sprechen kann?" „Ganz genau." „Sind Sie darum ruhig?" Nicken. Gemeinsames Schweigen. Dann folgt der Abschied. Herr Schaub dankt mir mit intensivem Blick und verbindlichem Händedruck. Auch ich danke ihm, er habe mir sehr viel gegeben. Jetzt kommen Tränen in seine Augen.

Unsere zweite Begegnung verläuft ähnlich: Die Klangreise berührt tief wie schon letztes Mal. Ich formuliere, was mir seit der ersten Begegnung nachgeht: Würde. Er dankt mir wieder mit Tränen in den Augen. In der folgenden Nacht träume ich von ihm. Der Traum wird mir zur Antwort für meinen eigenen Alltag und zur Motivation, in einer beruflich schwierigen Situation trotzdem weiterzumachen.

In unserer dritten Begegnung ist Herr Schaub sehr müde und schweigt. Mit ein paar Worten führe ich ihn in eine Entspannung: er sei getragen vom Bett, vom Boden, letztlich von Gott. Eine leise Bewegung erfaßt seinen Körper. Ich spiele sanfte Harfenmusik und nehme wieder die schwer zu beschreibende Dichte wahr, sowohl seinerseits wie meinerseits. Zustand jenseits von Gegensätzen und doch je sehr bei sich! **Einheitserfahrung!** *Nach einer Weile frage ich in die Musik hinein: „Darf ich für Sie beten?" „Ja, gerne, sehr gerne", antwortet er erstaunlich klar und laut. „Vater – Gott –, hier liegt Herr Schaub. Schau Du sein Leiden an. Nimm Du ihn zu Dir. Er möchte sterben. Er ist würdig, gerade im Aushalten." Er, ich und auch die anwesenden Angehörigen sind tief ergriffen. Beim Abschied formuliert Herr Schaub mit großer Anstrengung: „Es ist schön für mich, daß ich eine Frau wie Sie noch kennengelernt habe."*

Als ich das nächste Mal im Begriff bin hinzugehen, bin ich über seinen letzten Satz etwas irritiert und überdies müde. So lasse ich mich für heute nicht auf tiefere Dimensionen ein, zumal mir klar ist, daß ich Herrn Schaub mit seiner hohen Sensibilität nichts vormachen kann. Stimmig für heute scheint mir das Wort Loslassen, das ich ihm in eine Entspannung hinein mitgebe: „Sterben bedeutet loslassen von all dem, was uns festhält. Loslassen im Zuviel, loslassen im Zuwenig. Loslassen, was gut war, loslassen, was nicht gut war. Versuchen Sie einfach anzukommen beim Gedanken: Es war so wie es war. Dann kehrt Friede ein." Herr Schaub reagiert mit verstärkter Atmung. Wieder zuckt es durch seinen ganzen Leib. Ich spiele Musik.

Er sei nun nicht mehr ansprechbar, sagt man mir tags darauf. Trotzdem spreche ich ihn an und wage eine Frage: „Wissen Sie das Wort von gestern noch: Loslassen?" „Ja", antwortet er zu meinem eigenen Erstaunen. So fahre ich fort: „Mich beschäftigt, warum Sie nicht sterben können." Wiederum kommt überraschend eine Antwort: „Mich auch." So beginnt ein höchst eindrücklicher Dialog über Dinge dieser Welt und Erfahrungen mit einer anderen Welt. Allmählich taste ich mich an die Frage heran, was wohl dem Sterben noch im Wege stehen könne: „Haben Sie das Gefühl, es müsse noch etwas in Ordnung kommen, was noch nicht in Ordnung ist?" „Nicht, daß ich wüßte." „Ist es für Sie jetzt so, daß Sie manchmal da sind und einfach warten, manchmal wie weg und dann im Angenehmen?" „Ganz genau, manchmal so, manchmal so." Ich habe das Gefühl, es sei auch für Herrn Schaub angesichts seiner ausgeprägten spirituellen Bedürfnisse bedeutsam, in den Zustand solchen Seins bewußter hineinzuspüren. Darum frage ich jetzt genauer: „Ist es so: Manchmal ist die Realität Gott wie da, dann ist alles sehr schön, zeitlos, voll und das Kranksein kein Problem?" Herr Schaub reagiert mit intensivem Nicken und einem „Schhhh". „Dann ist man intensiv gegenwärtig und zugleich weit weg?" Wiederum nickt er. „Ist es so, daß man bald wie eins ist mit dem Heiligen und bald wie diesem gegenüber, ohne daß man je etwas davon verstehen könnte?" Herr Schaub nickt intensiv. Ich staune und warte. Und weil plötzlich stimmungsmäßig die Konzentration abfällt, frage ich: „Und ist es dann plötzlich so, daß alles entschwunden ist, wie wenn ein Wackelkontakt abbricht. Dann wird das Warten zum schlimmen Aushalten." „Genau so", formuliert er. „Aushalten ist schwer", fahre ich fort. „Sie sind würdig im Aushalten und zugleich begnadet im Großartigen, das Sie erleben." Tränen kommen in seine Augen. Dann ist Herr Schaub für eine Weile weg.

Noch immer weiß ich nicht, was ich dazu beitragen kann, daß er sterben kann. Wie ich ihn wieder etwas mehr präsent spüre, frage ich: „Wollen Sie, daß ich nochmals Musik mache, damit Sie loslassen können? Oder wollen Sie, daß ich bete?" „Beides", antwortet er und hält meine Hand dabei so intensiv fest, wie es angesichts seines Zustandes fast unmöglich scheint. Ich spüre Beziehung, Dankbarkeit, aber auch, daß er mich aus irgendeinem Grund nicht losläßt. So formuliere ich: „Versuchen Sie loszulassen, auch mich loszulassen, alles loszulassen. Sie werden heimgehen. Gott wird Sie würdigen in dem, was Sie gut gemacht haben. Und er wird Sie auch verstehen in dem, was Sie nicht gut gemacht haben." Jetzt lockert sich der Griff seiner Hand. Noch darf ich meine Hand nicht aus der seinen herausziehen, weil er sonst gleich wieder fester greift. Während einer vollen Stunde bleibe ich bei ihm und bete zu Musik (mit der anderen Hand gespielt). Abschließend die

Worte: "Gehen Sie weiter, Gott wird Sie würdigen und verstehen. Gehen Sie vorwärts, gehen Sie weiter." Allmählich entspannt es sich in ihm, er scheint weggetreten zu sein. Später erfahre ich, er sei jetzt komatös.

Die leibliche Schwester als Hauptbezugsperson von Herrn Schaub bittet mich um ein Gespräch. Sie wäre gerne dabei, wenn ich dort sei. Wir reden darüber, daß man Prozesse nicht besitzen könne und auch Sterbende nicht. Es gehe jetzt auch für sie darum, ihren Bruder in der Besonderheit ihrer Bruder-Schwester-Beziehung loszulassen. Sie erzählt mir auch, daß er ihr anvertraut habe, er sei schon mehrmals nahe am Ziel gewesen, habe aber immer einen Schritt zuviel gemacht. Was ist wohl mit dem Schritt zuviel gemeint?[53] *Herr Schaub wartet und wartet. Ich bin erschöpft.*

Tage später kann sich der Sterbende nicht mehr äußern. "Guten Tag, Herr Schaub, ich bin Frau Renz. Wie schön, daß ich Sie noch sehen darf." "Rrrhh" "Ich danke Ihnen, daß Sie gewartet haben. – Und ich bin auch beschämt, daß ich Sie warten ließ, wo mein Kommen für Sie doch wichtig gewesen wäre. Ich brauchte Zeit, um mich von meiner Erschöpfung zu erholen." Ich spüre, daß Herr Schaub enttäuscht ist. Seine Hand berührt die meine anders als sonst. Im Stillen stelle ich mir die Frage: Worauf wohl wartet Herr Schaub wirklich? Schließlich sage ich: "Ich verstehe Ihre Enttäuschung über mich. Das schmerzt Sie, und es schmerzt auch mich. Ich kann nur eines tun: Ihnen danken für das, was Sie mir gegeben haben. Sie waren für mich derjenige Patient, an dem ich wieder Mut faßte, meinen beruflichen Weg weiterzugehen. Ich danke Ihnen." "Hmmm! Hmmm." Herrn Schaubs Körper zuckt. Seine Hand berührt die meine wieder intensiv. Jetzt scheint eine für ihn wichtige Botschaft angekommen zu sein. Drängte all sein Warten genau dahin, zu erfahren, wie sehr er noch im Äußersten seiner selbst für andere wesentlich sei. Wenige Stunden nach dieser Begegnung sei er gestorben.

---

53) Im Bild vom Schritt zuviel mag anklingen, daß das Warten noch zu sehr gezielt, zu aktiv-männlich statt rezeptiv-weiblich war. Demgegenüber hat das Warten im Zugehen der Seele auf den Tod eine spirituelle Dimension, ist Grundhaltung des Bereitseins, ist Warten, das eigentlich kein Warten mehr ist. Hillmann (1981, 18) formuliert: „Sobald wir versuchen, verhindern wir." Das Warten Sterbender ist zugleich Erwartung und Geschehenlassen.

Dazu auch Claremont de Castillejo (1979, 193): „Die weibliche Seele in Mann und Frau aber wartet ständig, furchtlos und geduldig, auf die Ankunft des Todes, des letzten Liebhabers, der sie zu einer neuen Entfaltung führen wird."

3.5 Bejahtes Sterben – Höchstform von Identität und Mensch-Sein

Krankheit und Todesnähe drängen Menschen bisweilen vor der (üblichen) Zeit in letzte Reifungsschritte hinein, ihre Identität verdichtet sich auf ihr Wesentliches. Es geht nicht länger darum, was ‚Ich' will, sondern was ‚Ich' bin, was das offenbar Eigene zutiefst ausmacht. Ein solches ‚Ins-Lot-kommen' bedeutet ein Angeschlossenwerden an den tieferen Urgrund des eigenen Wesens.[54]

Wie zeigt sich der Prozeß einer sich verdichtenden Identität bei Sterbenden? Eine Frau mußte zu ihrem letztgültigen Glaubenssatz finden, aufgrund dessen sie zur Ruhe fand. Eine andere rang mit sich und ihrer Ablenkbarkeit über Wochen, bis sie schließlich so sehr in sich ruhte, daß sie sich durch niemanden mehr – keinen Besuch, keine Schwester, keinen Arzt – irritieren ließ. Sie blieb bei sich, die Augen geschlossen, im Geist (kon-)zentriert, mochte kommen wer wollte; und in dieser Ruhe konnte sie sterben.

Im Fall von **Herrn Labhardt** *geschieht eine Verdichtung der Identität über das aktive Musizieren mit Metallophon, Trommel und einem afrikanischen Schlaginstrument. Schon immer habe er gerne musiziert, doch in anderer Qualität. „Früher tönte es professioneller." Mag sein. Ich spüre in seinem heutigen Spiel gerade in der Einfachheit der Töne eine große Präsenz. Eine Stunde lang können wir uns in einen musikalischen Dialog einlassen. Zeit und Schmerzen sind vergessen. Wie er wieder einmal äußert, wie viel reichhaltiger er doch früher gespielt habe, frage ich zurück: „Könnte es auch sein, daß Sie heute wesentlicher spielen? In jedem Ton, den Sie spielen, sind Sie auch gegenwärtig. Keiner ist zuviel, keiner zuwenig. Ihr Spiel ist Ihre Aussage." Seine aufflammenden Augen erraten Betroffenheit. „Ja, das muß ich mir überlegen. Sie meinen ..." Weiter kommt er nicht, seine Hände bleiben in der Luft wie stehen, sein Mund offen, seine Augen sind nach oben gerichtet. Herr Labhardt ist anderswo.*

Zehn Minuten später, halb zurückkommend, halb in seiner inneren Welt bleibend, äußert er: „Daß Sie ausgerechnet jetzt kommen. Ein Engel ... da sind Engel ... das

---

54) Das Jung'sche Modell der Individuation zeigt auf, daß das Ich des Menschen sich im Verlauf des Individuationsprozesses immer mehr in einem schöpferischen Zusammenhang zum Unbewußten und in Einheit mit dem Selbst erfährt. Neumann weist darauf hin, daß gerade beim kranken Menschen ein „Vorstoß des Ich zum Selbst" und die Erfüllung der Individualität als einer Einheit von Ich und von Selbst unausweichlich sei (1992, 117): „Das Leben des Einzelnen als Ich-Selbst-Struktur führt nicht nur zur Ich-Werdung und zum Bewußtsein, sondern drängt in seiner Ganzheit als Selbst zur Erfüllung der Einmaligkeit des Individuums in seiner Bedingtheit und Freiheit."

Schiff fährt jetzt ab." Schweigend bleibe ich noch einige Zeit bei ihm, bis er erneut unansprechbar ist. Am nächsten Tag erfahre ich, er habe Licht und Engel gesehen. Obwohl der Tod noch auf sich warten läßt, ist mit dieser Erfahrung etwas geschehen, ‚hinter das er nicht mehr zurück möchte'.

Der Prozeß der Selbstwerdung kommt zeitlebens nicht ganz ans Ziel. Doch er setzt bei einigen noch in den letzten Tagen und bisweilen unter größter Anstrengung zu einer letzten Abrundung an. Ist es verwunderlich, daß äußerste Erfahrungen von Reife und Identität der Sterbestunde vorbehalten sind?

Frau Lobitzer *erkundigt sich zu Beginn unserer gemeinsamen Arbeit genau, wer ich sei und was ich mit ihr mache. Schnell gewinnt sie Vertrauen. Sie spürt, daß sie bald sterben müsse. Es sei vielleicht auch gut so, wenngleich sie sich Sorgen mache um ihre noch unmündigen Kinder. Im Verlauf unserer Gespräche wird für uns beide deutlich, daß sie darum ringt, ihren Kindern etwas mitzugeben. Aber was? „Sicher nicht meine Ängste! Worüber darf, ja worüber soll ich denn mit ihnen sprechen?" Immer näher umkreist sie ihr Bedürfnis sich mitzuteilen, bis sie am Wort:* **‚Etwas Letzt-Gültiges, End-Gültiges'** *hängen bleibt. Für jedes Kind genau den Satz zu finden, der diesem entspricht, das versucht sie nun seit Tagen und verweilt dabei mit innerer Hingabe beim Wesen jedes Kindes. „Was braucht genau dieses Kind, wenn ich gestorben bin? Wer könnte Leitfigur sein für jenes?" Nicht ihre eigenen Zukunftshoffnungen noch irgendwelche Lieblingsideen will sie verewigen. Bald mit sich alleine, bald im Gespräch mit mir, ringt sie nun seit Tagen um* **ein seelisches Vermächtnis** *und trotzt ihrem schwächer werdenden Körper geistige Konzentration ab. Obwohl eigentlich keine Kraft mehr da ist, weder um ein Blatt Papier abzureißen noch um ein Buch zu halten, greift sie immer wieder zum Bleistift und schreibt auf. „Was überdauert mich? Was überdauert meinen Tod?", fragt sie.*

Am schwersten tut sich Frau Lobitzer mit einem Satz für das jüngste Kind und weint auch immer wieder, daß sie dieses Kind so früh verlassen müsse. Schließlich findet sie zur Ruhe am Satz: „Deine wahre Mutter verlierst Du nie: Das Wesentliche von mir ist end-gültig geworden in Dir." Noch eine Weile hält sie in ihrer Konzentration durch und findet zum Schluß auch für sich selbst den Satz, den sie ins Sterben mitnimmt: „Das Wesentliche von mir ist end-gültig geworden. Es ist zugleich in meinen Kindern, aber auch woanders end-gültig." Frau Lobitzer greift zum Bleistift und schreibt auch diese Sätze auf – sinkt zurück ins Kissen und taucht ein erstes Mal ins Leberkoma ein. Den Zettel noch in der Hand, ist sie für heute nicht mehr ansprechbar.

„Sterben ist mehr als ein körperliches Ableben." Diesen einleitenden Gedanken sage ich heute mit anderer Gewichtigkeit. Ich sehe im Geiste viele Sterbende vor mir und erinnere mich an das, was sie mir, ihrer Nachwelt, jedem, der sich davon ansprechen läßt, als ihr letztes Zeugnis geschenkt haben. Die Welt wäre ärmer ohne solche Vermächtnisse. Ärmer aber auch ohne Menschen, die sich ihrem letzten Reifen und Sterben so tapfer stellen. Darin schwingen sie sich in geistig-seelischer Größe empor und wachsen über ihre klägliche Kreatürlichkeit und ein dumpfes Dahin-Vegetieren hinaus. **Darin leben sie eine Höchstform von Mensch-sein.**

Seltsam: Nachdem ich die obigen Sätze formuliert habe, erlebe ich folgendes: **Herr Obermüller** *hat einen schlimmen Tag und dann überraschend eine gute Nacht hinter sich. Das Hadern habe ihn gestern eingeholt, sagt er mir. „Ja, Hadern gehört zwischendurch dazu. Das macht Sie menschlich. Man fühlt sich bisweilen in extremen Spannungen drin", fahre ich fort. „Habe ich auch gedacht", kommt es aus Herrn Obermüller heraus. „Hadern, das ist ein geistiger Kampf." – „Ja, es ist wirklich so." Nach einer Weile fahre ich fort: „Der geistige Kampf, von dem ich Ihnen jetzt erzähle, findet einfach statt. Unser Ego kann ihn nicht gewinnen. Wenn wir loslassen, kann es geschehen, daß es wie einen Rutsch weitergeht. Vielleicht hatten Sie darum eine gute Nacht." Herr Obermüller horcht auf. Nach einer Weile fahre ich fort: „Beschleunigen können wir nicht. Was wir hingegen tun können: uns bewußt dem Geschehen stellen. Genau so können Sie Ihr Mensch-Sein, Ihr Patient-Sein in Würde leben." Die Worte scheinen wie ein geistiger Blitz einzuschlagen. „Darf ich das aufschreiben?" Mit nie dagewesener Beweglichkeit und Dringlichkeit nimmt Herr Obermüller Zettel und Stift aus dem Nachttisch heraus, schreibt und spricht: „Ich kann mich meinem Patient-sein in Würde stellen. Das hebt mich über das Vegetieren hinaus.[55] Dann bin ich Mensch auch so."*

Weil ich weiß, daß ihm Sinn-Antworten wesentlich sind, fahre ich nach einer Weile fort: „In diesem Mensch-sein und tiefen Bei-sich-sein geben Sie auch Ihrer Frau und Ihren Kindern etwas Wertvolles mit. Durch Ihre geistige Präsenz, Ihre Konzentration im Wesentlichen, im Augenblick. Dann sind Sie im höchsten Ausmaß nicht sinnlos, sondern sinnvoll." „Darf ich auch das aufschreiben?" Erregt übersetzt Herr Obermüller in seine Situation: „Kann das für mich heißen: Die Zeit zu sterben ist noch nicht da? Vielleicht dann plötzlich als Geschenk? Aber jetzt wäre einfach Zeit zum Bewußt-da-sein?" Ich nicke. Herr Obermüller schreibt auf und sinkt danach in sich hinein.

---

55) Dieser Begriff kam ihm ohne Anstoß meinerseits.

Die Zeit des Bewußt-da-seins dauert zwei Wochen. – Dann habe Herr Obermüller, inzwischen zu Hause, auch das Näherrücken seines Todes gespürt und sich in bewußter Zuwendung von jedem einzelnen Familienmitglied verabschiedet. Nach wenigen Tagen sei er in tiefem Frieden gestorben.

Auswertung und abschließende Gedanken

Zur Aussagekraft der vorliegenden Zahlen und Einsichten

Das Buch schließt mit einer Auswertung, mit Zahlen über die Häufigkeit bestimmter Symptome, Bilder, Reaktionsweisen. Man mag sich fragen, wie passend eine zahlenmäßige Erfassung im Bereich des Sterbens sei. Wird man damit dem Sterben und dem Sterbenden in seiner Individualität gerecht? Auch ich ging mit dieser Skepsis an mein Forschungsprojekt heran. Ich hatte das Bedürfnis, im Dienste der Patienten und nicht einer zahlenmäßigen Erhebung zu arbeiten. Es war mir wichtig, nicht mit vorgegebenen Fragen an die Patienten heranzutreten, sondern mich selbst immer neu in eine Beziehung, in den Augenblick, in meine Intuition hineinzugeben (vgl. Einleitung).

Über einige Zeit habe ich nichts anderes für mein Projekt getan als protokolliert. Was geschah, was geschah nicht? Worauf wurde reagiert, und welcher Art waren Reaktionen? Ich wage zu behaupten, daß dieses Reflektieren den Patienten nichts schadete, sondern ihnen im Gegenteil diente. Genau so konnte ich einer hintergründigen Problematik auf die Spur kommen: etwa der Ambivalenz innerhalb einer Beziehung, einer spirituellen Sehnsucht oder einem geistigen Kampf. Nicht selten habe ich ein Protokoll auch meditiert, es einfach so lange auf mich wirken lassen, bis Tendenzen sich herauskristallisiert haben, bis ich mir sicher genug war: diese oder jene Maßnahme, resp. Zuteilung sei im Sinne dieses Menschen und nicht gegen ihn. Ich bin überhaupt erst durch das Beachten der Details dem Wesentlichen eines Menschen und seines Sterbens näher gekommen, ohne daß dieses den Charakter eines letzten Geheimnisses verloren hätte.

Geheimnis ist nicht identisch mit Tabu. Wo zwischen dem Sterbenden und mir – aus welchen Gründen auch immer – eine Zone des Tabus besteht, sind mir Fragen und Annäherung verweigert. Eine seltsam ambivalente Stimmung kommt mir entgegen. Im Unterschied dazu sind im Gegenüber eines letzten Geheimnisses Differenzierung, ja Bewußtwerdung nicht verboten, sondern gerade ersehnt und bewirken

Betroffenheit und die Einsicht, „daß ich nichts weiß" (Sokrates). In meinen Erfahrungen schienen mindestens 20 von 80 Erfaßten angewiesen zu sein auf mein Ringen um Bewußtwerdung. Sie signalisierten Erleichterung, wenn es uns gelang, etwas offenbar Hinderliches aufzulösen.

Mit zunehmender Erfahrung kristallisierten sich Schwerpunkte heraus, Themen, die immer wiederkehrten, Interventionen, die mehr bewirkten als andere. Ich begann auszuwerten, große Linien für ein Buch zu skizzieren und zu formulieren. Dieser Überblick trug seinerseits zum besseren Verstehen der Patienten und ihrer Nöte bei. Erstaunlich viele Protokolle konnten eindeutig hier oder dort zugeordnet werden. Komplexe Protokolle wurden von einer weiteren Person studiert, Differenzen in der Zuordnung wurden diskutiert. In all dem bleibt auch die Auswertung Annäherung, ohne Anspruch auf eine letzte Richtigkeit, welche es in dieser Thematik gar nicht geben kann.

Die nachfolgenden Zahlen und Ergebnisse müssen auf dem Hintergrund ihres Zustandekommens gelesen werden. Sie können Tendenzen aufzeigen, aber nichts Allgemeingültiges über das Sterben aussagen. So ist beispielsweise auch unter den kranken Menschen die Zahl jener, die ‚zu ihrer Zeit einfach so' sterben, oder die Zahl jener Patienten, welche nicht auf therapeutische Unterstützung angewiesen sind, größer, als es hier den Anschein macht. Man bedenke nur, daß mir Menschen u.a. deswegen zugewiesen wurden, weil sie – aus welchen Gründen auch immer – nicht sterben konnten oder in Not waren. Es gab in meinen Gesprächen mit den Sterbenden auch keine Fragebogen und keine immer gleichen Fragen. Es gab kein Thema, zu dem ich von allen eine Reaktion hätte erwarten können. Wie bereits eingangs erwähnt, arbeitete ich mit den einen psychotherapeutisch, andere wünschten für sich ‚nur' Entspannung und Musik, wieder andere erbaten meine Hilfe ausschließlich für ihre Angehörigen, 10 der insgesamt 80 Erfaßten waren schon gar nicht mehr fähig, Wünsche zu äußern. Das bedeutet, daß vieles im Dunkelbereich des Nicht-Aussagbaren liegt. Wenn beispielsweise die Frage nach der Einwilligung in den Tod bei 55 ein Thema war, war sie deswegen für die restlichen 25 nicht einfach kein Thema. Nur ist mir bei Letzteren keine Aussage möglich. Ähnliches gilt bei Themen wie Todesangst und erst recht bei spirituellen Erfahrungen und Visionen. Was blieb ohne Worte, ja selbst ohne Geste? Wo ahnte ich um eine innere Erfahrung, versagte mir aber eine Interpretation? Oft war ich schlicht zu scheu, um von mir aus danach zu fragen.

Schließlich war ich auch nicht die einzige Begleiterin dieser Menschen. Wer weiß, was sie ihren Angehörigen, was dem Seelsorger, was dem Arzt, den Pflegenden mitteilten! So nehme ich z.B. an, daß prozentual mehr Menschen eine bewußte oder unbewußte Schuld oder Last mit sich trugen, als dies mir gegenüber zum Ausdruck kam. Zahlen sind in ihrer Aussage relativ. Jeder Begleiter in anderem Wesen, anderer Sensibilität und anderer Funktion hätte andere Resultate zu verzeichnen! Die nachfolgenden Zahlen sind darum ‚nur' als Ergebnis spontaner, freiwilliger Äußerungen im Gespräch zwischen Patient und genau mir in meiner Funktion (Musiktherapeutin/Psychologin) zu verstehen. Wo ich, wie in der terminalen Kommunikation, vorerst um Interpretationen nicht herumkam, spielten nonverbale Reaktionen auf meine Deutungsversuche eine um so größere Rolle. Hierzu zähle ich etwa den speziellen Blickkontakt eines sonst somnolenten/bisweilen komatösen Patienten, Flattern der Augenlider bei ansonsten geschlossenen Augen, eindrückliche Bewegungen aus Zuständen fortgeschrittener Bewegungslosigkeit heraus, Schweißausbrüche, Verdauungsgeräusche, Händedruck, Laute etc. Herausragend für Deutung und Bedeutung waren für mich Veränderungen im Wachzustand Sterbender unmittelbar nach einer therapeutischen Intervention: 24 Patienten und Patientinnen fielen nach der Auflösung einer Not oder einem gelungenen therapeutischen Prozeß in einen somnolenten, ja terminalen Zustand oder starben bald darauf!

Viele, auf den ersten Blick unscheinbar wirkende Zahlen erhalten Gewicht, wenn sie nicht als Resultat einer einheitlichen Umfrage, sondern als spontane, freiwillige Äußerung gelesen werden: Man stelle sich beispielsweise vor, daß sieben Sterbende *von sich aus* dieselbe Angst bekundeten, nämlich ein existenzielles Fallen. Daraus schloß ich, daß Fallen eine zu beachtende Sterbe-, ja Durchgangserfahrung sei.

Erfaßte Patientinnen und Patienten

Die Studie fand statt am Kantonsspital St. Gallen (Zentrumsspital der Region Ostschweiz mit 752 Betten). Erfaßt wurden **80 Patientinnen und Patienten** (mit einer Ausnahme Tumorpatienten), mit denen ich im Zeitraum zwischen 1.8.1998 und 21.1.2000 über kürzere oder längere Zeit arbeitete. 43 Frauen, 37 Männer im Alter zwischen 27 und 84[56], drei Frauen waren Mütter von Kleinstkindern/Säuglingen. In

---

56) Das Alter der Einzelnen ist in den Beispielen bewußt nicht erwähnt und hier nicht weiter verwertet worden. Vom Alter kann nicht automatisch auf Reifungs- und Wandlungsprozesse geschlossen werden. Gerade unter dem Druck einer schweren Krankheit sind auch jüngere Menschen zu erstaunlichen Reifungsschritten und ältere zu einer erstaunlichen Flexibilität in Richtung Wandlung und spiritueller Öffnung fähig. Auch andere individuelle Daten wie Kultur- und Religionszugehörigkeit, Zivilstand, Kinderzahl etc. fließen nur dort ein, wo sie im Zusammenhang mit dem therapeutischen Prozeß bedeutsam waren. Die vorliegende Studie will nicht als statistische Erhebung im engeren Sinne (mit Mittelwert, Standardabweichung, Vergleich zwischen Versuchs- und Kontrollgruppe) verstanden werden.

vier Fällen begleitete ich ausschließlich die Angehörigen. 12 Patientinnen und Patienten wurden mir angemeldet, weil sie nicht sterben konnten. Andere Zuweisungsgründe waren etwa: Hilfe in der Auseinandersetzung mit Krankheit und Sterben, Schmerzlinderung über Entspannung, depressive Verstimmungen oder Verzweiflung im Zusammenhang mit der Diagnose Tod etc.

Nicht berücksichtigt sind neun bei mir angemeldete sterbende Patientinnen und Patienten. Vier davon waren von Anfang an so terminal, daß keine Reaktion mehr stattfand. Vier waren unerwartet gestorben, bevor ein Erstkontakt zustande kam. Bei einem Patienten kam es zu keinem Erstkontakt, weil die Angehörigen diesen nicht wollten. Erfahrungen mit weiteren Patienten – etwa Koma-Patienten, die auf Musik reagierten und ins Leben zurückkehrten –, sowie private Erlebnisse mit Sterbenden sind zwar vereinzelt in den Text eingeflossen, gehören aber nicht zu den 80 hier Erfaßten.

Abgesehen von den oben erwähnten nicht berücksichtigten Patienten wurden keine weiteren sterbenden Patienten betreut, was bedeutet, daß alle mir zugewiesenen sterbenden Patienten mitsamt ihren jeweiligen Reaktionen (zustimmenden oder ablehnenden) hier erfaßt sind. Wo in der vorliegenden Publikation ausführliche Sterbeprozesse dokumentiert sind, wurde die Einwilligung der Sterbenden selbst, bisweilen der Angehörigen eingeholt. Namen und biographische Details wurden verändert. Die nachfolgende Auswertung erfolgt nach den im Konzept herausgeschälten Themenkomplexen 1–4:

Ergebnisse

Themenkomplex 1: Der nahende Tod (Todesthematik)

Frage der Einwilligung in den baldigen Tod

Einwilligung war ein Thema bei insgesamt	**55** (49;6)[57]
davon: – fanden durch Prozesse von Aufbäumung und Trauer zur Einwilligung	24
– längerdauernde Verweigerung (zu sterben / noch zu leben) und Einwilligung	13
– im Tabu Tod fixiert bis fast[58] zum Schluß	06
– waren einfach bereit/reif zu sterben (oder noch länger zu leben)	12
Keine Aussage möglich, weil zu fortgeschrittenes Sterben, kein Thema oder nicht angesprochen	25
Patienten total:	80

Nonverbal manifestierten sich Widerstände z.B. über Gereiztheit, Körperreaktionen wie Kopf abwenden, über das formulierte oder ausgestrahlte Verbot, das Thema Tod anzusprechen oder über ein Ausagieren innerhalb der therapeutischen Beziehung.

Todesnähe als Übergang/Wahrnehmungsverschiebung

Durchgang/Übergang/Wahrnehmungsverschiebung wurde erlebt von insgesamt	**38** (12;26)
häufige Inhalte/Bilder (Mehrfach-Zuteilungen möglich):	
– Als Hin und Her bestätigt	09
– Gefühl zu fallen	07
– Tunnel/Röhre/Schlauch, „dunkler Durchgang"	08
– Überfahrt, abreisen, abstoßen, Weg	09
– „drin" sein/ steckengeblieben sein/ erlösende Reaktion auf „Angst ist nicht das Letzte"	26
Keine Aussage möglich, weil zu fortgeschrittenes Sterben, kein Thema oder nicht angesprochen	42
Patienten total:	80

---

57) Die in Klammern aufgeführten Zahlen bedeuten: erste Zahl (hier 49) = verbal ausgesprochen (in meinem Gegenüber, bisweilen gegenüber Drittpersonen) oder auf Rückfragen wie: „Ist das wie ein Durchgang?" etc. klar reagiert mit ‚Ja', Nicken etc., so daß geschlossen werden muß, daß die Frage **mit Bewußtsein erfaßt und bestätigt** worden ist. Zweite Zahl (hier 6) = **ausschließlich nonverbal/indirekt und damit unbewußt zum Ausdruck gebracht**. Das heißt über Symptome, über ein Ausagieren oder über Symbole in Traum und terminaler Kommunikation (meist von mir festgestellt, selten von Drittpersonen). Ich verweise auf die jeweils unter den einzelnen Themen aufgeführten Ausdrucksformen.

58) Eine endgültige Aussage darf aus menschlicher Sicht nicht gemacht werden. Wer weiß, was im Tod oder unmittelbar davor geschieht? Vom Danach ganz zu schweigen.

Todesangst

Todesangst war Thema bei insgesamt 　　　　　　　　　　　　　　***51*** (32;19)
häufige Inhalte (Mehrfach-Zuteilungen möglich):
- Angst vor Ohnmacht, Schmerzen, Verwirrung vor dem Tod 　　28
- vorerst u.U. keine Angst vor dem Tod, aber im Durchgang
  davon eingeholt 　　　　　　　　　　　　　　　　　　　　　　30
- Angst vor der Ungewißheit des Danach 　　　　　　　　　　　11
- Angst vor Abschied, Zurücklassen Angehöriger, Alleingang im Tod 　14

Keine Aussage möglich, weil zu fortgeschrittenes Sterben, kein Thema oder nicht angesprochen 　　　　　　　　　　　　　　　　　　　　　　　　　　　29
　　　　　　　　　　　　　　　　　　　　　　　Patienten total: 　80

Nonverbale oder indirekte Ausdrucksformen von Angst waren: vermehrte medizinisch nicht zu erklärende Schmerzen, Zittern, entsprechende Mimik, Laute, (kalte) Schweißausbrüche, Phobien, zwanghaftes Kontrollieren oder Verdrängen, zwanghafte Distanz, angehaltener oder medizinisch nicht zu begründender flacher Atem, erhöhter Puls, Unruhe, erstarrte Körperpositionen, auffällige Verdauungsprobleme, Durchfall.
Bilder: Verschlungenwerden (das Zuviel), Öde, endlose Wartezustände (das Zuwenig), Chaos

Geistiger (Todes- oder End-)Kampf

von einem eigentlichen geistigen Kampf spreche ich bei insgesamt 　　***24*** (6;18)
häufige Inhalte/Bilder (Mehrfach-Zuteilungen möglich):
- Ringen vom Nein zum Ja, von der Abwendung zur Offenheit 　　12
- Gefahr-Befreiung: Maschinen, Hexen, Mord. Panikartige Angst! 　12
- Läuterung-Seelenputz: Dreck, Spinnen, Waschen, Feuer, Hitze 　08
- Geistkampf-Apokalypse: Teufel/Engel, Mächte der Finsternis/
  Mächte des Lichts 　　　　　　　　　　　　　　　　　　　　　08
- Gericht: Prüfung, Spiegel, Ent-Scheidung 　　　　　　　　　　06
- ständige Unruhe 　　　　　　　　　　　　　　　　　　　　　12

Keine Aussage möglich, weil zu fortgeschrittenes Sterben, kein Thema oder nicht angesprochen 　　　　　　　　　　　　　　　　　　　　　　　　　　　56
　　　　　　　　　　　　　　　　　　　　　　　Patienten total: 　80

Nonverbale und indirekte Ausdrucksformen: vgl. auch aufgeführte Angstreaktionen. Die meisten Patienten und Patientinnen, die von Kampf sprachen oder denen ich einen solchen zuspreche, haben auch Angst durchlebt. Umgekehrt haben längst nicht alle, welche Angst erlebten, auch so etwas wie einen geistigen Kampf ausgestanden.

Themenkomplex 2: Das Leben abschließen (Lebensthematik)

Lebensrückblick und -aufarbeitung
Lebensrückblick, -aufarbeitung war Thema von insgesamt   *37* (17;20)[59]
häufige Inhalte (Mehrfach-Zuteilungen möglich):
- Thema Schuld   06
- reaktivierte Traumata (Gewalt, Mangel, Unfall)/freiwerden davon   15
- das nicht mehr verdrängbare Neurotische und Regression ins Kindliche   15
- Rückblick – Zurücklassen   12

Keine Aussage möglich, weil zu fortgeschrittenes Sterben oder kein Thema   43
                                        Patienten total: 80

Schritte letzter Reifung, Bewußtwerdung, Sinnfindung
Schritte letzter Reifung waren Themen von insgesamt   *25*[60]
Inhalte (Mehrfach-Zuteilungen möglich):
- innere Autonomie   08
- Liebesfähigkeit   07
- Sinn, Einordnung   10
- ‚Sterben in personaler Größe' (Würde, letzte Unantastbarkeit, Integrität)   16

Keine Aussage möglich, weil zu fortgeschrittenes Sterben oder kein Thema   55
                                        Patienten total: 80

Angehörige als wesentliches Thema Sterbender
Angehörige waren sehr wichtiges Thema/Grund zur Verzögerung des
Sterbeprozesses bei   *25* (19;6)
Inhalte von Prozessen betreffend Angehörige (Mehrfach-Zuteilungen möglich)
- Versöhnung/Versöhnungsschritte am Sterbebett   08
- Antwort finden auf Sorge um Angehörige/Sorgenkinder   13
- Warten, bis ausbleibende/abgelehnte Kinder am Totenbett erscheinen   06
- geistiges Vermächtnis/Testament und dann in Koma tauchen
  oder sterben   06
- Loslassen und losgelassen werden   16

Angehörige waren wichtig, aber in Todesnähe dennoch sekundär   41
Angehörige waren unwichtig oder kein Thema   14
                                        Patienten total: 80

---

59) In diesem einen Fall bedeuten die Zahlen in Klammern: 17 = bewußt durchlebt; 20 = unbewußt oder indirekt durchlebt, ausagiert. In letztere Kategorie fallen auch Menschen, die regredierten, oder Sterbende, bei welchen ein Trauma/ein Zwang etc. auf den Tod hin offensichtlich wurde und sich symbolisch/rituell löste.

60) Um wirklich von Schritten letzter Reifung und Bewußtwerdung sprechen zu können, sind hier nur Sterbende erfaßt, welche mindestens Worte verbal oder mittels Nicken/Gestik eindeutig bestätigten und also bewußt erlebten.

Themenkomplex 3: Hoffnung, Vision, spirituelle Öffnung

Auf eine eigentliche Vision oder spirituelle Öffnung schließe ich bei   *43* (29;14)
häufige Inhalte/Ausdrucksweisen (Mehrfach-Zuteilungen möglich):
- Licht   08
- fliegen/schweben, leicht werden   10
- formulierten sichtlich bewegt „schön" oder „heilig"   17
- Heimkehr/das Urvertraute/tief behütet   08
- Gott/Christus holt mich ab, Gott „siegt", das „Endgültige"   10
- Strahlen, Ruhe, friedlicher Gesichtsausdruck   26

religiöser Hintergrund[61] (bezogen auf obige 43)
- die Erfahrung knüpfte an religiöse Tradition und Vorlieben an   11
- als freie Erfahrung jenseits von Kirche und Religion   10
- als freie Erfahrung bei gleichzeitiger religiöser Verwurzelung   11
- für mich nicht ersichtlich   11

wesentlich oder auslösend waren:[62] (bezogen auf obige 43)
- Klangreise   09
- psychotherapeutische Intervention/Einfühlung   10
- Traum oder der Sterbeprozeß selbst   09
- Kombination (Musik, Einfühlung und Sterbeprozeß)   15

Keine Aussage möglich, weil zu fortgeschrittenes Sterben, kein Thema oder nicht angesprochen   37

                      Patienten total: 80

Weitere Bilder, Motive und nonverbale Ausdrucksformen, die mich auf eine spirituelle Erfahrung hingewiesen haben: Engel, die Mutter Gottes oder ein Verstorbener, der einen abholt, wunderschöne Farben, Paradies, die vereinigte Familie. Nennenswert, weil dreimal sehr ähnlich: ein sich mit den Händen nach oben und nach vorne Tasten bei höchst fasziniertem Gesichtsausdruck. Insgesamt sechs Patienten und Patientinnen äußerten: „Ich bin neugierig."

---

61) Ich fragte nach Religion und Religiosität nur, wo sich dies aufdrängte, so z.B. im Anschluß an eine spirituelle Erfahrung. Der religiöse Hintergrund ist mir nur bei einem Teil der Patienten bekannt. Die meisten schienen christlicher Herkunft zu sein, einige eng damit verbunden, andere davon distanziert oder aus der Kirche ausgetreten. Vier waren Angehörige orthodoxer Kirchen, zwei bekannten sich zur Anthroposophie, zwei zu einer Freikirche, eine Frau war Muslimin, mutmaßlich zwei waren entweder jüdischer Herkunft oder mit dem Jüdischen sehr vertraut. Eine Nähe zu Buddhismus oder Hinduismus äußerten zwei.

62) Diesbezüglich darf der Einfluß von Medikamenten, insbesondere Opiaten, nicht unterschätzt werden! Zugleich mindert dies die Qualität einer spirituellen Erfahrung nicht.

Themenkomplex 4: Bedeutung/Wirkkomponenten der Therapie

Einfluß der Therapie auf den Sterbeprozeß
Begleitung/Therapie war mittel- bis sehr wichtig bei insgesamt   **71**
Reaktionsweisen, aus denen ich dies ableite (Mehrfach-Einteilungen möglich):
- in meinem Dasein / mit meinem Wiederkommen gestorben   03[63]
- tauchten nach der Auflösung einer Not in somnolent/komatösen Zustand[64] oder starben   24
- äußerten Abnahme der Schmerzen   18
- fanden vom Nein zum Ja (ja zu sterben oder noch zu leben)   16
- signalisierten Entspannung oder seelische Erleichterung   58
- Begleitung wurde zur Hilfe für Angehörige oder Dritte wie Pflegende   32

Begleitung war unwichtig oder wollte nicht weitergeführt werden   09

Patienten total: 80

Im Vordergrund stehende Wirkkomponenten (Mehrfach-Zuteilungen möglich):
Psychotherapeutische Aspekte waren zentral bei   **57**
Einzelne Aspekte (Mehrfach-Zuteilungen möglich):
- Beziehung   44
- tiefenpsychologische Arbeit mit Träumen/Symbolen   15
- terminale Kommunikation[65]   26

Medium Musik war zentral bei   **55**
davon:
- ausschließlich rezeptiv erfahren   47
- rezeptiv und aktiv erfahren   08

spezielle Aussagen über Musikwirkungen (Mehrfach-Zuteilungen möglich):
- reagierten besonders gut/eindrücklich auf Monochord   40
- reagierten besonders gut/eindrücklich auf Ländler (Schweizer Volksmusik)   07
- Wesentliches geschah im gemeinsamen Schweigen   18

Weitere häufig verwendete Instrumente: Bogenharfe, Gesang, Klangstäbe, Röhrenglocken, Klangschalen, Ozean Drum, Gong, Trommel, Streichpsalter. Musikstile: Wiegen- und Kirchenlieder, barocke/klassische Musik. Zweimal Jazz (Glenn Miller)

---

63) Ein Patient verstarb im Moment, als klar war, daß seine Tochter in mir eine Vertrauensperson gefunden hatte.

64) Das kann ein vorübergehendes oder endgültiges Abtauchen sein.

65) Bei mindestens vier dieser Patienten muß die Verwirrung als Folge von Chemotherapie oder Hirnmetastasen betrachtet werden, was nichts daran änderte, daß die erlebten Motive an Tod, Durchgang, Todesangst, frühere Traumata erinnerten und sich bei einer entsprechenden Einfühlung wandelten. Gerade dann spreche ich von terminaler Kommunikation. Nicht jeder psychotische Zustand ist als terminale Kommunikation zu deuten.

Körpertherapeutische Aspekte waren zentral bei	*27*
Offenheit für und eine gewisse Kompetenz im Spirituellen und Religiösen waren wichtig bei	*36*
Information und Modell „Sterben als Übergang" waren wichtig bei	*39*

auf welche Weise? (Mehrfach-Zuteilungen möglich):
- Vorinformation für Patienten — 09
- Information für Angehörige, Ärzte, Pflegende — 27
- Führung/Ruhe/Festigkeit inmitten von Durchgang und Angst — 26

Ansprechbarkeit im bewußtseinsfernen Zustand

Fähigkeit zu hören im somnolenten bis komatösen Zustand bei mindestens — *33*[66]

Spezielle Aussagen (Mehrfach-Zuteilungen möglich):
- auf Musik wurde positiv reagiert bis fast zum Tod — 14
- Musik tat zuvor gut, aber war in Todesnähe zuviel — 09
- Reaktion auf ausgesprochene wesentliche Worte — 20

Schlußfolgerungen und persönliche Gedanken

Drei zu überprüfende Leitsätze standen am Anfang des Projektes (vgl. Einleitung): 1) die Vermutung, daß Sterben einem Übergang mit den ihm eigenen Gesetzmäßigkeiten gleichkomme, 2) der Gedanke, daß Sterben nicht nur ein Verlöschen bedeute, sondern auch Zeit-Raum sei für letzte Reifungsschritte, 3) die Überzeugung, daß der Musik als Medium des Grenzbereiches auch in der therapeutisch-spirituellen Begleitung besondere Bedeutung zukomme. Um hier eine Antwort vorwegzunehmen: Alle drei Annahmen haben sich bestätigt.

Daß der Sterbeprozeß einem Übergang oder Durchgang gleichkomme, wurde nachvollziehbar bei annähernd jedem zweiten Sterbenden (38). Aufgrund von Nahtodberichten erwartete ich am ehesten Zustandsbeschreibungen mit

---

66) Ich spreche von mindestens 33, weil es mir hier besonders wichtig erscheint, darauf hinzuweisen, daß diese Fähigkeit bei den übrigen nicht ausgeschlossen, sondern lediglich nicht ersichtlich war. Bei den 33 war die Fähigkeit zu hören daran erkennbar: a) Im Fall der Musik etwa dadurch, daß sich der Atemrhythmus der Musik anpaßte oder sich die Gesichtsmuskulatur entspannte. Vereinzelt wurde auf Musik mit „Ahh" reagiert. b) Das Zuviel wurde ersichtlich im Abwenden des Kopfes, im Stirnrunzeln etc. c) Reaktionen auf ausgesprochene wesentliche Worte oder Sätze: Laute wie „Ahhhh", Bewegungen, nachhaltige Verdauungsgeräusche als Zeichen von Entspannung, Bewegungen, gezielte Mimik und Gestik wie Nicken, Zeigen etc.

Bildern wie Tunnel, Röhre oder dergleichen (effektive Zahl = 8). Um so eindrücklicher waren die ähnlich häufigen Erfahrungen von Fallen (7) oder Abstoßen (9). Vor allem aber fiel mir auf, wie häufig Durchgang oder ausweglosen Drin-Sein oder Hin und Her als abstrakte Beschreibung von Befindlichkeiten geäußert oder verbal bestätigt wurden, und dies in Zuständen, da Sterbende im übrigen nicht mehr oder zumindest nicht mehr logisch kommunizierten. Dies führte mich zur Schlußfolgerung, daß eine beachtliche Zahl Sterbender mit erstaunlicher Bewußtheit durch diesen Engpaß geht.

Es erwies sich häufig als Hilfe im Sterbeprozeß, wenn Sterbende sich durch meine Einfühlung verstanden und durch Information und klare Führung unterstützt fühlten. Sätze, die ins Schwarze trafen, lauteten etwa: „Ihre Angst ist wie ein Durchgang. Gehen Sie weiter. Danach kommt Licht/Friede ..." Aufgrund solcher Erfahrungen plädiert dieses Buch für vermehrte Information zum Themenkreis Sterben als Übergang für Ärzte, Pflegende und Angehörige. Ich bin überzeugt, daß eine gewisse Kompetenz im Umgang mit Sterbenden – und Menschen im Grenzbereich überhaupt – lernbar ist, wenngleich Wesentliches intuitiv geschieht und der Sterbende darin auf Einfühlungsfähigkeit, Prozeßbereitschaft und Reife seiner Begleiter angewiesen bleibt.

Im Thema Todesangst überraschte mich weniger die Zahl jener, deren Angst ausgesprochen im Raum stand, als die Zahl der Sterbenden, die im Durchgang – meist für sie unerwartet – von Angst eingeholt wurden (30). Todesangst ist viel weniger Angst vor dem Tod als vor dem Sterben. Ebenfalls sehr eindrücklich für mich waren Begegnungen mit Sterbenden, welche dem Tod ohne jegliche Angst, aber auch ohne Angstverdrängung, entgegensahen (zehn ältere, zwei jüngere).

Das Thema eines geistigen Endkampfes erhielt mit immer neuen eindrücklichen Beispielen (total 24) ein zunehmend hervortretendes Profil. Ich bin Prof. Dr. Stanislav Grof dankbar, daß er meinen Blick schärfte für diese Form von Todeskampf, die mehr beinhaltet als nur Angst. In der Literatur über Nahtoderfahrungen wie in derzeitigen Sterbe-Diskussionen fällt wenig Licht auf die Möglichkeit solch letzter Ent-Scheidungen und Bedrohungen. Man vergegenwärtige sich demgegenüber einzelne Motive und die auffälligsten Zahlen: 12 Mal wurde äußerste Gefahr und Bedrohung signalisiert, 8 Mal Läuterung und Seelenputz, 8 Mal ‚Kampf zwischen den Mächten'. Mir wird nach diesen Erfahrungen niemand mehr ‚weise machen' (nahelegen) können, daß es die geistige Dimension letzter Machtkämpfe oder Erfahrungen von apokalyptischer Ausweglosigkeit und Läuterung als Realität Sterbender gar nicht gebe. Diese Dimension stand innerhalb der Studie bald im Zusammenhang mit frühester Traumatisierung, bald mit einer hartnäckig gelebten

Verweigerung – oder es waren Menschen, die zu besonders großer Bewußtwerdung fähig schienen und im Sterben einen Blick in solche Abgründe taten. Auch scheint es für manchen Sterbenden – in der Studie waren es mindestens 12 – „das große Nein und das große Ja" im Sinne einer äußersten Anfrage zu geben.

Die Einsicht um die Bedeutung von Endkämpfen wird für mich zur Anfrage an die therapeutische und spirituelle Begleitung und auch an die Theologie: Was holt aus tiefsten Fixierungen heraus? Wie entstehen Räume der Freiheit im Umfeld von Verweigerungen? Was kann, weil letztlich stärker, solche geistigen Nöte durchstehen helfen und überwinden? Und wie kommt solche Hilfe an den Sterbenden heran? Sterbende inmitten von Kampf oder Angst sind ohne Hilfe ausweglos ‚drin'!

Daß **alte Traumata**, die teils in der frühesten Kindheit angesiedelt werden müssen, in Todesnähe nochmals zutage treten, wurde für mich in erschütternder Zahl (15) offensichtlich. Im nochmaligen Hindurch durch solche Nöte erhält die therapeutisch-spirituelle Begleitung ein besonderes Gewicht. Solche Sterbende sind darauf angewiesen, in ihrer Not nicht einfach allein und unverstanden zu bleiben. Was vermag die tiefenpsychologisch orientierte Psychotherapie, was vermag Körpertherapie hier zu leisten? Wie gehen Seelsorger mit Fragen frühester Prägung und angetaner Schuld um?

Daß Sterben in einzelnen Fällen **Impuls zu letzter Reifung** sei (was mehr und anderes beinhaltet als Aufräumen im Vergangenen), davon ging ich aus. Um so überraschender die Ergebnisse, die keineswegs nur von Einzelfällen sprechen. Im Gegenteil: 25 Sterbeprotokolle bezeugen ein Ringen um Selbstwerdung, Bewußtwerdung, Sinnfindung noch in den letzten Tagen. Diese Zahl unterstreicht die Bedeutung von Individuation und Personalität bis zum letzten Atemzug eines Menschen. Mehr noch: An dieser Zahl wird offensichtlich, wie aussagekräftig genau diese letzten Stunden im Gesamt eines menschlichen Lebens sein können, sofern entsprechende Begleiter da sind. Dies wird zur Anfrage an Therapeutinnen, Seelsorger, Angehörige, Ärzte, Pflegende und insbesondere an unseren Zeitgeist und unsere Kultur.

Grundsätzlich Neues zum **Umgang mit Angehörigen** sagen die vorliegenden Zahlen nicht aus. Diese einzubeziehen ist oft sehr wichtig. Bisweilen hilft es Angehörigen, wenn sie über die sich verändernde Wahrnehmung des Sterbenden, über terminale Kommunikation und Trauerprozesse informiert werden (mindestens 20). Einige waren erleichtert, wenn sie durch mein Dasein und meine Anweisungen über ihre Hemmschwellen am Sterbebett hinwegfanden (nicht ausgezählt, mindestens 20).

Was läßt sich sagen zur **Bedeutung, welche Angehörige für die Sterbenden haben**? Angehörige sind wichtig. Daneben muß in uns Umstehenden auch die Einsicht wachsen, daß im Innenleben eines Sterbenden alles Irdische – selbst die Nächsten – erlaubterweise zurücktritt. Bei 41 Schwerkranken und Sterbenden waren Angehörige, obwohl früher bedeutsam, am Sterbebett dennoch sekundär. Bei 16 war genau das Thema ‚Loslassen und Losgelassen werden' wesentlich. Erlauben wir dem Sterbenden zu sterben? Und dies, ohne uns in unserem Wert, den wir für diesen Menschen hatten, infrage stellen zu lassen?

Aufhorchen ließ mich vor allem die Not zahlreicher Sterbender angesichts von belastenden oder unbereinigten Beziehungen. Diese hindern am Loslassen-können. Man stelle sich vor: 25 Menschen verschiedenen Alters litten bis in ihre letzten Tage an einer Sorge um ein Kind, ein Enkelkind oder an einem Familientabu! Bei nicht wenigen muß rückgeschlossen werden, daß sie deswegen nicht sterben konnten. Auch sie waren angewiesen auf professionelle Hilfe und Prozesse ihrer Nächsten. – Nur selten wurde Schuld als solche thematisiert, nur wenige Menschen sind echt schuldfähig. Um so häufiger lauerte das Ungute und Unerlöste namenlos in der Luft. Wieviel muß/darf angesprochen werden?

Therapeutische Sterbebegleitung: ja oder nein? Musik als Medium? Ansprechbarkeit in bewußtseinsfernen Zuständen? Mit Blick auf die Musiktherapie hat sich bestätigt, daß dem Medium Musik im Grenzbereich eine hohe Bedeutung zukommt. Für rund zwei Drittel (55) waren Erfahrungen mit Musik (meist rezeptiv) wichtig. Bei 9 Erfaßten lösten Klangreisen eine spirituelle Erfahrung aus.

Diesbezüglich am eindrücklichsten ist für mich, daß 33 Menschen im somnolenten bis komatösen Zustand signalisierten, daß sie noch hörten. Ob Musik angenehm oder gerade ein Zuviel bedeutet, muß in jedem Einzelfall subtil erspürt werden. Ob eher erlösende Worte oder beruhigende Klänge, auch dies bleibt im Einzelfall der Intuition überlassen. Nur etwas sei nochmals hervorgehoben: Die Tatsache, daß 20 Menschen in einem solchermaßen abwesenden Zustand auf wesentliche Worte reagierten, unterstreicht den hohen Grad an Bewußtheit, mit dem viele Sterbende zu sterben scheinen.

Psychotherapie am Sterbebett? Daß dem eigentlich Psychotherapeutischen und auch Tiefenpsychologischen in der Begleitung der mir zugewiesenen Sterbenden eine so hohe Bedeutung zukomme, hat mich überrascht (57). Vor allem die Wichtigkeit einer Empathie in der terminalen Kommunikation (26). Ähnlich eindrücklich: 24 konnten im Anschluß an einen therapeutischen Prozeß in somnolente bis komatöse Zustände abtauchen oder gar sterben.

18 äußerten Schmerzlinderung. Ob Schmerzlinderung (abgesehen von der Wirkung von Medikamenten) im Einzelfall auf eine psychotherapeutische, musiktherapeutische oder körpertherapeutische Komponente zurückzuführen ist, darüber kann ich mich nicht äußern. Insgesamt darf die Bedeutung der Psychotherapie und auch der Musiktherapie in der Onkologie nicht unterschätzt werden, obwohl von Fachkreisen noch kaum wahrgenommen. Psychotherapie muß ihrerseits, wenn es um Sterbende geht, absehen von Erwartungen in Richtung Aufarbeitung und um so mehr offen sein für Wortloses und Spirituelles.

Am meisten beeindruckten mich die Ergebnisse zu **Sterben als Wandlung und spirituelle Öffnung**. Bei mehr als der Hälfte der Erfaßten (43 von 80) wurde sichtlich eine Vision, eine spirituelle Öffnung zur letztgültigen Sterbeerfahrung. Über die anderen, bei denen dies nicht offensichtlich wurde, ist damit nichts ausgesagt. 29 waren (zumindest in Ansätzen) fähig, ihre Erfahrung zu formulieren. Zum Zusammenhang zwischen Religiosität und spiritueller Erfahrung erlebte ich Verschiedenes: In 11 Fällen waren Religiosität und Kirchentreue gerade auslösend für eine spirituelle Erfahrung. Ich denke z.B. an die Wirkungen von geliebten Kirchen- und Marienliedern. Daneben tauchten spirituelle Dimensionen auch als freie Erfahrung bei Menschen jenseits von Kirche und Religion auf (10). Und ähnlich häufig (11) erlebte ich, daß Menschen, die sich eindeutig zu ihrer Kirche und Religion bekannten, eine davon völlig losgelöste, freie, ‚andersartige' spirituelle Erfahrung machten. Allen 43 gemeinsam scheint: Eine spirituelle Erfahrung ist gerade nicht berechenbar, nicht planbar. Sie ist Geschenk.

Bei aller Ehrfurcht vor letzten Geheimnissen öffnet sich uns doch in diesen Zeugnissen Sterbender so etwas wie eine Einsicht ins tiefste Wesen des Menschen. Unser Leben scheint nicht einfach spurlos ins Leere zu versanden. Den Erfahrungen vieler Sterbender folgend muß es hinter dem Geheimnis des Todes etwas geben, wovon sie zutiefst angezogen sind. – In den Worten einer lebensfrohen, krebskranken, sterbenden Frau: „Sterben muß nicht nur schrecklich sein!"

Februar 2000

600 Sterbende – vergleichende Erfahrungen und Reflexionen

Die Studie „Todesnähe als Wandlung und letzte Reifung" war mit der Erstauflage dieses Buches im Jahre 2000 abgeschlossen. Doch meine therapeutische Arbeit am Kantonsspital St. Gallen, darunter mit vielen Sterbenden, ging weiter. So liegen heute bezüglich der wichtigsten Grundfragen, die ich teils im Rahmen anderer Forschungsprojekte (Renz 2003, Renz 2008) und teils separat weiterverfolgte, vergleichende Eindrücke vor von weiteren 600 Sterbenden (ohne die 80 in der Erstauflage erfaßten). Diese Eindrücke werden nachfolgend wiedergegeben:

Die Frage der Einwilligung in die Krankheit und den baldigen Tod beschäftigte nahezu alle Patienten, die noch zu aktiver geistiger Auseinandersetzung fähig waren (541 Patienten, 90 %). Ihre Zahl liegt höher als jene der Erstauflage (55 von 80), was aber damit zu tun hat, daß ich heute die meisten Patienten bereits in früheren Krankheitsstadien kennenlerne, also bevor sie sterbend sind. Daß Patienten durch Prozesse von Aufbäumung und Trauer zu einer Einwilligung fanden, war die häufigste Form der Verarbeitung dieser Krise (272 Patienten, 45 %). Nach wie vor gibt es jene eindrücklich reifen Menschen (71 Patienten, 12 %; damals 12 von 80, 15 %), die wohl aufgrund früher durchlebter Reifungsprozesse einfach bereit sind zu sterben oder - wenn es sein soll - auch nochmals zu leben. Jedenfalls sind sie bereit Ja zu sagen zum Schicksal, so wie es ist. Die meisten von ihnen haben wenig sekundäre, nämlich spannungsbedingte Schmerzen und Leiden. Ihr Dasein ist getragen von Gnade und/oder Ausdruck von Reife. Ihr Anteil hat sich leicht verkleinert, was als quantitative Aussage nicht von Belang ist, wohl aber als qualitative: Jeder einzelne Leidende, dem es gelingt, bejahend, reif, ja sogar glücklich inmitten von Leid da zu sein, ist ein Zeugnis wahrer Würde inmitten von Leid und eine Bereicherung für die ganze Umgebung. Wie bei einer Perle ist auch bei diesen Leidenden aus einer inneren Verletzung (der Erfahrung unheilbar krank zu sein!) etwas Kostbares entstanden. – Tragischerweise hat sich umgekehrt der Anteil jener, die über kürzer oder länger in eigentliche Verweigerungen gerieten, seit dem Jahr 2000 vergrößert (mindestens 191 Patienten[67], 32 %; damals 19 von 80, 24 %). Ob dies Ausdruck des aktuellen Zeitgeistes ist und/oder auch ein Zusammenhang zur derzeitigen Debatte rund um aktive Sterbehilfe besteht, kann hier nicht abschließend beantwortet werden. Daß diese Debatte eine Haltung der Verweigerung und des Neins zum Leiden fördert und damit auch eine natürliche letzte Reifung entwertet, ist unschwer nachvollziehbar. Solchermaßen verunsicherte und in ihrer Verweigerung schließlich gefangene Patienten sind aber nicht glücklicher, sondern zerrissener. Sie sind häufiger verzweifelt als andere und infolge von Spannungen vermehrt zusätzlichen Schmerzen ausgesetzt. Und die Betreuung dieser Patienten ist etwas vom schwierigsten.

Auch **Todeskämpfe** (verbal bekundet, symbolisch erlebt oder ersichtlich in extremer Unruhe) haben, trotz unseres heutigen Wissens darüber, was in Todesnähe hilfreich ist, nicht abgenommen. Sie waren „Zwischenrealität" von mindestens 180 der 600 Patienten, 30 % (früher 24 von 80, ebenfalls 30 %). In vielen, aber nicht in allen Fällen schien ein Zusammenhang zu einer vorausgegangenen Verweigerung zu bestehen. Auch mehrere sehr reife Persönlichkeiten waren plötzlich von Todeskämpfen heimgesucht, wie schon in der Erstauflage beschrieben. Kampf kann Teil von **letzter Reifung** sein. Und eine solche fand bei mindestens 181 Patienten, 30 % (damals 25 von 80, ebenfalls 30 %) geheimnisvoll statt. Tröstlich bleibt, daß Kampf Durchgangsrealität und nicht Dauerzustand zu sein scheint. Dasselbe gilt für **Todesangst**: Derweil nur wenige im voraus Angst vor dem eigentlichen Tod bekundeten (61, Erstauflage 11), wurden sie (zwischendurch) in eindrücklicher Häufigkeit im Sterbeprozeß davon eingeholt (mindestens 251, 42 %; Erstauflage 30, 37,5 %). Meistens handelt es sich bei dieser Angst an äußerster Grenze um eine namenlose Angst, auch Urangst genannt. Inzwischen bin ich diesem Phänomen tiefer nachgegangen und beschreibe es in meinem Buch „Die Chance, wesentlich zu werden" (Renz 2007 [CD: „Das Ich stirbt in ein Du hinein"]). - Eine etwas andere Angstform, die nicht als Angst vor dem Sterben formuliert wird, sondern als Angst vor Ohnmacht und Leiden, hat in den letzten Jahren deutlich zugenommen (mindestens 302, 50 %; Erstauflage 28 von 80, 35 %). Ich vermute, daß sich in der Zunahme dieser ausformulierten Angst eine gesellschaftliche Tendenz widerspiegelt: Die Auseinandersetzung mit Sterben und Todesnähe ist bewußter geworden; und doch wird der Aspekt des Leidens und auch dessen, was das Leiden transzendiert, ausgeklammert. Es gibt kaum positiv rezipierte Leidenswege heutiger Menschen, die dazu ermutigen, Leiden zu durchqueren. Das war in früheren Jahrhunderten anders, man denke

---

67 Weitere 7 Patienten waren nicht klar einzuordnen.

an die Biographien heldenhafter oder heiligmäßiger Menschen, deren Leiden auch im Positiven auslösend war.

Ob Angst, Kampf, Schmerz oder Gefühle von Wertlosigkeit als Zwischenrealitäten einbrechen, das **Anschauungsmodell „Durchgang/Übergang"** erweist sich als äußerst hilfreich, um Todesnähe zu verstehen. In erster Linie für Angehörige, die nur ans Leiden heransehen und fast irre werden darob. Sie müssen hören, daß sich Leiden u.U. von innen anders anfühlt, ähnlich wie Komatöse zwar leidend ausschauen, es aber nicht unbedingt sind. Das Modell Übergang hilft zu veranschaulichen, daß es immer wieder darum geht, Leidende in ihrem Loslassen zu unterstützen, damit sie hineinfinden in jene Zone menschlichen Seins, die sich außerhalb von Ich, Ich-Bezogenheit und entsprechender Schmerzen oder Ängste befindet. Durchgang oder Übergang wird aber auch von manchen Patienten selbst als treffendes Bild für ihr inneres Erleben bestätigt (25 %, mindestens 149 Personen). Sie nicken, wenn daraufhin befragt, oder es kommen entsprechende Worte, oder ihr symbolisches Erleben zeugt unmißverständlich von Durchgang (Tunnel, Dunkelzustand, Feuer, putzen ...). Bei weiteren, nicht ausgezählten Patienten, ist innerhalb ihres symbolstarken Erlebens ein solches ebenfalls anzunehmen.

Angehörige sind bedeutsam und doch nicht einziges Thema Sterbender. **Versöhnung und Integrationsprozesse**, etwa ein Ringen um Lösungen bezüglich Sorgenkinder, blieben ungeschmälert brisant: Mehr als 25 % der Patienten (mindestens 155, damals 25 von 80) konnten aufgrund ungelöster Spannungen und familiärer Sorgen oder unter dem Druck eines unaufgelösten Familientabus nur verzögert sterben. Sie brauchten (familien)therapeutische Hilfe am Sterbebett. Wenn in Gesprächen mit Angehörigen ansatzweise etwas in Richtung Lösung gelang, trat spürbare Erleichterung ein und oft bald danach der Tod. **Angehörigenbetreuung** ihrerseits wurde zunehmend wichtig. Bei über 55 % (mindestens 335) waren die Angehörigen froh um Unterstützung und um regelrechte Ausdeutschung der für sie schwer verständlichen Signale ihrer Sterbenden.

Das für mich mit Abstand eindrücklichste Erlebnis an vielen Sterbebetten ist nach wie vor die **spirituelle Öffnung**, die einmalige oder mehrmalige Erfahrung von so etwas wie Gottnähe, einem regelrecht überhandnehmenden Frieden! Ungeachtet aller vorausgehenden Angst oder Verweigerung scheint hier nochmals etwas einzubrechen oder sich auszubreiten, das sich offensichtlich menschlicher Einmischung entzieht. Mindestens 305 Patienten und Patientinnen (51 %) bekundete mittels Wortbrocken, mit verklärten Gesichtszügen oder vermittelt durch eine völlig veränderte Atmosphäre, daß es jetzt „schön, gut, friedlich oder heilig" sei. Viele beginnen zu strahlen, oder ihre erhobene Stirn zeugt von Staunen. Ihre Augen sind geschlossen oder hinüberschauend, jedenfalls nicht (mehr) im Banne von Angst. Sie haben „gefunden und hingefunden". Diese **Zeugnisse Sterbender** möchte ich auch über die verbleibenden 49 % stellen, denn auch dort ist ein Hineinfinden in ein irgendwie Gutes nicht ausgeschlossen, und sei es in den letzt bleibenden und zeitlosen Sekunden, im Gegenteil.

Sterben ist nicht gut,
noch schlecht,
Sterben *ist*.
Im Loslassen ein Finden.

Juli 2008

Die 10 häufigsten Fragen

1. **Erleben wirklich *alle* Sterbenden einen Prozeß hin zum Frieden? Und was ist mit jenen, die plötzlich sterben?** (gestellt durch Hinterbliebene)

Es gibt Menschen, die noch im Sterben den Anschein von ‚irgendwie unglücklich' machen. In solchen Fällen ist es für mich wichtig, diesen Menschen über das Sichtbare hinaus Raum und Zeit bewußt zuzudenken. Wir wissen nichts darüber, was im Tod, im Sterben, aber auch in den letzten Minuten und Sekunden eines Lebens geschieht. So entzieht sich uns auch, was in einem plötzlich Dahinscheidenden vor sich ging und geht. Das Gespräch mit einem Mann, der einen Bergsturz überlebt hatte, bleibt für mich unvergeßlich. Er erlebte die Sekunden seines Falls so, als würde die Zeit ewig, als geschehe Vergangenes und Zukünftiges gleichzeitig: *„Mir war, als würde sich alles vom Leben, aber auch von einem Darüberhinaus in ein Mosaik einordnen. Und wäre in Ordnung auf eine Weise, wie wir uns das nie vorstellen können."* – Geschieht vielleicht Ähnliches im Tod, d.h. in den Sekunden des Sterbens?

2. **Welche Musikinstrumente, welche CDs sind für Sterbende bekömmlich?** (gestellt durch Seelsorger und Trauerbegleiter)

In dieser Frage schimmert für mich die Hilflosigkeit von uns Helfern durch. Im Angesicht von Leid und Leidenden möchten wir etwas tun. Ist Tun hier aber das Richtige? Manchmal ja, meistens nein. Trotzdem ist es gut, diese Frage zu bedenken, denn Sterbende sind auditiv sensibel. Gerade darum ist sogar Musik – welche auch immer – schnell Inbegriff von Zuviel. Abgesehen von dieser ersten Einschränkung mache ich gute Erfahrungen z.B. mit Musikstücken von Bach (Air) oder Gluck (Reigen seliger Geister), mit Panflöten- und Harfenmusik oder mit Choralgesängen. Insgesamt Musik ohne abrupte Dynamik. Monochrome Musik, Klang, Melodie, manchmal Monochord. Ich muß aber auch warnen vor dem leichtfertigen und unprofessionellen Einsatz des Mediums Musik am Sterbebett. Musiktherapie bleibt hohe Schule und Kunst, im Umgang mit Sterbenden ebenso, ja noch ausgeprägter als mit Menschen, die sich aktiv äußern und wehren können. Monochord am Sterbebett einzusetzen, ohne es in der Bandbreite seiner Wirkungen zu kennen und in den Tiefenschichten des eigenen Körpers erfahren zu haben, ohne Zusammenhänge zwischen Musik und dem, was deren einzelne Elemente auslösen, studiert zu haben, ist bedenklich. Auch der Einsatz von CDs erfordert Fingerspitzengefühl: So darf keine Musik zu lange dauern oder zu laut eingestellt sein. Man bedenke, was ein Zugehen auf den Tod musikalisch bedeutet: Weg vom dynamischen Leben und seinen Rhythmen – hin zum Sein, zum Klang (vgl. Kap. I, 2.3). So wird nachvollziehbar, warum einst rhythmusbegeisterte Menschen jetzt Popmusik nicht mehr ertragen.

3. **Wie gehen Sie mit Sterbenden um, die in ihrem Leben Gewaltopfer waren?** (gestellt durch Ärzte, Pflegende)

Ehemalige Gewaltopfer brauchen als Patienten dreierlei: 1) Empathie, was mehr beinhaltet als ein leicht dahin gesagtes „Ich verstehe Dich", 2) einen gedeihlichen Raum erlaubten (So-)Seins und Überwachsens und 3) Sicherheit. Wenn es ums Sterben geht, kommt eine weitere Komponente hinzu: die Bereitschaft, das Erlebte irgendwie freizugeben in einen größeren Raum des Verzeihens. Denn (nur) so werden Opfer frei und können sterben.

Was das konkrete Verhalten in der Begleitung solcher Patienten betrifft: Ich kündige mein Kommen, meine Aktionen und Berührungen an (gibt Sicherheit). Ich setze mich zusammen mit ihnen dem für sie Unfaßbaren, das sie einst erlebten und jetzt vielleicht innerlich wieder erleben, aus und bin für eine Weile einfach da. Aus solchermaßen gelebter Empathie steigt innerlich nicht selten so etwas wie eine neue Seinsqualität auf. Ich bin mir bewußt, daß ich mich auf eine Gratwanderung begebe und frage: Wie weit kann ich mich einlassen, wo wird Abgrenzung für mich zum existentiellen „Muß"? Vor allem betrachte ich die Körpersprache und nehme diese Menschen in ihren oft nur noch nonverbal kommunizierenden Schreckpositionen ernst. Und ich glaube ihnen und daß da etwas Schreckliches war. Im übrigen gilt gerade für Gewaltopferpatienten die häufige Beobachtung, daß Schmerzen größer sind als krankheitsbedingt erklärbar. (Beispiele: Kap. I.2.2.4, I.2.2.7, II.1.6, II.3.3).

4. **Wie können Sie sicher sein, daß Sie nicht manipulieren?** (gestellt durch Pflegende)

Diese Frage immer wieder zu stellen, ist wichtig. Mit Sicherheit ausschließen kann ich es nie. Das beste Rezept gegen Manipulation ist die eigene Prozeßbereitschaft und

Offenheit für Kritik: mich fragen und anfragen lassen – im Bewußtsein, Mensch zu sein unter Menschen. Einer Suche nach Wahrheit verpflichtet zu sein in einer Arbeit, die sich im Zwischenraum von Versuch und Irrtum ansiedelt. Begegnung ohne Einflußnahme gibt es nicht. Immer begegne ich dem andern als die, die ich bin; und darin bewirke ich. Der andere wird an mir, ebenso wie ich an ihm. Entscheidend ist eine doppelte Grundhaltung: a) das Bewußtsein, daß ich „Einfluß bin" und b) die ebenso selbstverständliche wie ausdrücklich gewährte Freiheit des andern, mit mir so oder anders in Beziehung treten zu dürfen oder auch nicht. Das Transparent-Sein in dem, was ich tue und bin, befreit mein Gegenüber ebenso wie mich. Gefährlich sind Menschen, die meinen, keinen Einfluß auszuüben oder ‚immer richtig zu liegen'. Um so stärker wirkt dann ihr Schatten. (Mehr zu dieser Frage im einleitenden Kapitel: Sterbebegleitung hat viele Namen.)

5. Was machen Sie mit unreligiösen Sterbenden? Sprechen Sie da auch von Gott? (gestellt durch Pflegende und Seelsorger)

Bisweilen ja, bisweilen nein. Ausschlaggebend ist der Mensch in der Situation, wie er vor mir liegt. Ich erfahre oft, daß Schwerkranke und Sterbende jetzt andere religiöse Bedürfnisse empfinden als in vergangenen gesunden Tagen. Gott ist eines der zentralen Themen am Sterbebett, in seiner Wichtigkeit etwa vergleichbar mit dem Aushalten von Ohnmacht oder mit der Sorge um die Zukunft der Liebsten. Die Frage ‚Wo ist da Gott?' muß oft gestellt und die Wut erlaubt werden. Aber auch die Sehnsucht nach (einem vielleicht ganz anderen) Gott braucht gerade hier und jetzt Raum. Gott als Erfahrungsrealität ist an Sterbebetten bisweilen greifbar nahe. Ich spreche andernorts von fünf Erfahrungsweisen des Einen, Heiligen, Ganzen (Renz 2003). In solche spirituellen Erfahrungen hineingenommen sind längst nicht nur fromme bis fundamentalistisch geprägte Patienten. Im Gegenteil: Vielen Schwerkranken und Sterbenden, unter ihnen zahlreiche zuvor unreligiöse Menschen, werden – wenn es sein darf – solche Erfahrungen zuteil.

Die Frage muß auch umgekehrt gestellt werden: ‚Habe ich ein Recht, das Thema Gott nicht anzusprechen?' Wichtiger als die Frage, *ob* ich von Gott spreche, ist die Frage: *wie?* Offen? Fragend? Behutsam? Die verschiedenen Gefühle von Zuneigung bis Aggression, Ablehnung und Verzweiflung erlaubend? Als Hilfe zur Selbstreflektion dient mir allenfalls die Frage, mit welcher Absicht ich von Gott spreche. Ich habe weder den Auftrag, für einen (bestimmten) Gott zu werben, noch das Recht, diese Dimension ausgesperrt zu lassen. Mein ganzer Auftrag gilt dem Menschen.

6. **Wie gehen Sie mit dem Gefühl um, am Sterbebett versagt zu haben? Was tun Sie, wenn Ihnen eine Intervention mißlungen ist? Meine Mutter hatte einen unglücklichen Tod; seither habe ich ständig Schuldgefühle.** (gestellt durch Angehörige)

Das wohl Wichtigste ist, mir eigenes Versagen zu erlauben. Manchmal braucht es dann ein aktives Leiden am Fehler, an der Unterlassung. Und auch hier gilt: Dem (inneren) Leiden kann ich nicht ausweichen, wohl aber frei werden, indem ich hindurchgehe. Bisweilen hilft es Angehörigen, therapeutisch angeleitet in einen inneren Dialog mit dem Verstorbenen zu kommen. Ich spreche hier bewußt von Dialog und nicht von Monolog, auch wenn selbstverständlich keine real hörbare Antwort des Verstorbenen zu erwarten ist. Der Dialog wird mit dem eigenen Unbewußten geführt, das, an einengenden Schuldgefühlen und den Zuständen der Verzweiflung des Ichs vorbei, einen intuitiven und umfassenderen Zugang zum Verstorbenen hat.
Ich stelle aber auch die Rückfrage, ob etwas wirklich mißlungen sei. Oder ob hier nicht ein Schmerz darüber vorliege, daß kein harmonischeres Sterben möglich gewesen sei. Mir fällt zum Beispiel ein gewissenhafter, eher sanfter Mann Mitte 40 ein, der schwer daran litt, seine seit Jahren schwerkranke Mutter derart angeschrien zu haben, daß sie kurz darauf gestorben sei. Er habe nicht mehr anders gekonnt als zu brüllen. Nach ihrem Tod brauchte er das Gefäß einer therapeutischen Aufarbeitung, um nochmals nachzuspüren. Es kam dann aus ihm heraus, daß seine wahre Mutter ihm nicht böse sei, sondern dankbar. Sie habe endlich gehen können.

7. **Wie begegnen Sie Menschen, die Ihnen in Krankheit, Zustand und Verhalten extrem Mühe machen?** (gestellt durch Pflegende, Angehörige, Seelsorger)

Ob sich hinter dieser Frage Nöte mit Alzheimer-Patienten, mit Krebskranken, die infolge Hirnmetastasen nur noch lallen, mit Patienten mit exhibitionistischem Gehabe oder mit Sterbenden mit widerlichem Geruch verbergen, meine Antwort ist eine doppelte: Ich muß mich fürs Erste in meinem Fast-nicht-mehr-Können verstehen. Abneigung, Widerlichkeiten, Allergien können maßlos überfordern. Statt mich dann in der Intensität meines Einsatzes selbst neurotisch zu übersteigen, überlege ich, ob Kolleginnen vielleicht einen unbeschwerteren Zugang haben oder derzeit über bessere persönliche Ressourcen verfügen. Die zweite Antwort geht in umgekehrte Richtung: Mensch bleibt Mensch, auch so. Die Frage nach der Würde solcher Menschen entzieht sich menschlichem Maß und übersteigt mich. Vor allem aber mache ich die Erfahrung, daß die Würde selbst solcher Patienten irgendwie bleibt und spürbarer wird, indem ich nicht aufhöre, ihnen ihre Würde zuzudenken. Beim einzelnen Besuch ist mir das nicht immer möglich, wohl aber letztlich, im Sinne eines grundsätzlichen Entscheids. Schon von diesem geht – vielleicht auch nur atmosphärisch – Wirkung aus: Ich trete anders an ein Bett heran, die Stimme hat eine etwas andere Farbe, vielleicht ist mehr an Dialog möglich als sonst. Und ich bringe die Zumutung, die dieser Mensch mir und vor allem sich selbst bedeutet, innerlich vor Gott. Im Grundsätzlichen des Entscheids bin ich auf den „Grund schlechthin" verwiesen. Darum heißt die zweite Antwort auch: Die Frage nach Sinn, Wert und Würde eines Lebens darf nicht an der Ebene des Konkreten festgemacht werden.

8. Was raten Sie Zurückbleibenden? Ich war zwar erfüllt vom Sterben meines Mannes, aber sitze seit damals in einem Loch. (gestellt durch Hinterbliebene)

Die Begleitung von Zurückbleibenden, die neu ins Leben hinein finden müssen, stellt – jenseits der eigentlichen Sterbebegleitung – vor weitere, andere Herausforderungen. Der Liebste ist nun definitiv weg. Können Hinterbliebene aktiv trauern, was mehr ist als einfach „Loch"? Geben sie sich die dafür notwendige Zeit? Ich rate vielen, sich Hilfe zu suchen. Wenn die „Loch-Befindlichkeit" trotzdem nie aufzuhören scheint, verbirgt sich dahinter vielleicht eine Verweigerung: „Ohne ihn / sie ist alles hoffnungslos." Ein Sog, dem man sich selbst zuliebe eine Absage erteilen muß. So radikal der Verlust, so radikal steht auch die Frage der Bejahung an: Kann ich schlußendlich selbst dem Leben verzeihen, daß es mir meinen Liebsten raubte? Bin ich bereit, wo ich es aus eigener Kraft nicht schaffe, mich durch andere, durch das Grün des Frühlings, durch den Hilferuf von Menschen in Not oder durch den leisen Anruf Gottes ... ins Leben hineinnehmen zu lassen? Auch hier braucht es beides: das unendliche Gnädig-Sein mit mir selbst und meinen Umwegen als auch die Konfrontation, das Leben nochmals anzunehmen?

9. Ist man nicht ständig mitgenommen durch solche Arbeit? Wie / wo kann ich mich erholen, regenerieren? (gestellt durch Ärzte, Pflegende, Seelsorger)

In der Sterbebegleitung gibt es sowohl höchstes Beglückt-Sein als auch Ausgezehrt-Sein. Und es gibt beschenkte neben vorwiegend dürren Zeiten. Wie kann man sich erholen? Diese Frage kann jeder nur für sich beantworten: in der Natur, im Zusammen-Sein mit Menschen, in Musik oder Stille, in einer intellektuellen Herausforderung, auf Reisen. Die Frage muß auch ressourcenorientiert gestellt werden: Was läßt neben dem Beruf aufleben? In dieser Tätigkeit braucht es Regenerationszeiten.

10. Haben Sie persönlich Angst vor dem Tod? (gestellt von Journalisten, Angehörigen, Ärzten)

Im Moment steht dies nicht im Vordergrund, doch ich denke, diese Angst wird mich einholen. Auch wenn ich mit Sterben und Todesnähe in intensive Berührung komme, etwas von deren Geheimnis erahne und erlebe, wird mein Sterben radikal und neu sein. Mein Ziel ist nicht, keine Angst zu haben, sondern diese große Stunde – ob sie letzte Begegnung, Transformation oder wie auch immer heißt – zu wagen, zu bestehen. Es gibt auch etwas in mir, das sich darauf freut, eine Sehnsucht oder vielleicht Neugierde.

Überforderte Angehörige: Situationen, die häufig auftreten – Ideenkartei

1) Überfordert im Zuviel: *Frau T., eine einst vornehme Frau, liegt bald röchelnd, bald stöhnend im Sterben. „Unaushaltbar, wie das unaufhörliche Rasseln einer Maschine, das ist doch nicht mehr meine Mutter", beklagt sich die an sich sensible Tochter. „Und dazu diese Ausdünstung!" Nachdem sie zuvor drei Wochen lang täglich fünf Stunden am Krankenbett war und liebenswürdig mit der anspruchsvollen Patientin kommunizierte, kommt sie jetzt an ihre Grenze. Was sagen?*

– Ich informiere die Angehörigen, daß dieses rasselnde Ausatmen bisweilen vorkomme und gerade Zeichen sei dafür, daß der Tod nahe ist (meist eine Frage von Stunden).
– Trotzdem sich erlauben, zu kommen und zu gehen und wieder zu kommen. Sterbende brauchen beides: Momente des Alleinseins ebenso wie Zeiten der Nähe von ihren Liebsten. Sterbezeitpunkte scheinen nicht zufällig zu sein: Die einen warten, bis alle da sind oder bis das Sorgenkind eintrifft, die andern sterben just in jenen kurzen Minuten, da ihr Partner kurz draußen ist. Das sagt nichts gegen eine Beziehung aus, im Gegenteil. Solche Sterbende möchten ihren Liebsten „dies nicht antun", andere bedürfen einer letzten Intimität. Das gibt uns Angehörigen die Freiheit, sogar in diesen letzten Stunden auf uns selbst zu achten.
– Zum Übermaß des Aushaltens: Immer wieder staune ich und selbst die Angehörigen staunen, welche Kraft im Aushalten jetzt da ist. Fast täglich höre ich Sätze wie: *„Nie hätte ich gedacht, daß ich solches schaffe." „Noch nie war soviel von mir verlangt und doch geht es."* Wie? Stunde um Stunde! Irgendwie! Atmend!

2) Sprachlos im Gegenüber der „Männer in Weiß". *Frau U., schwerkrank und alleinstehende Mutter, versteht von ihrer Diagnose nichts und auch nicht, welche Untersuchungen und Therapien man weshalb vornimmt. Sobald die Männer in Weiß daherkämen, schalte es in ihr aus. Die Tochter traut sich ihrerseits ein klärendes Gespräch mit den Ärzten nicht zu. Eine Pflegende oder eine Therapeutin nimmt sich der Tochter an und hilft ihr, Fragen zu formulieren. So etwa: Warum wird diese Untersuchung überhaupt noch gemacht, wenn ich eh bald sterbe? Welches ist die reale Hoffnung der Ärzte, wenn sie sich für diese medikamentöse Therapie für mich* *entscheiden? Geht es um Lebensverlängerung? Um Verbesserung der Lebensqualität? Um weniger Atemnot, weniger Schmerzen, bessere Nächte, bessere Mobilität, natürlicheres Geschmacksempfinden? Oder: Höre ich solange nichts, weil Resultate von Labor-Untersuchungen noch ausstehen? Wann weiß man voraussichtlich mehr? – Es wird ein Zeitpunkt vereinbart, an dem ein klärendes Gespräch mit möglichst nur einem oder zwei Ärzten stattfinden wird und man überlegt, wer von Seiten der Angehörigen zusätzlich dabei sein könnte.* Es ist häufig so, daß Diagnosen und Ärztesprache, ja allein schon die Visite mit sechs Ärzten in Weiß, wortlos machen.

3) Wenn das eigene Kind stirbt. *Frau H., eine junge Frau, irrt selbstentfremdet in den Gängen herum. Hirnmetastasen. Plötzlich ist sie wieder klar da und realisiert ihren erbärmlichen Zustand. Sie weint. Ihre Eltern stoßen dazu und weinen mit. Die Mutter möchte helfen, führt sie ins Bett, möchte sie füttern, kommt ihr körperlich nahe. Frau H. stößt sie weg und erträgt für heute keinen Besuch mehr. In meinem Gespräch mit den Eltern wird deutlich, welch zentralen Schmerz es bedeutet, das eigene Kind zu verlieren. Selber zu sterben wäre einfacher. Darüber hinaus reaktiviere dieser Zustand der Tochter den Mutterinstinkt: „Nie weiß ich, wer jetzt vor mir steht, die kleine oder die große Silvia. Bin ich zu distanziert, äußert sie Heimweh. Helfe ich zu sehr, schiebt sie mich weg. Das richtige Maß gibt es nicht." – Was tun? Ich mache mit der Mutter eine Einfühlungsübung zum Thema Nähe und Distanz. Sie begreift intuitiv: „Aha, bemuttern ist schlecht, mich abwenden genauso. Gut ist, wenn ich die Tochter frage: Willst Du, daß ich Dir die Decke hochziehe? Gut ist auch, wenn ich nur in meinen starken Momenten zur Tochter gehe oder mit ihr telefoniere und den Abschiedsschmerz für mich selbst durchleide."*

4) „Unwürdiges" Leben – würdiges Sterben. Ich schäme mich für meinen Vater. *Herr A., lebenslanger Trinker, kann nicht sterben. Über Wochen liegt er komatös, ohne Gestik und Laute, da. Der Sohn und die eine Tochter kommen bisweilen ans Sterbebett. Die andere Tochter habe mit ihrem Vater vor Jahren schon abgeschlossen: Das sei kein Vater und kein Leben. Auf meine Frage an die anwesende Tochter erhalte ich die Antwort: „Ich bin im Zwiespalt. Ich kann meine Schwester gut verstehen, und trotzdem muß ich herkommen, vielleicht, weil ich ein bißchen Hoffnung habe. Doch eigentlich weiß ich nicht, worauf ich hoffe. Ich schäme mich, die Tochter dieses Vaters zu sein." „Hhhhh", reagiert es im Sterbenden, der das offensichtlich gehört und verstanden hat. Dies wiederum berührt die Tochter. Sie läßt den Gedanken an sich heran, daß vielleicht ihr Vater sich seinerseits schäme. Daß er vielleicht genau darin auf neue Weise würdig sei? Am Krankenbett ergibt sich zwischen der Tochter und mir ein heilsames Gespräch über das biblische Wort: ‚Im Hause meines Vaters gibt es viele Wohnungen.' (Joh. 14.2) Kommentar des Sterbenden: „Ahhhhhh." Tags darauf stirbt er.*

Manchmal muß ich ein Schicksal und eine Biographie drehen und wenden, bis ich ihnen etwas Ehrbares abringen kann. Ist dieses einmal ausgesprochen, verhilft meist die Reaktion des Sterbenden selbst zu dessen Würde. Solches mitzuerleben, kann Chance sein für Angehörige. Für andere kann es wichtig sein, erlaubterweise dem Sterbebett fernzubleiben und sich so vor dem Zuviel zu schützen.

6) Patienten in Unruhe – Angehörige im Agieren. Herr S. wälzt sich im Bett hin und her, ruft ständig Mitarbeiter und Angehörige herbei, schreit den Arzt regelrecht an. Die Unruhe scheint sich auf die Tochter zu übertragen, welche ihrerseits beim Arzt Tag um Tag Sturm läutet. Von einer medikamentösen Ruhigstellung des Patienten wird vorerst noch abgesehen. Was läßt sich sonst tun? – Im Gespräch mit dem Arzt wird deutlich, wie wichtig es ist, daß der Arzt seinerseits diesen Agierkreis durchschaut und nicht mitagiert. Ich spreche die Tochter meinerseits in vorgenommener Ruhe an, ob sie verzweifelt sei. „Ja!" Nun kann sie weinen. Später kann ich ihr erklären, daß Agieren ansteckend sein könne und wie wichtig z.B. das Durchatmen sei. Wichtig auch, für sich selbst zu schauen, vielleicht indem man seinerseits den Hausarzt konsultiert und um ein Schlafmittel für diese Zeit bittet. In all dem bringe ich zum Ausdruck, daß Unruheschübe und Verzweiflung in solcher Situation normal seien. Den schreienden Patienten halte ich in Anwesenheit der Tochter an den Schultern fest und lasse mich nicht von dessen Unruhe beeindrucken. Auch dies überträgt sich: Die Tochter läßt sich beruhigen.

- Kleinkinder gehören nicht in eine solche Atmosphäre und Situation. Für sie ist ein Sterbender nur in seinen ruhigen und weisen Stunden verkraftbar.

7) „Ich werde terrorisiert." Verschiedene Situationen und Reaktionen von Schwerkranken können Angehörige terrorisieren. So etwa die aufrecht erhaltene Anspruchshaltung, täglich vom Sohn besucht zu werden oder die Verweigerung zu sterben, bis hin zur Drohung, sich das Leben zu nehmen. Die Kombination von schwerkrank und hilfsbedürftig einerseits und beherrschend andererseits macht viele Angehörige hilflos. Das wichtigste ist hier die Bewußtwerdung darüber, daß man sich terrorisiert fühlt, wodurch eine innere – und vielleicht auch äußere – Distanznahme überhaupt erst möglich wird. Aber auch eine echte Anteilnahme in neuer Freiheit. Direkte Interventionen bei Patienten sind weniger möglich, aber auch weniger wichtig. Ihr Unbewußtes nimmt die neue Autonomie der Angehörigen von selbst wahr. Bisweilen geht es auch darum, Patienten sowie Mit-Angehörige in ihre letzte Selbstverantwortung hinein zu entlassen.

8) Wenn nur noch geklagt wird. Frau B. bemitleidet sich von morgens früh bis abends spät. Ihr Arzt sagt kopfschüttelnd zu mir, er habe schon viele Patienten betreut, doch diese Klagetante mache ihn allergisch. Mir zeigt Frau B. sämtliche blauen Flecken am Körper und kommentiert, das sei doch kein Leben. Nachdem ich sie eine halbe Stunde angehört habe, unterbreche ich und schlage inständig eine Entspannung vor. Offensichtlich führt dies Frau B. mehr zu sich und ihrer eigentlichen Gefühlsnot. Sie erzählt mir, welch ein sich selbst überlassenes Kind sie gewesen sei, später auch noch vom Mann verlassen, wie sie dann aber doch über Musik und Kunstgegenstände zu Ersatzbefriedigungen gefunden habe. Nachdem sie mich zuvor auch an die Grenze meiner Geduld gebracht hat, bin ich jetzt innerlich angerührt. Ein bißchen an Verstehen ist mir möglich. – Die Tochter von Frau B. und ihr Mann treten ein. Gleich beginnt der Klagegesang von neuem. „Nicht schon wieder!" ruft die Tochter aus und ihr Mann will einen Kaffee trinken gehen. Ich suche draußen mit dem jungen Ehepaar das Gespräch. – Hilfreiche Gedanken:

- Daß man in solcher Situation allergisch reagiert, ist verständlich. Vielleicht gelingt es, momenthaft hinter dem Klagen der Sterbenden die wirklich leidvolle Biographie zu sehen. Angehörige haben schon zusammen mit ihrer Schwerkranken das Wesentliche einer Biographie aufgeschrieben. So war es deponiert und mußte nicht 100mal wiederholt werden. Momente des Verstehens sind manchmal das Äußerste an Möglichem.
- Bei einzelnen Patienten wirkt sogar die ehrliche Konfrontation, indem Angehörige ihre eigenen Grenzen klar formulieren.
- Auch das Wechseln der Ebene vom Verbalen zum Nonverbalen (Entspannung, gemeinsames Musikhören, gemeinsames Beten) kann von zentrierender Wirkung sein.
- In seltenen Situationen ist gar das Fernbleiben stimmiger als der Besuch. Solch inneres Abwägen will Teil des persönlichen Gewissensentscheides sein.

9) „Ich kann meiner Mutter das Fegefeuer nicht ausreden." Frau Z. liegt angespannt und wortlos im Bett. Warum diese Anspannung, weiß niemand. Frau Z. ist noch wachen Geistes da, obwohl von der Krankheit her der Tod längst hätte eintreten müssen. Woche um Woche vergeht. Den einzigen Sohn sehe ich selten. Einmal kommt er mit seiner 5-jährigen Tochter ans Bett der mittlerweile spindeldürren Todkranken. Das Kind erschrickt. „Omi, was ist los?" Diese wohl seit langer Zeit erste spontane und gefühlshafte Frage weicht die Großmutter auf. „Feuer", sagt sie. „Hör mir auf damit", kommentiert der Sohn, „das Fegefeuer ist eine alte Mär." Das Kind findet einen anderen Zugang zur Not der Großmutter. Es holt Wasser. „Omi!" Mehr sagt es nicht und beginnt zu weinen. Ich werde gerufen und versuche zu übersetzen: „Frau Zurbriggen, Sie erleben wie ein Feuer von innen. Ich bringe Ihnen nun zusammen mit Ihrer Sonja Wasser." Mit nassen Händen streichen wir der alten Frau gemeinsam über Arme und Stirn. Ein Lächeln huscht über das Gesicht der Greisin. „Omi", wiederholt Sonja. An den Sohn gerichtet, erkläre ich, dass innere Läuterung bisweilen Bedürfnis und innere Wahrnehmung von Sterbenden sei, auch bei unreligiösen

Menschen. Der Sterbenden selbst erkläre ich, ohne zu fragen, ob sie versteht oder nicht: „Feuer ist ein Bild, ein Durchgang. Und dieser ist schlimm, ähnlich schlimm wie Angst. Aber der Durchgang hört auf. Irgendwann sind auch alle Angst und alles Feuer vorbei. Dann ist nur noch Gott. Gehen Sie einfach innerlich weiter in Richtung Gott." Ein zweites Lächeln huscht über das zerfurchte Gesicht, dann ein nachhaltiges Ausatmen. Wenige Minuten später nickt die Patientin ein. Mehrfach bedarf Frau Z. einer inneren Relativierung. Eine solche wird aber nur dort möglich, wo das schlimme Erleben zuvor ernst genommen wurde. Nach diesen Relativierungen kann Frau Z. friedlich sterben. Der Sohn sagt schlußendlich: „Das war Religionsunterricht anderer Art." – Was daraus schließen?

– Fegefeuer ist bisweilen ‚inneres' Thema, ob erwünscht oder nicht. Erlösung aus Symptomen und Ängsten ist nur möglich, wo Menschen in ihrem inneren Erleben zuvor ernst genommen werden.
– Kleinkinder haben einerseits intuitiven Zugang zur Symbolwelt von Sterbenden und müssen andererseits geschützt werden vor dem Zuviel am Krankenbett, etwa dem allzu Verzerrten. Kinder am Sterbebett brauchen verstehende Betreuung. Und Kinder müssen ‚handeln' können. (Berührung, Riten, Beten, Klänge erzeugen, zeichnen)

10) „Ich glaube nicht, daß mein Papi tot ist." Herr M. ist vor wenigen Wochen verstorben. Seine drei kleinen Kinder hatten ihn mehrmals im Krankenhaus besucht. Einmal gelang es uns damals, für den schwerkranken Vater gemeinsam eine schöne Musik zu erfinden. Das sei Trostmusik, kommentierte der älteste Sohn. Der Vater war gerührt ob der Intensität, mit welcher seine drei Kleinen ihn unterstützen wollten, schlief dann aber bald erschöpft ein, ohne an diesem Tag nochmals zu erwachen. – Inzwischen ist der Vater tot. Die Mutter ruft mich verzweifelt an, das Mädchen könne nicht glauben, daß sein Papi verstorben sei, er sei doch nur eingeschlafen wie damals. Sie wolle zusammen mit dem Kind das Spital nochmals besuchen gehen. Das Kind wolle den Papi heim nehmen. Frau M. weint schon, wie sie die Station betritt. So viele Erinnerungen! Ich bin berührt ob ihrem Weinen und ihrer Tapferkeit und teile ihr dies mit. Dann führe ich das Mädchen in ein Zimmer, in dem heute zufällig das Bett leer ist. Das Mädchen geht zum Bett, schaut unter die Decke, unter die Matratze und in den Kasten und sagt kurz: „Ja, ihr habt recht gehabt, Papi ist tot." Seine Mutter zeigt nach oben und sagt: „Dort ist er jetzt." „Mit den Engeln", weiß die Tochter und will gehen. Seither glaubt sie der Mutter und zeichnet mehrmals ‚den Weg vom Bett zum Himmel'.

Literatur

Ariès, Ph. (1980): *Geschichte des Todes.* München: Hanser
Baumann-Hölzle, R., Müri, C., Christen, M., Bögli, B., (2004): *Leben um jeden Preis? Entscheidungsfindung in der Intensivmedizin.* Bern: Peter Lang
Becker, E. (1976): *Die Dynamik des Todes.* Olten: Walter
Becker, H. (1986): *Psychoonkologie.* Berlin: Springer
Beobachter Ratgeber (1998): *Patientenrecht.* Zürich: Beobachter Buchverlag Jean Frey
Berendt, J.E. (1985): *Nada Brahma, die Welt ist Klang* (überarbeitete Neuauflage). Reinbek: Rowohlt Taschenbuch
– (1993): *Das Wunder des Spätwerks.* Frankfurt: Network Medien
Bibel (1980): *Einheitsübersetzung.* Freiburg: Herder
Bibel (2000): *Elberfelder Übersetzung, revidierte Fassung.* Wuppertal 2000
Bitter, W. (1969): *Der Verlust der Seele.* Freiburg
Böckle, F. (1992): *Verantwortlich leben. Menschenwürdig sterben.* Zürich: Benziger
Böhme, G. (1985): Vorlesung: Geburt und Tod. In: G. Böhme (Hrsg.): *Antropologie in pragmatischer Hinsicht.* Darmstädter Vorlesungen. Frankfurt, S. 45–59
Bonhoeffer, D. ([15]1994): *Widerstand und Ergebung.* Gütersloh: Kaiser
Boros, L. (1962): *Mysterium mortis.* Olten: Walter
– (1974): *Engel und Menschen.* Olten: Walter
Brefin, M. (1997): „Ich habe gehört mit den inneren Ohren." Die Begleitung von Menschen im Koma. In: D. Tausch-Flammer (Hrsg.): *Spiritualität der Sterbebegleitung.* Freiburg: Herder, S. 119–138
Brinton Perera, S. (1985): *Der Weg zur Göttin der Tiefe.* Interlaken: Ansata
Buber, M. (1995): *Ich und Du.* Stuttgart: Reclam
Cardinal, Claudia (2007): *Lebe und lerne sterben.* Düsseldorf: Patmos
Canacakis J. ([3]1987): *Ich sehe Deine Tränen.* Stuttgart: Kreuz
– (1991): *Ich begleite Dich durch Deine Trauer.* Stuttgart: Kreuz
Claremont de Castillejo, I. (1979): *Die Töchter der Penelope. Elemente des Weiblichen.* Olten: Walter
Decker-Voigt, H.H. (1991): *Aus der Seele gespielt. Eine Einführung in die Musiktherapie.* München: Goldmann
Delhey, M. (1997): Musiktherapie. In: Aulbert/Zech (Hrsg.): *Lehrbuch der Palliativmedizin.* Stuttgart: Schattauer
Dettwiler, Ch. (1999): *Zum Sterben will ich nach Hause. Ein Leitfaden für Angehörige.* Zürich: Kontrast
Drewermann, E. (1989): *Ich steige hinab in die Barke der Sonne.* Olten: Walter

– (1990): *Der Herr Gevatter – Der Gevatter Tod – Fundevogel. Grimms Märchen tiefenpsychologisch gedeutet*. Olten: Walter

– (1991): Eschatologien und Apokalypsen. In: E. Drewermann: *Tiefenpsychologie und Exegese*, Bd. II. Olten: Walter, S. 436–591

Erikson, E.H. (1977): *Identität und Lebenszyklus*. Frankfurt: Suhrkamp

Escher J. (1996): Innere Medizin. In: H.H. Decker-Voigt, P. Knill, E. Weymann (Hrsg.): *Lexikon Musiktherapie*. Göttingen: Hogrefe

Fabry, J.B. (1978): *Das Ringen um Sinn: Eine Einführung in die Logotherapie*. Freiburg: Herder

Faller, H. (1993): Zum Umgang mit Illusionen bei der psychotherapeutischen Betreuung terminal Krebskranker. *Prx. Psychother. Psychosom* 38, S. 210–218

Fässler-Weibel, P. (^{2}1991): *Nahe sein in schwerer Zeit*. Freiburg: Paulus

– (Hrsg.) (1997): *Sterbende verstehen lernen*. Freiburg: Paulus

– (1997b). Die pflegenden und Ärzte im Spannungsfeld zwischen Sterbenden, den eigenen Gefühlen und den Reaktionen der Angehörigen. In: *Info kara*, 1, S. 4–9

Fenwick, P. (1988): Berichte vom Jenseits. In: *Unesco Kurier*, 1998, 3. S. 27–31

Frankl, V. (1977): *Das Leiden am sinnlosen Leben*. Freiburg: Herder

Frey-Rohn, L. (1980): Sterbeerfahrungen psychologisch beleuchtet. In: A. Jaffé (Hrsg.): *Im Umkreis des Todes*. Zürich: Daimon, S. 29–96.

Freud, S. (1920): Jenseits des Lustprinzips. In: S. Freud: *Gesammelte Werke*, Bd. 13. Frankfurt: Fischer

Freudenberg, E. (1990): *Der Krebskranke und seine Familie*. Stuttgart: Thieme

Fromm, E. (1979): *Haben oder Sein*. Zürich: Ex Libris

Glanzmann, G., Bergsträsser, E. (2001): *Begleiten von sterbenden Kindern und Jugendlichen*. Schaffhausen: Anja

Glaus, A., Jungi, F., Senn, H.J. (^{5}1997): *Onkologie für Pflegeberufe*. Stuttgart: Georg Thieme. S. 211–214, 250–274

Greyson, B., Harris, B. (1990): Beratung für Menschen mit Nahtodeserfahrungen. In: St. und Ch. Grof, (Hrsg.): *Spirituelle Krisen*. München: Kösel, S. 244–251.

Grimm (1984): *Kinder- und Hausmärchen gesammelt durch die Brüder Grimm*. Bd. 1,2,3. Frankfurt: Insel

Grob, P. (1997): Angstbereitschaft und Angstabwehr. In: Fässler, P. (Hrsg.): *Sterbende verstehen lernen*. Freiburg: Paulus

Grof, St., Halifax, J. (1980): *Die Begegnung mit dem Tod*. Stuttgart: Klett-Cotta, S. 18–25.

Grof, St., und Ch. (1984): *Jenseits des Todes*. Stuttgart: Kösel

– (1990): *Spirituelle Krisen*. München: Kösel

Grof, St. (1991): *Geburt, Tod und Transzendenz*. Reinbek: Rowohlt

– (1997): *Kosmos und Psyche*. Frankfurt: Wolfgang Krüger

Grom, B., Schmidt, J. (1975): *Auf der Suche nach dem Sinn des Lebens*. Freiburg: Herder

Haas, A. (1971): *Teilhard de Chardin-Lexikon*. Freiburg: Herder

Haas, A.M. (2003): Weisheitliche Wege der christlichen Mystik. In: *Edith-Stein-Jahrbuch*. 9, S. 25–45

Haffa-Schmidt (1999): Am Rande der High-Tech-Medizin. Existenzbedingungen für Musiktherapeuten. In: *Musiktherapeutische Umschau*. Bd. 20, S. 317–324

Haller-Bernhard, M. (1995): Zum Reifwerden bestimmt. In: *Natürlich,* Nr. 12/1995, S. 6–14

Hark, H. (1988): *Lexikon Jungscher Grundbegriffe*. Olten: Walter

Hegi, F. (1998): *Übergänge zwischen Sprache und Musik. Die Wirkungskomponenten der Musiktherapie*. Paderborn: Junfermann

Hehlmann, W. (1989): *Wörterbuch der Psychologie*. Stuttgart: Kröner

Heller, A., Heimerl, K., Huseboe, St. (2004): *Wenn nichts mehr zu machen ist, ist noch viel zu tun*. Freiburg i.Br.: Lambertus

Hermann, I. (1997): „Die Koffer sind gepackt." Die symbolische Sprache sterbender Menschen. In: D. Tausch-Flammer (Hrsg.): *Spiritualität der Sterbebegleitung* Freiburg: Herder, S. 95–106

Herzka, H.S. (1989): *Die neue Kindheit*. Basel: Schwabe

Herzka, H.S., Reukauf, W., Wintsch, H. (1999) (Hrsg.): *Dialogik in Psychologie und Medizin*. Basel: Schwabe

Hess, P. (1999): Musikpsychotherapie mit archaischen Klangkörpern. In: *Musiktherapeutische Umschau*, Bd. 20. S. 77–92.

Hillmann, J. (^{2}1981): *Die Suche nach Innen*. Zürich: Daimon

Hodenberg, F. (1999): Die Stimme in der Sterbebegleitung. In: *Musiktherapeutische Umschau*. Bd. 20, S. 358–363

Holderegger, A. (2002): *Suizid – Leben und Tod im Widerstreit*. Freiburg: Paulus

Hürny, C. (^{5}1996): Psychische und soziale Faktoren in Entstehung und Verlauf maligner Erkrankungen. In: v. Uexküll, T. (Hrsg.): *Psychosomatische Medizin*. München: Urban & Schwarzenberg, S. 953–969

Jacobi, J. (1969): *Vom Bilderreich der Seele*. Olten: Walter

– (1971): *Der Weg der Individuation*. Olten: Walter

Jaffé, A. (1961): *C.G. Jung. Erinnerungen, Träume, Gedanken*. Zürich: Ex Libris

– (1978): *Der Mythos vom Sinn im Werk von C.G. Jung*. Olten: Walter

– (1980): Der Tod in der Sicht von C.G. Jung. In: A. Jaffé (Hrsg.): *Im Umkreis des Todes*. Zürich: Daimon, S. 11–28

Jens, W., Küng, H. (^{2}1995): *Menschenwürdig sterben*. München: Piper

Jonen-Thielemann, I. (1997): Die Terminalphase. In: E. Aulbert, D. Zech (Hrsg.): *Lehrbuch der Palliativmedizin*. Stuttgart: Schattauer. S. 678–686

Juchli, L. (1987): *Pflegen – Begleiten – Leben*. Basel: Friedrich Reinhardt

– (1993): *Wohin mit meinem Schmerz? – Hilfe und Selbsthilfe bei seelischem und körperlichem Leiden*. Freiburg: Herder

Jung, C.G. (1984): *Grundwerk*. Olten: Walter

– (1977): *Mandala*. Olten: Walter

Käppeli, S. (1998): *Zwischen Leiden und Erlösung*. Bern: Hans Huber

Kasper, W. (^{3}1995): *Der Gott Jesu Christi*. Mainz: Matthias-Grünewald

Kassel, M. (1980): *Biblische Urbilder*. München: Pfeiffer

Kast, V. (1982): *Trauern. Phasen und Chancen des psychischen Prozesses*. Stuttgart: Kreuz

– (1987): *Der schöpferische Sprung. Vom therapeutischen Umgang mit Krisen*. Olten: Walter

– (1990): *Die Dynamik der Symbole. Grundlagen der Jungschen Psychotherapie*. Olten: Walter

– (1991): *Freude, Inspiration, Hoffnung*. Olten: Walter

– (1996): *Vom Sinn der Angst*. Freiburg: Herder

Kazi Dawa-Samdup (1971): *Das Tibetanische Totenbuch. Mit Geleitwort und Kommentar von C.G. Jung*. Olten: Walter

Kearney, M. (1992): Palliative medicine – just another specialty? In: *Palliative Medicine* 6, S. 39–46

– (1997): *Schritte in ein ungewisses Land. Seelischer Schmerz, Tod und Heilung*. Freiburg: Herder.

Kehl, M. (1986): *Eschatologie*. Würzburg: Echter

Keleman, S. (^{4}1995): *Lebe Dein Sterben*. Salzhausen: iskopress

Kirkegaard, S. (1962): *Die Krankheit zum Tode*. Reinbek: Rowohlt

Klumpp, M. (1997): Das schauerlichste Übel? Der Tod als Symbol in unserem Leben. In: D. Tausch-Flammer (Hrsg.): Spiritualität der Sterbebegleitung. Freiburg: Herder, S. 21–33

Knoblauch, H. (1999). *Berichte aus dem Jenseits. Mythos und Realität der Nahtod-Erfahrung*. Freiburg: Herder

– (1999b): Auf halbem Weg ins Jenseits. In: *Intra*, 41, S. 58–64

Kübler-Ross, E. (⁸1974): *Interview mit Sterbenden*. Stuttgart: Kreuz

– (²1982): *Was können wir noch tun?* 2. Auflage. Gütersloh: Gütersloher Verlagshaus

– (1983): *Verstehen, was Sterbende sagen wollen*. Stuttgart: Kreuz

– (1992): *Befreiung aus der Angst*. Gütersloh: Gütersloher Verlagshaus

Kulbe, Annette (2008): *Sterbebegleitung. Hilfe zur Pflege Sterbender*. München: Urban & Fischer/Elsevier

Lakotta, B., Schels, W. (2004): *Noch mal leben vor dem Tod*. München: DVA

Lamerton, R. (1991): *Sterbenden Freund sein. Helfen in der letzten Lebensphase*. Freiburg: Herder

Läpple V., Menzel, F. (2002): *Sterbende und ihre Angehörigen begleiten. Ein Praxisbuch für Gemeinden*. Frankfurt: Spener

Lies, L., Hell, S. (1992): *Heilsmysterium*. Graz: Styria

Loos, G.K. (1986): *Spiel-Räume. Musiktherapie mit einer magersüchtigen und anderen frühgestörten Patienten*. Stuttgart: Gustav Fischer

Lukas, E. (1999): *In der Trauer lebt die Liebe weiter*. München: Kösel

Mahler, M., Pine, F., Bergman, A., (1985): *Die psychische Geburt des Menschen*. Frankfurt: Fischer

Mangoldt, U. (1976): *Lebensmut gewinnen*. Freiburg: Herder

Marti, K. (1963): *Gedichte am Rand*. Teufen/AR: Niggli-Verlag

Mehrwein, F., Bräutigam, W. (Hrsg.) (⁵1991): *Einführung in die Psycho-Onkologie*. Bern, Stuttgart: Huber

Mehrwein, F. (1991): Die Arzt-/Patienten-Beziehung des Krebskranken. In: F. Mehrwein: *Einführung in die Psycho-Onkologie*. Bern, Stuttgart: Huber, S. 63–142

Mindell, A. (1989). *Schlüssel zum Erwachen. Sterbeerlebnisse und Beistand im Koma*. Olten: Walter

Moody, R.A. (1988). *Leben nach dem Tod*. Reinbek: Rowohlt

Müller, M. (2004): *Dem Sterben Leben geben*. Gütersloh: Gütersloher Verlagshaus

Munro, S. (1986): *Musiktherapie bei Sterbenden*. Stuttgart: Gustav Fischer

Neumann, E. (1981): *Amor und Psyche*. Olten: Walter

– (1985): *Das Kind*. Fellbach: Bonz

– (Rechtsnachfolger) (1992): *Die Psyche als Ort der Gestaltung*. Leck: Clausen & Bosse.

Otto, R. (1987): Das Heilige (Nachdruck der ungekürzten Sonderausgabe 1979). München: Beck

Perry, J.W. (1990): Spirituelle Krisen und Erneuerung. In: Grof, St. & Ch. (Hrsg): *Spirituelle Krisen*. München: Kösel

Pflüger, P.M. (Hrsg.) (1988): *Das Paar – Mythos und Wirklichkeit*. Olten: Walter

Platon (1989): Phaidon, Politeia. In: E. Grassi, W. Hess (Hrsg.): *Platon Sämtliche Werke 3*. Reinbek: Rowohlt

Poeplau, W. (1986): *Öffne das Fenster ins Weite*. Freiburg: Christophorus

Rahner, K. (1968): *Gnade als Freiheit*. Freiburg: Herder

– (1984): *Grundkurs des Glaubens*. Freiburg: Herder

Renz, M (1996): *Zwischen Urangst und Urvertrauen*. Paderborn: Junfermann

– (1998): Spiritualität und Sinnfindung. In: *INFO Kara*, 3, S. 8–13.

– (2003): *Grenzerfahrung Gott. Spirituelle Erfahrungen in Leid und Krankheit.* Freiburg: Herder spectrum

–, M. Schütt Mao, T. Cerny (2005): Spirituality, Psychotherapy, and Music in Palliative Cancer Care: Research Projects in Psycho-oncology at an Oncology Center in Switzerland. *Supportive Care in Cancer.* 2005 Dec;13(12):961–6. (abrufbar unter: http://dx.doi.org/10.1007/s00520-005-0873-9 publ. online 4. Aug. 2005)

– (2007): *Von der Chance wesentlich zu werden.* Paderborn: Junfermann

– (2007): The Experience of God in Suffering and Dying. The Way. *A journal of contemporary spirituality published by the British Jesuits.* 46/2 (Apr), pp. 59–74.

– (2008a): Was ist gutes Sterben? *Neue Zürcher Zeitung* Nr. 67 vom 20. März 2008

– (2008b): *Erlösung aus Prägung.* Paderborn: Junfermann

Renz, P. (2007): *Project Governance. Implementing corporate governance and Business Ethics in Nonprofit Organizations.* Heidelberg: Physica

Renz, U. (2001): Spiel, Ernst und die Erfahrung von Kontingenz. In: *Die Philosophin* 24/2001, 43–66.

– (2002): *Die Rationalität der Kultur. Zur Kulturphilosophie und ihrer transzendalen Begründung bei Cohen, Natorp und Cassirer.* Hamburg: Meiner. (Cassirer-Forschungen, Bd. 8)

– (2008): *Die Erklärbarkeit von Erfahrung. Realismus und Subjektivität in Spinozas Theorie des menschlichen Geistes.* Zürich 2007 (Manuskript der Habilitationsschrift, erscheint bald im Druck)

Riess G. (1986): *Traumbild Feuer.* Olten: Walter

Ruegg, U. (1997): Interdisziplinäre Supervision als Instrument der Optimierung musiktherapeutischen Handelns. In: L.Müller., H.Petzold (Hrsg.): *Musiktherapie in der klinischen Arbeit.* Stuttgart: Gustav Fischer, S. 41–54

Saunders, C. (1999): *Brücke in eine andere Welt – was hinter der Hospizidee steht.* Freiburg: Herder

Scharfetter, Ch. (1994): *Der spirituelle Weg und seine Gefahren.* Stuttgart: Enke

Schwager, R. (1997): *Erbsünde und Heilsdrama: Im Kontext von Evolution, Gentechnologie und Apokalypse.* Münster: LIT

Schroeder, W.C. (1995): *Musik – Spiegel der Seele.* Paderborn: Junfermann

Schwarz, J.T. (1998): Bonhoeffer – ein radikales Lebenskonzept. In: Gotthilf-Vöhringer-Schule (Hrsg.): *Lebenskonzepte und unsere Arbeit im Wandel.* Wilhelmsdorf, S. 66–84

Seifert, Th. (1981): *Lebensperspektiven der Psychologie.* Olten: Walter

Senn, H.J., Glaus, A. (^{5}1998): Wahrhaftigkeit am Krankenbett – auch bei Tumorkranken? In: F. Meerwein (Hrsg.): *Einführung in die Psychoonkologie.* Bern: Huber, S. 49–61

Simonton, C., Mattheus-Simonton, S., Creighton, J.: (1995): *Wieder gesund werden.* Reinbek: Rowohlt

Stern, D.N. (1992): *Die Lebenserfahrung des Säuglings.* Stuttgart: Klett-Cotta.

Störig, H.J. (1985): *Kleine Weltgeschichte der Philosophie.* Frankfurt: Fischer

Strobel, W. (1988): Klang – Trance – Heilung. Die archetypische Welt der Klänge in der Psychotherapie. In: *Musiktherapeutische Umschau,* Bd. 9, S. 119–139

– (1994): Die klanggeleitete Trance. In: Dittrich, Leuner, Schlichting (Hrsg.): *Welten des Bewußtseins.* Berlin: VWB, S. 225–237

– (1995): Grenzzustände in der Musiktherapie. In: W.C. Schroeder (Hrsg.): *Musik – Spiegel der Seele.* Paderborn: Junfermann

Strobel W, Timmermann T. (1991): Ethnotherapeutische Elemente in der psychotherapeutischen Praxis. Klanggeleitete Trance als Weg zum Unbewußten. In: W. Andritzky (Hrsg.): *Jahrbuch für Transkulturelle Medizin und Psychotherapie.* Berlin: Verlag für Wissenschaft und Bildung

Stubbe, E. (1995): *Die Wirklichkeit der Engel in Literatur, Kunst und Religion.* Münster: Lit

– (1999): *Engel zwischen lautem Markt und leisem Reden*. Zürich: Theologischer Verlag
Student, J. Ch. (Hrsg.) (2004): *Sterben, Tod und Trauer. Handbuch für Begleitende*. Freiburg: Herder
Sudbrack, J. (1994). *Meditative Erfahrung – Quellgrund der Religionen?* Stuttgart: Quell
Tausch, A.M. (1987): *Gespräche gegen die Angst*. Reinbek: Rowohlt
– (1991): *Sanftes Sterben*. Reinbek: Rowohlt
Tausch, R. (1997): Ent-Schuldigung. In: D. Tausch-Flammer (Hrsg.): *Spiritualität der Sterbebegleitung*. Freiburg: Herder, S. 60–85
Tausch-Flammer, D. (^{3}1999): *Sterbenden nahe sein*. Freiburg: Herder
Tausch-Flammer & D., Bickel, L. (1997) (Hrsg): *Spiritualität der Sterbebegleitung*. Freiburg: Herder
Teilhard de Chardin, P. (1963): *Die Zukunft des Menschen*. Olten: Walter
– (1973): *Mein Weltbild*. Olten: Walter
– (1966): *Die menschliche Energie*. Olten: Walter
Timmermann, T. (1994): *Die Musik des Menschen*. München: Piper
– (1999): Musik und Heilung in den alten Kulturen und in der modernen Musiktherapie. In: *Musiktherapeutische Umschau*, Bd. 20, S. 123–145
v. Uexküll, T, Wesiak, W. (1979): Organismus-Modell und Information. In: T. von Uexküll (Hrsg.): *Lehrbuch der Psychosomatischen Medizin*. München: Urban & Schwarzenberg
Ursprung, R. (1999): „Jeder hat drei Chancen, dann ist's aus!" Eine Sterbebegleitung? In: *Musiktherapeutische Umschau*. Bd. 20, S. 387–391
Verres, R. (1999): Zukunftsmusik: Wie kann die Musiktherapie in der Onkologie gestärkt werden? In: *Musiktherapeutische Umschau*. Bd. 20, S. 396–400
Vogel, B. (1999): Über das Sterben reden. Patientenverfügung als Kommunikationsmittel. In: *INFO Kara* 1999, 3, S. 4–6
Wagner, H. (1989): *Ars moriendi. Erwägungen zur Kunst des Sterbens*. Freiburg: Herder
van Wegberg, B., Bacchi, M., Helwig, S., Schaad, E., von Rohr, E., Bernhard, J., Hürny, C., Castiglione, M., Cerny, Th. (1998): The cognitive-spiritual dimension – an important addition to the assessment of quality of life: Validation of a questionnaire SELT-M in patients with advanced cancer. In: *Annals of oncology* 9, S. 1091–1096.
Wehr, G. (1988): Menschliche Reifung im Spiegel Heiliger Hochzeit. In: Pflüger, P.M. (Hrsg.): *Das Paar – Mythos und Wirklichkeit*. Olten: Walter
Westermann, C. (1975): *Theologisches Handwörterbuch zum Alten Testament*. Bd I. Zürich: Theologischer Verlag (Erstauflage 1971 München: Chr. Kaiser Verlag)
Wirtz, U., Zöbeli, J. (1995): *Hunger nach Sinn*. Zürich: Kreuz
Zenger, E. (Hrsg.) (2004): *Einleitung in das Alte Testament*. Stuttgart: Kohlhammer. 5. Auflage

Sachwortregister

A, B

Angehörige, Angehörigenbegleitung 12f, **27f**, 30, 67, 75, 82f, **86f**, 193, 195, **198f**, 208f, 211ff

Angst, Todesangst, Urangst 16, 18, 29, 46, 61, 63, 64f, **69f**, **72f**, 78, 93f, 100, 110, 112, 133, 167, 188, 192, 195, 196 (vgl. auch: Renz 1996)

Apokalyptische Szenarien 79, **106f**, **108f**, 110f, 113f, 192, 197, 206 (vgl. auch: Läuterung, Fegefeuer, Hindurch, Kampf, Symbolsprache)

Archetypen 45

Begegnung, Begegnungsqualität 20, 24, 32, 96, 97, 170f, 173f, 195, 207

Bewältigungsmuster, -strategien 31, 70, 87, 98 (vgl. auch: Ich-Präsenz und Renz 1996)

Bewusstheit, Bewusstwerdung, Prozessbereitschaft 16ff, 24, **30f**, 35, 44, 53, 62, 112, 124, 131, 135, 141, 149, 162f, 185, 188, 193, 197f, 206

D, E

Danach, nach einer inneren Bewusstseinsschwelle 63, **79f**, 100

Davor, vor einer inneren Bewusstseinsschwelle 63, **78**, **80**, 100

Delirium 41, 70, 106 (vgl. auch: Symbolsprache, terminale Sprache)

Einheitserfahrung, All-Einssein 26, 134, 141, 143, 180 (vgl. auch: Urvertrauen)

Einwilligung, Ringen um das Ja 16f, 32, 35, 74, 76, 78, **81f**, 87, **90f**, 98, 188, 191, 193, 198, 209

Endlichkeit, Frage der Endlichkeit 15, 21, 25, 32, 90

Enttäuschungen 17, 67, 87

Euthanasie, aktive Sterbehilfe 11, 92, **99f**, 210

Empathie **23f**, 32, **41f**, 43, 194, 197, 199, 206

F, G

Fegefeuer, Feuer, Hitze 71f, **106f**, **124f**, 127, 131, 214f (vgl. auch: Läuterung, Hindurch)

Fallen, inneres Fallen 13f, 16, 68, 133, 189

Ganz (werden) **148f**

Ganzheitserfahrungen 77f, 80, 177 (vgl. auch: Renz 1996)

Gegenübererfahrung 26, 130, 141, 143

Gottesfrage, Gott im Leid, heilsame Gottesnähe 12, 15, 25f, 32, 74, 77, 87, 98f, 102, 108, 111ff, 120f, 125, 128f, 137f, 140, 149, 157f, 161, 165, 177, 180f, 207 (vgl. auch: Renz 2003)

Grenzbereich, Grenzzustand, 14, **17**, **38f**, **40f**, 43 (vgl. auch: Renz 1996)

„Guter Tod", Frage nach dem „guten Tod" 16

H, I, J

Hindurch, durch eine innere Bewusstseinsschwelle 16, 50, 63, 74, **78**, **80**, 100

Ich-Präsenz, Erleben im Subjekt und Ich-Tod 39, 60f, 71, **76f**, 100f, 107, 118, 135

Individuelles Geschehen, Sterben als das Einmalige 12f, 20f, 63

Intensität, Dichte, Lebendigkeit 16f, 32, 35, 39, 76, 93, 119, 135, 182

Interpretation, Deutung, Erklärungsansätze 37, 42, **43**, **75f**, 124, 134, 142, 189f

Jenseits, Frage des Jenseits, Geheimnis, Prozesse ‚danach' 15f, 37, 53, 88f, 98, 105, 124, 191, 200f

K, L, M

Kampf, Todeskampf 16, 62f, 98, **106f**, **108f**, 110, 185, 192, 197, 198

Kinder einbeziehen 28, 53, 209, 213ff

Kommunikation 28, *29f*, 37, *40f*, *51f*, 54f, 86, 124, 167, 195, 197

Läuterung, Seelenputz 15, 42, 45, 71f, 79, 106, 116f, 120ff, *123f*, 127, 192, 197

Letztes Gericht 16, 27, 70, 124, *128f*, 192, 210

Loslassen, freigeben 14, 35, *62f*, 75f, *78f*, *81f*, *93f*, 102f, 137, 180, 182, 193, 199, 206

Mehrdimensionales Arbeitsverständnis, Methode *23f*

Musik als Medium, Musiktherapie, das Hören 18f, *28f*, 39, 43, 52f, 56, 57f, 77, 97, 120, 134, 183, 194ff, 199, *205f*, 209

P, R, S

Psychotherapeutische Begleitung 19, *23f*, 194f, 199

Reifung, reifes Menschsein 17ff, 33, 75, 91, 104f, 118, 125, *145f*, 183f, 193, 196, 198

Religiöse Bedürfnisse 19, 31, 73, 113f, 138, 140f, 158, 194, 196, 200 (vgl. auch: Spiritualität)

Schwingungsumgebung, das Atmosphärische 28, 57f, 61, 77, 103

Sinnfrage, Sinnahnung 11, 27, 33, 36, 48, 70, 73, *176f*, 193, 198, 209

Sinnlichkeit, sinnlichen Bedürfnisse, Erfahrungen 12, 28f, 32, 39, 43, 71, 93 (vgl. auch: Intensität)

Sorgenkinder 19, 79, 88, 109, 127f, 167, 193, 199

Spiritualität, spirituelle Öffnung 12, 15, 19, *25f*, 38, 76, 79, 86, 88f, 111, 117, 119ff, *133f*, *139f*, 200 (vgl. auch: Renz 2003)

Sterbephasen, -stadien 18, 63f, 75f

Sterbezeitpunkte 53

Symbolsprache, Symbolerleben, analogisch *40f*, *43f*, 49f, 64f, 79, 110f, 113f, 120ff

T–Z

Tabu 10f, 108f, 166, 187

Terminal *40*, 75, 154, 189f

Terminale Sprache, terminale Kommunikation 37, *40f*, 63, 66, 195, 198f (vgl. auch: Symbolsprache)

Trauer, Trauerphasen 87, 81f, 90, 198, 205

Traumata 25, 45, 50, 56, 97, 107, 115, *156f*, 163f, 193, 197f, *206*

Übergang 14, 18, *38f*, 44, *59f*, *62f*, 77, 191, 196 (vgl. auch: Renz 1996)

Ungeist 103ff, 108f, 116

Urvertrauen, andere Seinswirklichkeit 16, 38, 47f, 60f, 71, 77, 79, 93, 98, 100, 112 (vgl. auch: Spiritualität und Renz 1996)

Versöhnung, Verzeihung 13, 28, 53, 88, 98, 109, 151, 155, 163f, 193, 206, 209

Wandlung und Wahrnehmungsverschiebung 18, 32, 35, *38f*, 46, *62f*, 72, 75f, 85, 88, 96, 100, 105, *123f*, 134f, 137, 143, 191 (vgl. auch: Renz 1996)

Wesentlich werden, das eigene Wesentliche 15, 32, 52f, 72, *169f*, 183f, 200

Würde, Wert 11, 41, *99f*, 104f, 169f, 179, 185, 193, *208*, 212

Zeit, anderes Zeiterleben 32, 35, 38f, 52, 60f, 77, 91, 134, 205

Ziel, Vision, zielgerichtetes Drängen, Geist *110f*, *117f*, 121f, 133f, 136, 149, 188, 194, 200

Weg ins letzte Geheimnis

Monika Renz
Grenzerfahrung Gott
Spirituelle Erfahrungen
in Leid und Krankheit

HERDER spektrum
Band 5341
ISBN 3-451-05341-1

Verzweiflung muss nicht das Letzte sein. Ergreifende und tröstliche Zeugnisse von Menschen, die das Schicksal mit äußersten Grenzen konfrontiert hat.
„Ich bin sehr angetan und finde die Patientengeschichten sehr bewegend, nicht zu intim, aber in einer Nähe geschrieben, die ich wunderbar finde. Ein Buch mit unverschönertem Blick für das Leid und doch im Geiste einer noch tieferen, im Spirituellen gründenden Hoffnung." (Dorothee Sölle)

HERDER